同性パートナーシップ制度

― 世界の動向・日本の自治体における導入の実際と展望 ―

棚村 政行
中川 重徳
編著

日本加除出版株式会社

はしがき

　LGBTというのは，女性の同性愛者（Lesbian），男性の同性愛者（Gay），両性愛の者（Bisexual），トランスジェンダー（Transgender）の頭文字から作られた言葉であり，性的少数者の総称として用いられている。人の性は，体の性，心の性，恋愛の対象などで，多様なかたちが考えられ，端的に，セクシュアル・マイノリティという言い方もある。また，最近は，「性的指向と性自認」を意味するソギ（SOGI：Sexual Orientation, Gender Identity）といった新たなネーミングも登場している。LGBTを含めて，多様な使い方があり，本書では，執筆者の判断に委ね，特に用語を統一することは控えた。

　2011年にカリフォルニア大学ロサンゼルス校ロースクールのウィリアムズ研究所が発表したところでは，自分をレズビアン・ゲイ・バイセクシュアルと考える成人は3.5％，トランスジェンダーと考える成人は0.3％と推計された。日本では，2015年4月に，大手広告代理店の電通がインターネットで行ったアンケート調査の結果では，LGBTだと感じている人は7.6％にもなり，13人に1人にのぼることが明らかになった。2016年8月の当事者支援団体であるLGBT法連合会によるインターネット調査でも，8.0％がLGBTとの回答が得られた。また，2015年10月にNHKが同連合会の協力を得て行ったインターネットによる調査結果では，LGBTでストレスを感じたり悩んだりした末，健康に影響の出た人が4割にものぼった。20代から30代が7割で，パートナーがいる人も約45％もいた。同性パートナーの証明書を得たいと思う人も約82％もおり，同性婚を認める制度を作ってほしいと感じる人も7割近くいた。

　国際的にみると，2015年6月には，アメリカ連邦最高裁判所が，婚姻を男女に限ると定めているオハイオ州，ケンタッキー州，ミシガン州，テネシー州の制定法が連邦憲法修正第14条のデュー・プロセス条項と平等条項に違反して無効であるという画期的な判決を言い渡した。これでアメリカ合衆国では，全ての州で同性婚が容認されることになった。2004年にマサチューセッツ州

i

で同性婚が認められて以来10数年を要する闘いであった。現在，世界で同性婚を公認する国は，2001年のオランダを皮切りに，20か国を超えるまでになった。欧米諸国では，同性婚が認められるまでに，セクシュアル・マイノリティは，社会の中で勇気をもって自分たちの存在を明らかにし，声をあげ，法廷闘争など挑んできた。その結果，まずは身近な自治体や職場などで理解を広げ，これまで無視されたり，否定されたり，差別され，不利益を受けてきたことの差別禁止や差別撤廃に対する粘り強い闘いを繰り広げてきた。その後，同性パートナーやセクシュアル・マイノリティに対する差別の撤廃だけでなく，夫婦や家族として扱うという登録パートナーシップ制度の導入などの動きが広がっていった。特にキリスト教の諸国では，同性愛を犯罪として処罰するなど刑罰で禁圧されるという苛酷な歴史もあった。

　このような中で，日本でも，ようやく2015年4月，渋谷区が男女平等と多様性を尊重する社会を推進する条例を制定して，同年11月には同性パートナーに証明書を発行した。また，世田谷区も，2015年7月には同性パートナーの宣誓供述書の写しに区長の受領印を押すことで，2人が同性のパートナーであることを公的に証明することを発表し，同年11月には受領証の交付を開始した。これにならって，2016年4月から三重県伊賀市，2016年6月から兵庫県宝塚市，2016年7月から沖縄県那覇市でも，同性パートナーの証明書が出されることになった。さらに，外資系の日本IBMでは，2016年1月から「IBMパートナー登録制度」を設け，同性パートナーの登録ができ，登録パートナーとの結婚，育児等で特別休暇をもらえたり，慶弔見舞金などを受け取れることにした。東洋経済社が行うCSR調査でも，2016年には，LGBTに対する差別禁止等の基本理念や不利益取扱いの禁止を定める企業が173社，社内研修や福利厚生など積極的な取組をする企業についても，146社が「あり」と答えるなど大きな広がりを見せ始めている。

　このような広がりと注目が集まる中，本書は，多様な性のかたちが存在し，多様なLGBTの人々が自分らしく生きることができるような社会を作り，当たり前に生きていること，生まれてきたことを喜び，堂々と誇りをもって暮

らせるような法制度や社会的な支援の仕組みを考えるきっかけとなればと企画されたものである。本書は，まず初めに，諸外国の同性婚やパートナーシップの歴史と現状をわかり易く伝え，次いで，渋谷区，世田谷区など身近な自治体がなぜ，このようなセクシュアル・マイノリティへの差別を禁止し，同性パートナーシップ制度を設けるに至ったのか，その経緯，背景などを改めて振り返り，実務や制度の運用の実態や課題についても詳しく触れている。また，渋谷区や世田谷区などの制度設計に関わった弁護士，公証人，窓口担当者など実務に携わる人々，渋谷区長，世田谷区長，区議会議員などの身近な政治家，身近な市民としてのセクシュアル・マイノリティの皆さんの生の声や切なる思いをどのように社会，政治や行政に届けることができたのかをリアルにお伝えしたいと思っている。

　私たちは決して1人では生きていけない。誰かの助けや支えが必ず必要である。身の回りにいる夫婦，親子，パートナーという身近な家族や親しい友人・知人の支えや理解なしには，生きていくことはできない。最近自治体や企業で生まれたパートナー登録制度は，当事者1人1人が勇気を振り絞り，声なき声を集め，それがやがて力となりうねりとなって制度へと結実したものである。本書は，何よりも当事者の皆さんが切実な声をあげてくださったこと，そして，身近な自治体の首長，議員，職員の皆さんがこれを受け止め，弁護士や公証人など法律専門職の皆さんが理解を示し，このような皆さんのチームワークと熱い志の上に，どのような工夫や知恵を出しながら，セクシュアル・マイノリティにも温かく，男女平等と多様性を実現する社会を作っていくべきかの道程を示す細やかな試みである。

　本書は，執筆者として，幅広い形で，この問題に精通している研究者，実務家，当事者などにお願いをし，広く海外の経験や取組から，日本での先駆的な自治体の取組や実践から理論とともに，制度創設のエッセンスを析出し，これをさらに応用し発展させることを狙うとともに，今後取組を始めたり，検討を開始したいと考える自治体関係者，政治家，弁護士，裁判官，公証人など実務家，法曹を目指す人，一般の人々にも広く読んでいただきたいと思

iii

はしがき

い，できるだけ平易に解説することを心掛けた。このような本書の狙いや意図が少しでも理解され，多くの自治体や行政に関わる人々，当事者の皆さんにも幅広く読んでいただければ，これに勝る喜びはない。最後に，本書が刊行されるにあたっては，日本加除出版株式会社の真壁耕作企画部長，岩満梨紗さんの叱咤激励や助けがなければ到底かなうことはなかった。この場をお借りして厚く御礼を申し上げる。

2016年11月吉日

棚村　政行

中川　重徳

凡　例

【法令略語】
　原則として，正式名称を使用しています。略語を用いる場合は本文で解説をしています。

【判例略語】
　最判（決）……………………最高裁判所判決（決定）
　高判（決）……………………高等裁判所判決（決定）
　地判（決）……………………地方裁判所判決（決定）
　家審……………………………家庭裁判所審判

【出典略語】
　民集……………………………最高裁判所民事判例集
　刑集……………………………最高裁判所刑事判例集
　家月……………………………家庭裁判月報
　ジュリ…………………………ジュリスト
　判時……………………………判例時報
　判タ……………………………判例タイムズ
　法時……………………………法律時報
　法セミ…………………………法学セミナー
　労判……………………………労働判例

【判例の表記】
東京高決平成24.12.26判タ1388号284頁
　　→東京高等裁判所決定平成24年12月26日判例タイムズ1388号284頁

執筆者一覧

【編著者】

棚村　政行　早稲田大学法学学術院教授・弁護士
中川　重徳　弁護士

【執筆者】

| 序　章 | 第1 | 棚村　政行 | 早稲田大学法学学術院教授・弁護士 |

第1章	第1	渡邉　泰彦	京都産業大学大学院法務研究科教授
	第2	大島　梨沙	新潟大学大学院実務法学研究科准教授
	第3	橋本　有生	早稲田大学法学学術院助教
	第4	石嶋　舞	早稲田大学法学学術院助手
	第5	梅澤　彩	熊本大学大学院法曹養成研究科准教授
	第6	鈴木　伸智	愛知学院大学法学部教授
	第7	谷口　洋幸	高岡法科大学法学部准教授

第2章	第1	大川　育子	弁護士
	第2	中川　重徳	弁護士
	第3	寺尾　洋	公証人
	第4	上川　あや	世田谷区議会議員
	第5	中川　重徳	弁護士

| 第3章 | 第1 | 篠原　保男 | 渋谷区役所子ども家庭部保育課長（執筆時，総務部男女平等・ダイバーシティ推進担当課長） |
| | 第2 | 若林　一夫 | 世田谷区役所生活文化部人権・男女共同参画担当課長 |

vii

執筆者一覧

第4章　第1　長谷部　健　渋谷区長
　　　　第2　保坂　展人　世田谷区長
　　　　第3　中川　智子　宝塚市長
　　　　第4　渋谷区在住・女性カップル　（匿名）
　　　　第5　鳩貝　啓美　NPO法人レインボーコミュニティcoLLabo代表理事

目　次

序章　総　論

第1　LGBTの法的保護とパートナーシップ制度　　2

1　はじめに ―――――――――――――――――――――― 2
2　日本における同性婚の可否と憲法第24条の議論 ――――― 4
3　アメリカにおけるドメスティック・パートナーシップ制度の
　　展開と同性婚 ――――――――――――――――――――― 7
　　1　アメリカでのドメスティック・パートナーシップの展開 ―― 7
　　2　各地の制度の特色と多様性 ―――――――――――――― 10
　　3　ドメスティック・パートナーシップと同性婚 ―――――― 13
4　性同一性障害の人々の悩みとその法的問題 ―――――――― 14
5　LGBTと子どもたちの問題 ――――――――――――――― 17
6　LGBTに対する最近の自治体や企業での取組 ―――――――― 20
7　おわりに ――――――――――――――――――――――― 23

第1章　諸外国のパートナーシップ制度

第1　ドイツ・オーストリア　　26

1　はじめに ―――――――――――――――――――――― 26
2　パートナーシップ制度の分類 ――――――――――――― 26
3　ドイツ生活パートナーシップ法 ――――――――――――― 27
　　1　構成 ――――――――――――――――――――――― 28

ix

目　次

2　夫婦と生活パートナーの違い ……………………………………… 28

3　変遷 …………………………………………………………………… 30

　（1）　2001年生活パートナーシップ法　30

　（2）　生活パートナーシップ法改訂法　31

　（3）　判例　32

4　親子関係 ……………………………………………………………… 33

④　オーストリア登録パートナーシップ法 ─────── 35

1　構成 …………………………………………………………………… 35

2　判例 …………………………………………………………………… 36

3　親子関係 ……………………………………………………………… 37

⑤　おわりに ──────────────────── 38

第 **2**　フランス・ベルギー　　　　　　　　　39

①　ベルギーの法定同居 ───────────────── 39

1　沿革 …………………………………………………………………… 39

　（1）　法定同居の法制化　39

　（2）　法定同居と婚姻との差異の縮小　41

　　ア　子どもに関する差異の縮小　41

　　イ　カップルに関する差異の縮小　41

2　現行の制度内容 ……………………………………………………… 42

　（1）　法定同居の開始　42

　　ア　利用条件　42

　　イ　開始手続　42

　　ウ　同居契約　45

　（2）　法定同居の効果　49

　　ア　居住保障　49

　　イ　共同生活費用の分担　50

　　ウ　日常家事債務の連帯責任　50

　（3）　法定同居の解消　52

x

目　次

```
　　　　ア　解消手続　52
　　　　イ　解消の効果　52
```

　3　小括 ──────────────────────────── 53

2　フランスのPACS ──────────────────── 53

　1　沿革 ────────────────────────────── 54

　　(1)　PACSの法制化　54

　　(2)　PACSの改正　55

　2　現行の制度内容 ──────────────────── 55

　　(1)　PACSの開始　55

　　　　ア　利用条件　55

　　　　イ　契約書の作成　56

　　　　ウ　届出　58

　　(2)　PACSの効果　59

　　(3)　PACSの解消　61

　　　　ア　解消手続　61

　　　　イ　解消の効果　62

　3　小括 ──────────────────────────── 63

3　おわりに ──────────────────────── 63

第3　イギリス
65

1　はじめに ──────────────────────── 65

2　シビルパートナーシップ制度 ──────────── 66

　1　成立 ────────────────────────────── 66

　2　概要 ────────────────────────────── 68

　　(1)　婚姻制度との相違点　69

　　　　ア　法律用語　69

　　　　イ　性的関係　69

　　　　ウ　宗教的セレモニー　70

　　　　エ　親子関係の推定　70

xi

目　次

　　　オ　企業年金の受給　71
　（2）批判　71

③　同性間の婚姻制度 ——————————————————73

1　成立 ——————————————————————————73
　（1）信教の自由　74
　（2）宗教上の婚姻の概念　76
　（3）婚姻の生殖機能　77

2　概要 ——————————————————————————77
　（1）婚姻制度との主な相違点　77
　　　ア　宗教的セレモニー　77
　　　イ　性的関係　78
　　　ウ　親子関係の推定　79
　　　エ　企業年金の受給　79
　（2）CPへの転換　79

④　むすびにかえて ——————————————————81

第4　オランダ
85

①　はじめに ————————————————————————85

②　立法の道のり ——————————————————————86
1　立法経緯の概要 ··86
2　同性間の関係というテーマが表面化できた理由 ············88
　（1）政治構造　88
　（2）市民層の動き　89
3　婚姻へ ——————————————————————————91

③　立法実現に至った要点 ——————————————————92
1　ジェンダーフリー・ムーブメント―同性間の関係承認までの3
つの段階とオランダ ···92
2　保護の必要性の明確化と大衆・政界へのチャンネルの獲得 ·······93

④　登録パートナーシップ制度の中身 ——————————————94

目　次

1　婚姻と登録パートナーシップの関係――――――――――― 94

　(1)　「親子関係」への段階的な対応　95

　(2)　形式的な違い　96

2　双方の運用の状況――――――――――――――――――― 97

　(1)　需要の変遷　97

　(2)　互換性と課題　99

⑤　**おわりに**―――――――――――――――――――――― 100

第5　ニュージーランド　102

①　**はじめに**――――――――――――――――――――――― 102

②　**憲法・性的マイノリティ・家族に関する法**――――――――― 102

　1　イギリス法の継受と憲法・性的マイノリティに関する法――― 102

　2　家族に関する法―婚姻，シビル・ユニオン及びデ・ファクト――― 103

　　(1)　婚姻，シビル・ユニオン及びデ・ファクトの締結　103

　　(2)　婚姻，シビル・ユニオン及びデ・ファクトの解消　105

　　(3)　婚姻，シビル・ユニオン及びデ・ファクトにおける親子関係　105

　　(4)　婚姻，シビル・ユニオン及びデ・ファクトにおける扶養　106

③　**ドメスティック・パートナーシップ**――――――――――― 106

　1　司法の場における同性カップルの発見とその承認――――――― 106

　2　同性カップルの「婚姻」へのアクセス―――――――――――― 107

④　**同性婚**――――――――――――――――――――――― 110

　1　「婚姻する権利」の獲得―――――――――――――――――― 110

　2　「2013年婚姻（婚姻の定義）修正法」の効果とその影響――――― 113

　　(1)　法的効果　113

　　(2)　シビル・ユニオンへの影響　115

⑤　**おわりに**―――――――――――――――――――――― 115

xiii

目　次

第6　アメリカ合衆国　117

① はじめに ——————————————————————————— 117

② 1970年代—同性婚訴訟のはじまり ———————————————— 120

③ 1980年代—地方自治体等によるドメスティック・パートナー
シップ制度の導入 ——————————————————————— 122

④ 1990年代—DOMAの成立と州によるドメスティック・パート
ナーシップ制度の導入 ————————————————————— 123

　1　ハワイ州における同性婚訴訟とDOMAの成立 ···························· 123

　2　ハワイ州における Reciprocal Beneficiaries Act の成立 ·············· 125

⑤ 2000年代—シビル・ユニオン制度の導入と州における同性婚
の合法化 ——————————————————————————— 126

　1　バーモント州によるシビル・ユニオン制度の導入 ···················· 126

　2　州における同性婚の合法化 ·· 127

⑥ 2010年代—DOMA違憲判決とアメリカ合衆国における同性婚
の合法化 ——————————————————————————— 128

　1　連邦最高裁判所によるDOMA違憲判決と同性婚の合法化 ··········· 128

　2　同性婚とドメスティック・パートナーシップ制度の状況 ············ 129

⑦ おわりに ——————————————————————————— 131

第7　国際人権法　135

① はじめに ——————————————————————————— 135

② 「同性婚」とは何か —————————————————————— 136

　1　事実上の「同性婚」 ··· 137

　2　狭義の「同性婚」 ·· 137

　3　平等な婚姻 ·· 138

③ 「婚姻」を認めないことは国際人権法違反か—「婚姻する権

xiv

利」をめぐって ——————————————————— 139

   1　「男女」とは誰か ————————————————— 139

   2　国内法の裁量 ——————————————————— 140

   3　婚姻の「本質」とは ————————————————— 141

4　同性同士の関係性は国際人権法の対象外か—「家族生活の尊重
を受ける権利」をめぐって ——————————————— 142

   1　「家族」とは何か ————————————————— 142

   2　「同性婚」は「家族」か ——————————————— 143

5　異性同士と同性同士の法制度上の差異は差別に当たるか—「差
別の禁止」をめぐって ————————————————— 144

   1　事実婚との差別 ————————————————— 145

   2　狭義の同性婚との差別 ——————————————— 146

6　おわりに—国際人権法の使い方 ——————————— 147

第 2 章　自治体における同性パートナーシップ制度の導入

第 1　「(仮称)渋谷区多様性社会推進条例制定検討会」での論点
150

1　(仮称) 渋谷区多様性社会推進条例制定検討会の設置 ———— 150

   1　経緯 —————————————————————— 150

   2　検討内容 ———————————————————— 151

2　検討会の動き ——————————————————— 152

   1　検討会の方針 (第1回) —————————————— 152

     (1)　構成　152

     (2)　共通認識の必要性　152

   2　検討すべき問題の抽出 (第2回〜第4回) ——————— 153

     (1)　参考人の聴き取り　153

目　次

　　⑵　「多様性」──条例のキーワード　154
　　⑶　課題の整理　154
　3　条例内容の検討（第5回・第6回）─────────── 155
　　⑴　条例の骨子　155
　　⑵　パートナーシップ証明について　156
　　　ア　実効力の担保　156
　　　イ　婚姻との比較　156
　4　最終案の決定と区長報告（第7回〜第9回）──────── 157
　　⑴　専門家の意見聴取　157
　　⑵　罰則規定　157
　　⑶　区長報告　158
3　検討会のその後 ───────────────────── 158

第2　渋谷区男女平等・多様性社会推進会議での議論から　159

1　はじめに ────────────────────────── 159
2　区内外からの声 ─────────────────────── 160
3　憲法第24条及び第94条との関係 ───────────────── 161
4　条例第14条の定める推進会議 ────────────────── 162
5　最大の論点は証明書発行のハードル ──────────────── 164
　1　2種類の公正証書と費用の問題 ──────────────── 164
　2　羅針盤を求めて ──────────────────────── 165
　3　事実実験公正証書等による方法の検討 ─────────────── 166
6　推進会議の決断 ─────────────────────── 167
　1　渋谷区の制度に対する当事者の声 ─────────────── 167
　2　条例の原則と例外規定の活用 ──────────────────── 167
7　年齢・住所等に関する規則の検討 ───────────────── 168
　1　年齢・住所 ──────────────────────────── 168
　2　近親者の扱い ───────────────────────── 169

3 関係終了時の扱い等 ──────────────────── 170

⑧ さいごに ───────────────────────── 170

第3 パートナーシップ公正証書について   171

① パートナーシップに関する公正証書 ──────────── 171

1 公正証書とは ──────────────────── 171

(1) 公証人と公正証書　171

(2) 公正証書の種類　171

2 パートナーシップと公正証書 ──────────── 172

(1) パートナーシップ契約公正証書とパートナーシップ
宣言公正証書　172

(2) パートナーシップ公正証書の問題点　172

(3) 公正証書作成の手続と費用　173

② 渋谷区条例によるパートナーシップ公正証書 ───────── 173

1 渋谷区条例と公証人会の対応 ─────────── 173

2 パートナーシップ証明取得に必要な公正証書 ────── 174

(1) 原則として必要とされる公正証書　174

(2) 任意後見契約公正証書作成についての問題点　174

(3) パートナーシップ合意契約公正証書のみによる証明　175

　ア 渋谷区の条例・規則による特例　175

　イ 特例の広汎な適用　175

　ウ パートナーシップ合意契約公正証書に盛り込むべき事項　175

(4) パートナーシップ合意契約公正証書の内容　176

　ア 必須の合意事項（規則4条）　176

　イ 任意に記載する合意事項　176

(5) パートナーシップ合意契約公正証書の記載例　177

xvii

目　次

第4 世田谷区における同性パートナーシップの取組について　180

① 制度施行前の世田谷区における性的マイノリティに対する取組状況 ── 180

　1　はじめに ……………………………………………………………… 180

　2　性的マイノリティに対する施策展開の基盤 ……………………… 180

　3　世田谷区男女共同参画プラン ……………………………………… 181

　4　区職員を対象とした研修会等の実施 ……………………………… 183

　5　一般区民に向けた啓発講座等の開催 ……………………………… 184

　6　相談窓口の明確化 …………………………………………………… 184

　7　区の最上位計画にも「性的マイノリティ」………………………… 185

　8　世田谷区教育委員会の取組 ………………………………………… 185

　　(1)　教職員の対応力強化　186

　　(2)　児童・生徒の実態把握　186

　　(3)　区立学校における教育実践　187

② 世田谷区同性パートナーシップ制度策定の要望書提出まで ── 188

　1　取組の契機─兵庫県宝塚市での講演 ……………………………… 188

　2　政策実現の最大の壁─当事者の沈黙 ……………………………… 189

　3　区長応接室でのプレゼン …………………………………………… 190

　4　議会質問 ……………………………………………………………… 191

　5　担当部の動き ………………………………………………………… 192

　6　世田谷区ドメスティック・パートナーシップ・レジストリーの誕生 …………………………………………………………………… 193

　7　レジストリーの存在，活動を明らかに …………………………… 196

　8　要望書の提出 ………………………………………………………… 197

③ 要綱の策定 ── 200

　1　庁内検討プロジェクトチームの発足 ……………………………… 200

　2　条例か，要綱か ……………………………………………………… 201

　3　試案 …………………………………………………………………… 201

xviii

4　要綱案の調整 ————————————————————— 202

　　　(1)　「宣言」による手続から「宣誓」による手続へ　203

　　　(2)　受領証も交付へ　204

　　5　議会報告—要綱案を公表 ————————————————— 205

④　今後の課題 ————————————————————————— 206

　　1　要綱・要領の見直し ———————————————————— 206

　　2　実効性の担保 —————————————————————— 207

　　3　区の夫婦向け，家族向けサービスの見直し ————————— 209

第5　同性パートナーシップ制度の今後の課題　　210

①　はじめに ——————————————————————————— 210

②　基本的視点 —————————————————————————— 211

　　1　パートナーシップ制度の理念型—婚姻モデルか契約モデルか ——— 211

　　2　人権問題という視点 ———————————————————— 211

　　　(1)　根強い偏見　212

　　　(2)　生きづらさ　214

　　　(3)　LGBTの存在を無視した法律と社会制度　214

　　　(4)　全般的人権侵害　215

　　3　待たれていた同性パートナーシップ制度 ————————————— 216

③　パートナーシップ制度の今後 ———————————————————— 218

　　1　要件について ——————————————————————— 218

　　　(1)　異性カップル　218

　　　(2)　公正証書について　219

　　　(3)　近親者　220

　　2　証明書や宣誓書受領証の効力 ———————————————— 221

　　　(1)　法的効果　221

　　　(2)　病院での看護や同意など　222

　　　(3)　保険，商品やサービス　223

　　　(4)　その他　224

目　次

　　3　『家族として扱われる』意味 ──────────── 224

　④　同性パートナーシップをどう広げるか ───────── 225

　　1　当事者の中で ───────────────────── 225

　　2　全国の自治体へ ──────────────────── 226

　⑤　そして同性婚へ ─────────────────── 227

第3章　同性パートナーシップ制度運用の実際

第1　渋谷区の制度施行と運用の現状　　232

　①　はじめに ──────────────────────── 232

　②　条例の制定 ─────────────────────── 232

　　1　条例の理念 ───────────────────── 232

　　2　パートナーシップ証明 ─────────────── 233

　　　(1)　パートナーシップ証明とは　　233

　　　(2)　任意後見契約及び合意契約　　234

　　　(3)　信頼性の確保　　234

　③　規則の概要 ─────────────────────── 235

　　1　規則の検討 ───────────────────── 235

　　2　規則の概要 ───────────────────── 236

　　　(1)　規則制定に当たっての基本的な考え方　　236

　　　(2)　パートナーシップ証明を受けることができる者　　236

　　　(3)　合意契約に係る公正証書に明記すべき事項　　236

　　　(4)　パートナーシップ証明を行う場合の確認の特例　　237

　　　　ア　条例第10条第2項ただし書の趣旨　　237

　　　　イ　条例第10条第2項ただし書の具体的取扱い　　237

　　　(5)　パートナーシップ証明の申請等　　239

　　　(6)　パートナーシップ証明の取消し等　　239

　④　制度開始に当たって，その他の検討 ────────── 244

目　次

5　パートナーシップ証明の開始とこれから ——————244

第2　世田谷区の制度施行と運用の現状　　246

1　要綱制定の考え方 ——————————————246
2　制度の内容と運用 ——————————————247
　1　同性カップル，パートナーシップ宣誓の定義 ————247
　2　パートナーシップ宣誓の要件 —————————247
　3　パートナーシップ宣誓の申込み —————————247
　4　パートナーシップ宣誓の具体的な方法 ——————248
　5　パートナーシップの宣誓にあたっての確認書の記入 ——248
　6　本人確認時の挙証資料 ————————————252
　7　宣誓書の受領の要件 —————————————252
　8　パートナーシップ宣誓書受領証の交付 ——————252
　9　パートナーシップ宣誓書の写し等の再交付 ————252
　10　パートナーシップ宣誓書の保存期間 ——————252
　11　パートナーシップ宣誓書の廃棄 ————————253
3　本制度の今後の展望 ——————————————253

第4章　政治家・当事者の声と期待

第1　渋谷区パートナーシップ制度導入に関して　　258

1　当事者との出会い ——————————————258
2　パートナーシップ証明書の提案 ————————259
3　条例で進めた理由 ——————————————260
4　制度の始まりと今後の課題 ——————————261

xxi

目　次

第2　「同性パートナーシップ宣誓書」の取組にあたって　263

1　多様性の尊重——————————————————263

2　受領証発行は，「はじめの小さな一歩」——————264

3　今後に向けて————————————————————265

第3　性の多様性を認めて，自分らしく生きられる社会づくり
　　をめざした宝塚市の政策　267

1　LGBTの課題に取り組む——————————————267

2　『ありのままに自分らしく生きられるまち宝塚』——————268

3　今後の展開————————————————————269

第4　パートナーシップ証明書を取得して　270

1　本人達について————————————————————270

2　同性カップルとして直面した困難，証明書を取得した理由——271

3　今後の同性婚制度などへの期待—————————272

第5　世田谷発　同性パートナーがよりよく暮らせる未来へ　273

1　当事者が声をあげるまで—————————————273

2　同性パートナーとの生活・人生の困難とは——————274

3　制度による変化————————————————————275

4　始まりの次，今後の展望—————————————275

総　括———————————————————————————277

序章

総論

序章　総論

第**1**

LGBTの法的保護と
パートナーシップ制度

棚村　政行

1 はじめに

　LGBTとは，Lesbian（女性同性愛者），Gay（男性同性愛者），Bisexual（両性愛者），Transgender（トランスジェンダー）の頭文字をとった略称である[1]。1980年半ばころからLGBTという言葉が見られるようになり，GLBTやLGBTという言葉は，1990年代になってから一般化し始めた。その後，LGBTは当事者の間でも使われるようになり，セクシュアル・マイノリティや性的少数者という言い方と同様に，世界でも日本でも一般的に使用されている[2]。このほかにも，男女のいずれでもないと自認する「エックス（X）ジェンダー」や，同性も異性も好きにならない「アセクシュアル」など多様な性も存在する[3]。

　LGBTという言葉は，性の多様性と性的アイデンティティの多元性を重くみるものであり，性的少数者と同義で使用されることも多いが，LGBTの方が比較的多く使われているかもしれない。最近では，LGBTも，生物学的な性（体の性）と性自認（心の性）と好きになる相手（恋愛対象・性的指向）な

1）特定非営利活動法人ReBit編『LGBTってなんだろう?』1頁以下（合同出版，2014），薬師実芳「LGBTの子どもも過ごしやすい学校について考える」早稲田大学教育総合研究所監修『LGBT問題と教育現場』7-9頁（学文社，2015）参照。

2）ロニー・アレキサンダーほか『セクシュアルマイノリティ（第3版）』3頁（明石書店，2012），谷口洋幸・齊藤笑美子・大島梨沙編著『性的マイノリティ判例解説』2頁（信山社，2011）参照。

3）2015年5月26日付朝日新聞朝刊2頁参照。

第1　LGBTの法的保護とパートナーシップ制度

どの組合せで，多様なパターンがあるにもかかわらず，これを上手く言い表せていないとして，「性的指向と性自認」の意で，SOGI（Sexual Orientation, Gender Identity）「ソギ」と表現することもある。

　2015年4月に，電通ダイバーシティ・ラボが全国の約7万人を対象に行ったインターネット調査の結果では，LGBT層に該当する人の割合が3年前の5.2％から，7.6％へと2.4ポイントも増加した。この調査では，セクシュアリティを「身体の性別」「心の性別」「好きになる相手・恋愛対象の相手の性別」の3つの組合せで分類し，電通独自の「セクシュアリティマップ」をもとにLGBT層を析出した[4]。

　2015年10月に，NHKが，当事者支援団体であるLGBT法連合会の協力を得て実施したアンケート調査の結果では，全ての都道府県の2600人から声が寄せられた。この調査は，ウェブ調査であったため，回答者は20〜30代の人が7割近くを占め，カミングアウトした相手は友人が最も多く，家族は半数程度だった。LGBTでストレスを感じたり悩んだ末，健康に影響が出た人が4割もあり，住まいは賃貸が圧倒的に多かった。パートナーがいる人が47.6％と半数ほどおり，そのうち同居しているのが45.4％と半数近くを占めていた。回答者は，20代が最も多かったので，子どもがいるのは，5.6％であったものの，子どもが欲しいとの回答が35.9％にものぼった。また，同性パートナーの証明書を申請したいという人が約82％，同性婚を認める法制度を作ってほしいという人が65.4％と3分の2近くもいた[5]。

　このような中で，日本においても，ようやくLGBTの人々に対する様々な社会的な差別や偏見をなくし，夫婦や家族と同様に扱うべきではないかという動きが活発化してきた。例えば，2015年3月には，東京都渋谷区では，同性カップルに対して「結婚に相当するパートナー関係」と認め証明書を発行しようとする条例が成立した。証明書自体には法的拘束力はないが，証明書

---

4 ）株式会社電通ダイバーシティ・ラボ「LGBT調査」（http://www.dentsu.co.jp（2015/04/23））

5 ）NHK「LGBT当事者アンケート調査〜2600人の声から〜」（http://www.nhk.or.jp/d-navi/link/lgbt/index.html（2015/12/28））

序章　総論

をもとに同性カップルには家族向けの区営住宅への入居を認めたり，病院での手術の際の同意書，事業者が認めれば家族手当の支給や育児介護休暇等も認められるようになる[6]。その後，このような動きは，東京都世田谷区，三重県伊賀市，兵庫県宝塚市，沖縄県那覇市などと続き，これを検討する自治体が増加している[7]。企業側でも，パナソニック，ソニーなどが育児・介護休暇や結婚祝いなどの福利厚生の対象にしたり，マイクロソフト，IBMなどの外資系会社でも，性的指向や性別の認識で差別をしないだけでなく，配偶者に準じた扱いを認め始めている[8]。

　そこで，本稿では，LGBTをめぐる最近の動きをみながら，まず，はじめに，日本における同性婚の可否や憲法第24条との関係での議論について取り上げる。次いで，アメリカにおけるドメスティック・パートナーシップ制度の発展と現状について概観をする。アメリカ法の展開状況は，日本にとっても参考になろう。第3に，このような比較法的な考察を踏まえたうえで，今度は日本における性同一性障害者の法的状況について一瞥する。第4に，LGBTと子どもをめぐる問題を取り上げ，主として，性的違和を感じ始める思春期の子どもたちや小さな子どもたちに対する差別や偏見，周囲の無理解などに対する心理的教育的支援の必要性について考える。最後に，各自治体で進んでいる同性パートナーシップ制度と企業や自治体でのLGBTの支援策について述べるとともに，今後の課題を展望したいと思う。

2 日本における同性婚の可否と憲法第24条の議論

　明治民法でも，現行民法でも，婚姻が男女の結合である旨の明文の規定は置かれていなかった。しかしながら，明治民法は，戸主中心の「家」を基軸とする封建的家父長制的な家族法を構想していた。婚姻は，あくまでも，男

6）2015年4月1日付読売新聞朝刊38頁参照。
7）2015年11月6日付朝日新聞朝刊29頁，2015年12月4日付朝日新聞朝刊（神戸）29頁，2016年3月10日付日本経済新聞夕刊15頁等参照。
8）2016年2月19日付日本経済新聞朝刊15頁参照。

系の縦に続く超世代的家族集団としての「家」の存続発展に仕える制度として位置づけられ，「家」という枠組み内での男女の終生的共同生活を想定していた[9]。戦前の学説の中でも，婚姻は一男一女の結合であり，同性間の婚姻の合意は，婚姻の本質に反して無効であると明示的に言及するものもあった[10]。

また，日本国憲法のもとで「婚姻は，両性の合意のみに基づいて成立」するとの規定もあり（憲法24条前段），当事者たりうるのは男女であって，その自由な合意が要求されているとこれまでは理解されてきた[11]。したがって，婚姻は社会的に夫婦と考えられる一男一女の終生にわたる精神的・肉体的結合であって，同性婚は，社会観念上婚姻的共同生活関係とは認められず，婚姻意思に欠け無効と解する立場，明文の規定はないが，婚姻の本質から婚姻障害の一つとして男女の結合でなければならないとし，同性婚を無効と解する立場が通説とされてきた[12]。

例えば，フィリピン人とフィリピン国の方式により婚姻した日本人男性が婚姻届を日本で提出した後，フィリピン人が女性でなく男性であることが判明し，戸籍法第113条に基づいて戸籍訂正の許可を申し立てたという事例があった。このケースでは，婚姻の実質的成立要件は，法の適用に関する通則法第24条第1項（旧法例13条1項）により各当事者の本国法によるところ，日本法でも男性同士ないしは女性同士の同性婚は，男女間における婚姻的共同生活に入る意思，婚姻意思を欠く無効なものであり，フィリピン家族法でも婚姻の合意を欠く無効なものとされ，戸籍に錯誤ないし法律上許されない記載がなされたものとして，戸籍法第113条による訂正ができると判示されている[13]。

これに対して，これらの通説に異論を唱える立場も主張され，生殖と子の

9）棚村政行「男女の在り方・男と女」ジュリ1126号25頁（1998）参照。

10）棚村・前掲注9）論文25頁参照。

11）宮沢俊義『憲法II（新版）』430頁（有斐閣，1974）参照。

12）我妻栄『親族法』14頁（有斐閣，1961），中川善之助『新訂親族法』160頁（青林書院新社，1965），星野英一『家族法』59頁（有斐閣，1994）等参照。

13）佐賀家審平成11.1.7家月51巻6号71頁。

養育を主要な目的とする伝統的婚姻観が変化し，同性カップルにも婚姻を認めてもよいのではないか，憲法第24条の両性とは同性者も含めて考えられるのではないかと反論する[14]。むしろ，憲法第13条，第14条，第24条を積極的に理解し，同性愛者の婚姻を認めていこうとする立場[15]，同性パートナーに法的保護を与えても全ての人が同性をパートナーとして選ぶわけではなく，種の再生産を崩壊させるほど多数にならないとして，私生活や家庭生活の自己決定権という憲法上の権利の保障という観点から，準婚的保護を与えるという立場も有力である[16]。

　これらの積極的な立場に対し，異性カップルの共同生活関係に対しては内縁としての保護を与えることはある程度まで可能であるとしても，同性カップルは婚姻から外れた共同生活関係であり，不適法内縁だから内縁としての保護もありえないとの再反論もあった[17]。しかしながら，現在では20か国以上が同性カップルに婚姻を認めたり，パートナーシップの登録制度を認めるところが30か国以上と着実に増えてきている。また，日本でも，婚姻の主要な目的は必ずしも子の出産・生殖ではなく，夫婦的な相互扶助にあるわけだから，事実上の夫婦としての同性カップルには，一定の要件のもとで，婚姻に準ずる法的保護をすべきであろう。また，家族の多様化やライフスタイルの自由などの最近の傾向からも，同性婚やパートナーシップ制度を導入すべきであろう[18]。

　安倍晋三首相は，2015年2月の参議院本会議で，同性婚と憲法第24条との

---

14) 石川稔「同性愛者の婚姻②」法セミ356号60頁（1984），上野雅和『新版注釈民法(21)』179頁（有斐閣，1989），篠原光児「夫婦異性を考える」『イギリスの文学と社会的背景』109-110頁（北樹出版，1996）等。

15) 角田由紀子『性の法律学』212頁（有斐閣，1990）。

16) 二宮周平『事実婚の現代的課題』345頁（日本評論社，1991），棚村・前掲注9）論文25頁。

17) 大村敦志「性転換・同性愛と民法（下）」ジュリ1081号64-65頁（1995）参照。

18) 棚村政行「家族的パートナーシップ制度」青山法学論集33巻3・4号125頁（1992）。なお，渡邉泰彦「同性カップルによる婚姻から家族形成へ」法時88巻5号73頁以下（2016），二宮周平「家族法—同性婚への道のりと課題」三成美保編著『同性愛をめぐる歴史と法』122頁以下（明石書店，2015）参照。

関係についての質問に対する答弁として，「両性の合意とする現行憲法第24条のもとでは，同性カップルの婚姻の成立を認めることは想定されていない」「同性婚を認めるために憲法改正を検討すべきか否かは，我が国の家庭のあり方の根幹にかかわる問題で，極めて慎重な検討を要する」と消極的な見解を述べた[19]。しかしながら，憲法第24条第1項は「婚姻は両性の合意のみ」に基づいて成立するというのは，必ずしも同性婚を排除したり，婚姻を異性間に限定したものというわけではない[20]。憲法第24条の起草にあたったベアテ・シロタ・ゴードンによれば，本条は，「家」制度の下で，婚姻には，男30歳，女25歳までは「家」にある父母の同意が必要とされ，個人の自由な合意による婚姻が妨げられていた。そのため，本条の両性の合意とは，親の権力から両者の合意だけで婚姻できるという趣旨であり，必ずしも異性婚のみに限定した議論はなかった[21]。したがって，憲法第24条の婚姻の自由は，憲法第13条，第14条との関係でも，あらためて同性も含むと解釈できるかが正面から議論されなければならない。

3 アメリカにおけるドメスティック・パートナーシップ制度の展開と同性婚

1 アメリカでのドメスティック・パートナーシップの展開

1984年12月，カリフォルニア州バークレー市議会が，アメリカ合衆国で初めて，ドメスティック・パートナーシップ（Domestic Partnership）制度を採択し，翌年4月から，歯科診療給付が同性のパートナーで登録をした者には拡大されることになった。1987年には，健康保険プランの全てにおいて，市職員の同性パートナーにも健康保険給付がカバーされることになり，全米初

---

19) 2015年2月19日付朝日新聞朝刊4頁。
20) 辻村みよ子『憲法と家族』128頁（日本加除出版，2016），南和行『同性婚』166頁以下（祥伝社，2015）参照。
21) 中島美砂子「日本国憲法に『両性の平等』条項を起草した女性」LIBRA 5巻7号24頁（2005）参照。

序章　総論

の取組となった[22]。その後，1990年代には，カリフォルニア州では，サンタ・クルズ，ウェスト・ハリウッド，サンフランシスコ，メリーランド州のタコマ・パーク，ウィスコンシン州のマジソン，ワシントン州のシアトル，ニューヨーク市などの10数の自治体に広がった[23]。

　バークレー市のドメスティック・パートナーシップ条例では，18歳以上で，婚姻関係になく，近親婚的な関係にもなく，同居し共通の生活需要を共にする者が「ドメスティック・パートナーシップ宣誓供述書（Domestic Partnership Affidavit）」を市役所の担当者に提出し，認証されることが必要である。相互に唯一のパートナーであり，従前のドメスティック・パートナーシップ解消から6か月が経過していること，共通の福祉に責任を負うことなど宣誓することも求められている[24]。カップルは解消届を提出することもできるが，登録した市職員及びパートナーは，医療，健康保険の利用，忌中休暇など極めて限定的な保護しか受けられなかった[25]。パートナーの解消届は双方の合意でも，一方の単独での届出も可能であり，新たな登録までに6か月間が必要である。バークレー市では，医療保険や健康保険給付のための登録が多く，登録者の15％程度が同性カップルで，85％が異性カップルであった。ちなみに，バークレー市は，西海岸ではサンフランシスコ市に近い人口11万人のUCバークレーのある都市である。

　カリフォルニア州のロサンゼルスの近郊のウェスト・ハリウッド市も，1985年2月に，市の家賃安定化条例や病院・刑務所などでの面会権を認める条例を作り，1992年10月には，425組の証明書の発行がなされ，2014年10月

22）棚村・前掲注18）論文125-126頁参照。

23）棚村・前掲注18）論文126頁参照。

24）City of Berkley C.A., Domestic Partnership Registration（http://www.ci.berkley.ca.us/Clerk/Home/Domestic Partnership.aspx）

25）棚村・前掲注18）論文126頁参照。現在では，例えば，パートナーの他方が一方に所有不動産を譲渡する場合の，市の譲渡所得税（Real Property Transfer Tax）の免除，市の職員の家族としての給付・手当等が支給されたり，民間企業での優遇措置等が受けられる場合もある（http://www.ci.berkley.ca.us/ContentDisplay.aspix?id=69594（2015/06/13））。バークレー市の場合に，登録料は30ドルであり，一方単独の解消は15ドル，双方合意は5ドルですむ。

第1　LGBTの法的保護とパートナーシップ制度

に登録者が1万組に達した[26]。ウェスト・ハリウッド市でも、同性、異性を問わずに、18歳以上で婚姻関係になく、近親婚的な関係や、既存のパートナー登録をしていない者が、同居しお互いの共通の生活の必要を分担し、ドメスティック・パートナーの登録を25ドル支払って行うと、ドメスティック・パートナーとしての登録証明書の写しが交付される。ウェスト・ハリウッド市は、バークレー市と異なり、市の職員の15％が登録をしていたが、1991年10月の時点で、80％が同性カップルで、20％が男女のカップルであった[27]。ウェスト・ハリウッド市は、人口380万人の西海岸の最大都市ロサンゼルスやハリウッドに近く、世界中からLGBTの当事者がやってくるため、このように多くの同性カップルが登録していると言える。ウェスト・ハリウッド市は、人口3万5000人で、比較的小規模の自治体と言ってよい。これに対して、カリフォルニア州で3番目にドメスティック・パートナーシップ条例をもったサンタ・クルズ市では、市の職員の2％がLGBTであり、同性カップルの登録は10％程度で、90％は男女のカップルであったという[28]。

　なお、人口3800万人のカリフォルニア州は、1999年にドメスティック・パートナーシップ法（Domestic Partnership Act：DPA）を制定し、2003年には、ドメスティック・パートナーシップ権利承認法となり、登録した同性カップルに法律上の配偶者とほぼ同様の権利が認められるようになった。登録要件は、18歳以上で、既婚や他のパートナーとの登録がなく、パートナーシップ関係に入る意思を有していることなどが求められる。州内務省に33ドルの登録手数料でドメスティック・パートナーシップ登録ができ、州の職員もドメスティック・パートナーシップの登録をすれば配偶者と同等の優遇措置を受

---

26) 1985年には同性カップルの婚姻はもちろん、法的な地位や権利を保障しようとする動きはほとんど見られなかったが、バークレー市やウェスト・ハリウッド市の先駆的な取組が婚姻許可状の発給という同性婚（Same-sex Marriage）への大きな潮流のマイルストーンとなったと評価されている（http://patch.com/california/westhollywood/westhollywood-celebrates-10000th-domestic-partnership-formed-city-hall（2015/06/13））。

27) 棚村・前掲注18）論文127頁参照。

28) 棚村・前掲注18）論文127頁参照。

9

序章　総　論

けることができる[29]。

　ニューヨーク市は，東海岸のアメリカ最大の都市で，人口810万人である。ニューヨーク市でも，年齢が18歳以上で，双方とも婚姻関係になく，共同の責任を伴う緊密で責任ある個人的関係であり，登録時に１年以上継続して同居している場合，ドメスティック・パートナーとして市に登録をすることができる。当初は，市の職員など公務員に登録資格を制限するところも多かったが，ニューヨーク市でも，双方が市に居住し，かつ少なくとも一方が登録時に市に雇用されていることを求めている[30]。ニューヨーク市の場合は，市の登録事務所（City Clerk Office）に対して，自分たちで出頭して，ドメスティック・パートナーシップの宣誓供述書（公証手続も含む）を提出するか，オンライン（電子認証のうえ）での電子申請が可能である。申請料は35ドルで，身元確認のために，ニューヨーク市発行の身分証明書，米国運輸局の運転免許証，出生証明書，パスポート，永住権カード，雇用証明書カードなどが必要である。市の職員のドメスティック・パートナーは，職務上死亡した警察官や消防署員等の死亡給付金，犯罪被害者給付金，健康保険，遺族給付などを受け取れる。ただし，一般的な労働者災害補償給付，生命侵害での賠償請求権，婚姻住宅の権利，配偶者権などは受給できない。

2　各地の制度の特色と多様性

　ドメスティック・パートナーシップの登録で当事者が受けうる利益や便益についても，各自治体でかなり相違がある。バークレー，サンタ・クルズ，ウェスト・ハリウッドでは，市職員のドメスティック・パートナーには，健康保険給付にも，及びウェスト・ハリウッド市では，当初から歯科診療，眼科診療等の医療保険の対象ともしていた。シアトル，マディソン，タコマ・パーク，ニューヨーク，ウェスト・ハリウッド市などでは，市の職員にはド

---

29) See California State of Secretary, Domestic Partners Registry（http//www.sos.ca.gov/registries/domestic-partners-registry（2015/06/15））.

30) ニューヨーク市は，１年の居住要件から継続的な居住要件に緩和した（http://www.cityclerk.nyc.gov/html/marriage/domestic_partnership_reg.shtml（2015/06/13））。

メスティック・パートナーや直近の家族メンバーが死亡した場合に仕事を休むことができる忌中休暇（Bereavement Leave），病気のときも病気休暇（Sick Leave）が認められる。また，タコマ・パークやウェスト・ハリウッド市では，ドメスティック・パートナーは，市の住宅安定化条例の下で，家族構成員と扱われ，家賃の適正化や居住保護などの各種のハウジングの利益を保障される[31]。ウェスト・ハリウッド市では，既に述べたように，病院に限らず，全ての保健医療施設がドメスティック・パートナーの面会を認めなければならず，接見が禁じられるか，特定の面会者が施設の安全を脅かすおそれがない限り，刑務所の接見も許されると条例で規定する[32]。

　カリフォルニア州のサンタ・バーバラ市では，市の職員の労働者給付（Employee Benefits）以外の目的のためにドメスティック・パートナーシップ制度を利用することはできないと注記されている。他の公的機関や民間団体で，ドメスティック・パートナーシップ制度はなんらの義務も負わないとされている。つまり，市条例の効力は，あくまでも他の機関や企業については努力義務でしかない。18歳以上の婚姻関係もなく，近親婚の関係にも立たない成人の２人は，同意能力があり，お互いを唯一のドメスティック・パートナーとして，共通の福祉に責任を負うなどのドメスティック・パートナーシップの宣誓供述書に署名をして35ドルを支払えば，ドメスティック・パートナーシップ証明書を取得できる。サンタ・バーバラ市では，一方の解消の届出書（Statesment of Termination of Domestic Partnership）の提出により関係は解消されるが，死亡解消の場合は，解消届は必要とされない。関係解消届は10ドルで，他の地域での確認証明書の発行には25ドルの費用がかかる[33]。

　ワシントン州のシアトル市も，18歳以上で婚姻関係になく，ワシントン州法で近親婚の関係にもなく，他のドメスティック・パートナーもいない当事

31）棚村・前掲注18）論文129頁参照。

32）http://www.weho.org/city-hall/city-clerk/domestic-partnerships/domestic-partnership-registration（2015/05/29）

33）http://www.santabarbaraca.gov/services/licenses/partnership.asp（2015/06/13）

序章　総論

者であれば，市内に居住していなくても，ドメスティック・パートナーシップ登録申請書に市の登録事務所で署名し，25ドルの登録料を支払えば登録ができる。市の病気休暇職員であれば，市の認めるドメスティック・パートナーシップ登録申請書を提出することになる。関係解消の際には，一方からの解消届の提出で可能である。シアトル市は，移民の受け入れが盛んなだけに，ドメスティック・パートナーシップ登録申請書も，中国語，韓国語，スペイン語，タガログ語，ベトナム語等多彩な複数言語で用意されているのが印象的である[34]。

　マサチューセッツ州のボストン市も，18歳以上で契約能力があり，基本的な生活費を分担し，お互いの福祉や家族の福祉に責任を負い，婚姻関係になく，マサチューセッツ州で近親婚の関係にない当事者が，ドメスティック・パートナーシップの陳述書を35ドルの手数料を支払ったうえで市役所の登録事務所に提出し，受理されることで効力をもつドメスティック・パートナーシップ条例を有する。登録すると，ドメスティック・パートナーは，ケンブリッジ市立病院等で面会権を有し，矯正施設（Correctional Facilities）での面会権，パートナーや子どもの病気の際の療養看護をするための病気休暇（Sick Leave），子（養子を含む）の監護のための育児休暇（Parental Leave）も保障される。また，パートナーやその家族の死亡の際の忌中休暇も認められている。市の職員は，雇用保険給付については，法律上の配偶者と同様に扱われる。ボストン市でも，解消には，死亡解消と届出による任意の解消があるが，一方からの解消届が提出できる[35]。

　ミネソタ州のホプキンズ市のドメスティック・パートナーシップ制度も，ミネソタ州法で婚姻が禁止されておらず，婚姻関係になく同意をする能力を有する18歳以上の者たちが，お互いの生活の必要について共同で責任を負い，法律上の夫婦と同じように固い絆で結ばれ，他にパートナーがおらず，ホプ

34）http://www.seattle.gov/cityclerk/services-and-programs/domestic-partnership-regi
stration（2015/06/13）

35）http://www.cambridgema.gov/cityclerk/domesticpartnershipfilings.aspx（2015/
06/14）

キンズ市に居住する限り，25ドルを支払ってドメスティック・パートナーシップの登録を申請できる。ただし，州法及び連邦法で認められたパートナーへの権利等は市条例では認められない。ドメスティック・パートナーシップは，一方の死亡又は他方が相手方に通知するとともに，市に解消届を提出して45日後に解消される[36]。

3　ドメスティック・パートナーシップと同性婚

　このように，アメリカ合衆国では，1984年にカリフォルニア州バークレー市，ウェスト・ハリウッド市などの住民に身近な自治体で，同性カップルに対して，夫婦と同様の地位にあることの宣言や証明書を発行するとともに，性的指向（Sexual Orientation）で差別をしてはならないとする条例を設けるところが出てきた[37]。このような動きに触発され，1993年のハワイ州最高裁での，同性カップルに婚姻許可状の発給を認めないことをハワイ州憲法の平等保護条項違反としたBaehr v. Lewin判決[38]以降，1999年にカリフォルニア州でもドメスティック・パートナーシップ制度を認め，2000年には，バーモント州でシビルユニオン法が成立し，各州に次々と広がっていった[39]。そして，2004年にはマサチューセッツ州で初めて同性婚が認められ，1996年に婚姻保護法（the Defense of Marriage Act）が成立していたが，2013年6月には，連邦法の趣旨での婚姻とは一男一女の結合であると定める婚姻保護法第3条を連邦憲法修正第5条のデュープロセス条項に違反して違憲と判断し[40]，36州が同性婚を認めるに至っていた。

　そしてついに，2015年6月26日，合衆国連邦最高裁判所は，同性婚を認め

36）http://www.hopkinsmn.com/residents/domesticpartners/index.php（2015/06/13）

37）棚村・前掲注18）論文109頁以下参照。

38）Baehr v. Lewin, 852 P.2d 44（Hawaii 1993）.

39）鈴木伸智「同性婚：アメリカ合衆国」比較法研究 74号288頁以下（2012）参照。

40）United States v, Windsor, 570 U.S._（2013）. 本判決は，ニューヨーク州で同性婚を締結していた同性カップルの一方が死亡したために，連邦法上の相続税に対する配偶者控除が適用されないために約3000万円の控除が受けられないとして，婚姻保護法第3条は違憲と判示した。

13

序章　総論

ないとするミシガン，オハイオ，テネシー，ケンタッキー４州の制定法につき，連邦憲法修正第14条に違反するとの判決を下した。９人の裁判官のうち５人が違憲判断に賛成し，４人が反対するという僅差での勝利であった。法廷意見（多数意見）は，同性愛の人々の差別の歴史を振り返りながら，ようやく20世紀後半から，同性婚や同性愛者の人権を認める動きが出てきたことに触れ，同性カップルから婚姻する権利を奪うことは許されないと説いた。つまり，多数意見を書いたケネディー裁判官は，愛情，貞節，献身，犠牲，家族の最高の理念を具現する結合で，婚姻ほどに深遠な結合はなく，同性カップルに婚姻する権利を否定することは，連邦憲法から見ても許されないと判示した[41]。

④ 性同一性障害の人々の悩みとその法的問題

　性同一性障害とは，体の性と心の性の不一致に悩む精神的な疾患で，厚生労働省では，「生物学的性別と性別に対する自己意識が一致しない状態」と定義している。国内では，正式な数字はつかめていないが，数千から数万人はいると言われており[42]，日本精神神経学会などの調査では，国内での性同一性障害の診断や治療を行う18施設への受診者数は，１万4889人おり，そのうちの65％が体は女性だが男性になりたいというFTMであるという。例えば，新潟県に住むＡさん（戸籍上は女性・51歳）は，幼いころから女性であることに違和感を覚えてきた。中学校時代もスカートがはけず，特別にズボンで登校させてもらっていた。20歳を過ぎて就職し，友人の紹介で夫と出会い，結婚して，今は22歳の長男と19歳の長女がいる。40歳のときある女性に恋をして，夫に「男になりたい」と告げたところ，夫はあきれてまともな返答もなかった。数年間は会話もなく食事も別々で，46歳で乳房を切除し，その２年後男性ホルモンの治療も受け，秋には下半身の手術も予定している。Ａさんは，見た目はどんどん男に近づいていくが，戸籍は相変わらず女性で

---

41) Obergefell v. Hodges, 576 U.S._ (2015).

42) 棚村政行「性同一性障害をめぐる法的状況と課題」ジュリ1364号２頁 (2008) 参照。

14

あるし，カードを作ろうとしても本人確認で引っかかる。2人の子どもから
は特に何も聞いてこないし，自分からも説明しづらい状況だという[43]。

　2003年7月には，性同一性障害で苦しむ人たちのために，①20歳以上の成
年者であること，②現に婚姻していないこと，③現に子がいないこと（2007
年の改正で，未成年の子），④生殖腺がないこと，又は生殖腺の機能を永続的
に欠く状態にあること，⑤身体について他の性別に係る身体の性器に係る部
分に近似する外観を備えていること（性同一性障害者の性別の取扱いの特例に
関する法律3条1項1～5号（以下，特例法という））を要件として，医師2名
の診断書があれば，家庭裁判所に性別変更の審判の申立てをして戸籍上の性
別の変更が認められることとなった[44]。しかし，前述のAさんの場合には，
かりに，性別適合手術を受けたとしても，現に婚姻しているため離婚しなけ
ればならず，未成年の子がいる場合も申立てができない。性別変更の申立て
は，2004年に130件が申立てられ，そのうち97件が認容された。2012年742件，
2013年786件，2014年831件と，最近は約800件の申立てがあり，そのうち要
件に欠けるとか，書類に不備がない限り，9割以上が認容されている。2015
年3月末で6021人が性別変更手続を利用したことになる[45]。

　性同一性障害で女性から男性への性別変更の審判を受けた者は，民法その
他の法令の適用については，別段の定めがない限り，変更された性別とみな
すという規定がある（特例法4条1項）。そこで，その者は審判確定後は，婚
姻もできるし，養子縁組をすることもできる。しかしながら，特例法で性別
変更をして婚姻し，その妻が第三者からの精子提供を受けて非配偶者間人工
授精（AID）を受けて婚姻中に懐胎し出生した子は，民法第772条以下での
嫡出推定規定が適用され，その夫が父とされるのか，それとも，妻の婚姻外

43）2014年7月18日付週刊朝日114頁以下参照。

44）南野知惠子監修『【解説】性同一性障害者性別取扱特例法』2頁以下参照（日本加除
　　出版，2004）。

45）最高裁判所事務総局編『平成26年司法統計年報3家事編』7頁（法曹会，2015），一
　　般社団法人gid.jp日本性同一性障害と共に生きる人々の会「性同一性障害特例法による
　　性別の取扱いの変更数調査」（https://gid.jp/html/GID_law/index.html）によると，
　　2015年末で性別変更をした者は6000名を超えるという。

15

序章　総論

の子とされるのかが争われた。一審と二審は，性同一性障害により性別変更
した者は生殖能力がないことが明らかであり，血縁関係がないため民法の嫡
出推定規定は適用されず，その者は父となれないと判断した[46]。これに対
して，最高裁は，特例法第4条第1項の規定及び民法第772条以下の嫡出推
定の趣旨に照らして，性別変更の審判を受けて婚姻した者に婚姻の主要な効
果である嫡出推定の規定を適用しないことは相当ではないとして，夫が子の
父となると判示した[47]。この最高裁決定は，性同一性障害で苦しむ者に
とって，家族を形成し親子としての絆を強めるもので，画期的なものと言え
る[48]。

　しかし，性同一性障害で心と体の性が一致しない人々は，職場や社会生活
で，今なお様々な差別と根強い偏見に苦しんでいる。性同一性障害と診断さ
れ女性への性別適合手術を受けた京都市内の40代の経営者Ｂさんは，フィッ
トネスクラブを運営するコナミスポーツから，戸籍上の男性として施設利用
をするように求められ，人格権を侵害されたとして，2013年12月に，約480
万円の損害賠償を請求する訴訟を提起した。Ｂさんには，未成年の子がいる
ため，性別変更審判を申し立てることもできず，店長にもその旨説明してい
たが，本社からは，戸籍上の性別である男性用の更衣室やトイレを使うよう
求められ，結局，Ｂさんは男性更衣室は使えず，クラブに行くこともできな
くなってしまった[49]。

　また，2015年11月には，性同一性障害と診断された40代の経産省職員Ｃさ
んが，職場で差別され人格権を侵害されたとして，国に処遇の改善と慰謝料
など約1855万円を求める国家賠償請求訴訟を東京地裁に起こした。Ｃさんも，
男性として入省後の1998年から性同一性障害と診断され，ホルモン治療など

46）東京家審平成24.10.31LEX/DB2548369，東京高決平成24.12.26判タ1388号284頁。

47）最三小決平成25.12.10民集67巻9号1847頁。

48）棚村政行・判時2232号137頁（2014），同「医事法判例百選（第2版）」別冊ジュリ219
　　号190頁（2014），同「性同一性障害者と法―民事法の立場から」『性同一性障害の医療
　　と法』292頁以下（メディカ出版，2013）参照。

49）2015年12月25日付読売新聞夕刊（大阪）14頁，2016年3月3日付読売新聞朝刊（大
　　阪）30頁。

16

で容姿を女性に変え，女性用トイレの使用が認められた。しかし，使用場所を職場から2階以上離れたトイレに制限されたうえ，2011年には，上司から性別適合手術を受けて戸籍上も女性にならない限り異動させないと言われた。さらには，手術をしないなら障害を明らかにしなければ，女性トイレの使用も認めないと言われ，Cさんも国の職場での差別解消を求めて裁判に踏み切ったという[50]。

　なお，会社で，性同一性障害で戸籍上は男性であるものの，女性の服装や容姿をして出勤しないよう命じられた業務命令違反，配転命令拒否，社用パソコンを使用して開設したホームページでの誹謗中傷などにより，会社から懲戒解雇処分を受けたDさんが解雇は無効と争った事件もあった。東京地裁は，服務命令に違反して女性の容姿で出勤したのは就業規則所定の懲戒事由に当たるが，会社側にもDさんの性同一性障害の事情を理解し，その意向を反映させようとする姿勢に欠けたこと，女性の容姿での就労を認めることが企業秩序又は業務遂行に著しい支障を来すとの事情が説明されておらず，懲戒解雇は権利濫用で認められないと判示した[51]。

5 LGBTと子どもたちの問題

　イギリスのノース・ヨークシャー地域で，約2万人の児童・生徒を対象に学校現場でLGBT調査が実施された。その結果，15%の子どもたちがLGBTであると回答し，そのうち41%の10代のLGBTの子どもたちがいじめを経験し，女の子では54%が自傷行為を行っていることが明らかになった。この調査で，若い人たちが幼いころから自分のセクシュアリティについて悩み，また周囲からのいじめや嫌がらせなどで，心に大きな傷や痛手を負っていること，助けを求めて学校の先生に相談しても冷淡な態度をとられたり，むしろ

50）2015年11月14日付読売新聞朝刊37頁。このほか，様々な不利益については，棚村・前掲注48）論文295頁参照。

51）東京地決平成14. 6. 20労判830号13頁。

17

序章　総論

さらに孤立感や無力感を強めたことなどが明らかになった[52]。多くのLGBT
の子らが学校にいる時間は，敵視されたり，疎外感を強め，蔑まれ，転校を
余儀なくされるなど深刻な被害を経験していた。LGBTに対する学校でのい
じめや暴力を避けるために，自分のことを打ち明けることすらできない[53]。

　日本でも，心と体の性に悩む性同一性障害の男の子を，埼玉の小学校が女
の子として受け入れたことをきっかけに，文部科学省は，2010年3月に，性
同一性障害の児童・生徒に対する相談の対応の徹底や医療機関との連携を求
める通知を出すとともに，2015年3月には，全国の教育委員会に対して通知
を出し，性的マイノリティへの配慮を促した。岡山大学病院ジェンダークリ
ニックの中塚幹也教授らによる，1999年から2010年の間に同クリニックを受
診した成人を含む性同一性障害の患者1167人を対象とした調査によると，自
分の体の性に違和感を覚え始める時期は中学校卒業までが90％，FTMに限
ると小学校入学前が70％に達した。半数強が物心がつく前に違和感を抱いて
いた。違和感や悩みの具体的な内容は，FTMでは，外性器がないことや月
経，乳房発育などの二次性徴に関しての悩みが多く，MTFでは，髭が生え
るのが嫌だとか，誰にも理解してもらえない辛さが多かったという。患者約
1150人の分析結果では，自殺しようと考えたのが59％，自傷や自殺未遂が
28％，不登校になった子どもが29％もいた。また，人間関係が原因とみられ
るうつ状態や神経症などの精神科の合併症も，MTFには4人に1人見られ
た[54]。つまり，違和感を抱いていても，小学生くらいまでは，9割の子ど
もたちが言葉で言い表せずに1人でじっと悩み続け，自己嫌悪や周りの目に
対する恐怖感などから，自分に自信がもてずにいる。自殺したい，自殺未遂
をする等は6割，不登校も3割と高く，時期的には思春期を迎える中学生く
らいが一番に苦しい時期となっている[55]。

52）http://life.letibee.com/news/north-yorkshire-lgbt-youth/（2015/11/23）

53）http://www.pinknews.co.uk/2015/11/20/new-council-report-claims-half-of-lgbt
　-school-girls-have-self-harmed/（2015/11/20）

54）47NEWS「半数以上が自殺願望　小学校入学前に違和感　性同一性障害の子どもたち」
　（http://www.47news.jp/feature/medical/2011/01/post-489.html（2011/01/25））

55）NHK「クローズアップ現代『子どもの性同一性障害　～揺れる教育現場～』」（http://

第1　LGBTの法的保護とパートナーシップ制度

　また，同性のパートナーシップ制度や同性婚を認めるか否かで，論争に
なってきたのが，同性婚の公認は，子どもたちの健全な成長発達に悪影響を
及ぼすという，根強い批判であった。例えば，アメリカでも，同性カップル
が子どもをもつ場合には，体外受精や代理懐胎など生殖補助医療を使って子
をもうけることになるが，子どもたちは実親について知りたがり実親を強く
求めること，レズビアンカップルでは父親がおらず，父親の存在が娘の健全
な発達にとって大切であり，男性の見方や男性からの性的誘い掛けに抵抗す
る免疫ともなること，ゲイカップルでは母親の存在が欠けて，子どもの情緒
的安定や性別役割モデルを身近にもてず，健全な成長発達に悪影響を及ぼす
という見解も表明されている[56]。これに対して，子どもの健全な成長のた
めには，大人や周りの提供する養育環境もあるが，子の自尊感情や家族の中
で愛されていること，困難や挫折に対する子どもの対処する能力，子の一般
的又は創造的な問題への関心，子どものジェンダーへの柔軟性なども重要で
あり，ひとり親，レズビアンの親，ゲイの親も，愛情ある親としての適格性
に欠けるものではなく，子どもも，同性カップルに育てられた場合に，なん
ら問題もなく順調に育っているとの反論もある[57]。

　2013年10月，オーストラリアでも，同性婚が認められ，2016年現在，3万
組の同性婚カップルがいると言われている。オーストラリアのメルボルン大
学の研究者らが315組の同性カップルに対する500人の子どもたちの調査をし
た結果，子どもたちの健康状態，家族の絆の強さ，幸福度などをポイント化
して，異性カップルの子どもたちの平均ポイントと比較したところ，むしろ
同性カップルの子どもたちのほうが6％もポイントが高いという結果になっ
た。研究チームは，男は仕事，女は家庭という伝統的な性別役割分業にとら
われず，ワークライフバランスを重視し，自由で平等な環境の中で子どもた

---

　www.nhk.or.jp/gendai/articles/3591/index.html）

56）　See Family Research Council, Ten Arguments From Social Science Against Same-
　Sex Marriage（http://fre.org/get.cfm?i=if04g01）.

57）　See Baehr v. Anderson, Hawaii Court Finding Judge Kevin S.C. Chang, Filed in the
　First Circuit Court, State of Hawaii 1996（http://www.buddybuddy.com/finding1.
　html）.

序章　総　論

ちが育っており，また，血縁ではなく，生殖補助医療を利用して積極的に親になろうとする自覚や責任感も高いことが，このような結果に結びついたのではないかと分析する[58]。

　大人のLGBTの人々が差別や偏見によって不利益を受けることを禁止したり，根絶することも大切だが，LGBTの子どもたちが幼い頃から，周囲の無理解や誤解，偏見により，自尊感情を損ない，孤立感や不安感を強めている現状は一向に改善されていない。子どもたちが，まずLGBTなどの多様な性や個性について知り学ぶ機会を作る必要があり，心ない差別的な発言や誤解をしないようにするとともに，当事者となっている子どもたちが罪悪感や孤立感を抱かないで済むような支援体制も構築する必要があろう[59]。

6 LGBTに対する最近の自治体や企業での取組

　すでに触れたように，渋谷区や世田谷区で，2015年11月5日にはそれぞれ第1号の証明書が手渡された[60]。渋谷区は，「男女平等及び多様性を尊重する社会を推進する条例」を制定し，施行のための規則を制定して，同性パートナーの証明書の発行の条件や返還などについて詳しく決めた（渋谷方式）[61]。これに対して，世田谷区は，区長の決裁でできる要綱という形で，同性パートナーが宣誓書を渡し宣誓書の写しと受領証が交付される方式である（世田谷方式）[62]。

---

58) See Lindsey Bever, Children of Same-Sex Couples are Happier and Healthier than Peers, Research Shows, The Washington Post, Morning Mix, July 7, 2014 (https://www.washingtonpost.com/news/morning-mix/wp/2014/7/7/children-of-same-sex-couples-are-happier-and-healthier-than-peers-research-shows/(2014/07/07)).

59) 針間克巳「思春期の性同一性障害の学校現場における対応」『セクシュアル・マイノリティの心理的支援』192-198頁（岩崎学術出版社，2014）。

60) 2015年11月5日付朝日新聞夕刊1頁，2015年11月6日付朝日新聞朝刊38頁参照。

61)「渋谷区男女平等及び多様性を尊重する社会を推進する条例」第4条で，性的少数者の人権の尊重を謳い，第10条でパートナーシップ証明書について定めている。また，2015年10月22日の条例施行規則で，証明書に関する細かい事項や書式についても定めている（http://www.city.shibuya.tokyo.jp/reiki_int/reiki_honbun/g114RG00000798.html）。

62)「世田谷区パートナーシップの宣誓の取扱いに関する要綱」（http://www.city.setag

第1　LGBTの法的保護とパートナーシップ制度

　渋谷区では，同性パートナーを対象とした証明書発行要件として，公正証書の作成を求めた。特に，任意後見契約や共同生活の合意書を公正証書にしなければならず，費用と手間暇がかかる。区が証明書をもつ当事者に家族向けの区営住宅への入居を認めたり，事業者が認めれば，病院での手術への同意書への署名も可能になるなど，限られた範囲では家族や夫婦と同等に扱うこともできる。渋谷区の場合には，性的少数者の人権尊重も規定されており，差別や人権侵害がはなはだしい場合には，事業者名を公表することもできる。

　渋谷方式は，条例成立のために区議会での決議が必要であるが，その代わり，同性パートナーの証明書の効力としての便宜供与の範囲もある程度確実に提供できるメリットがある。これに対して世田谷方式は，当事者が署名した宣誓書の受領証に公印を押すだけのもので，簡便で，費用や手間暇もかからない。その代わり，世田谷方式では，区が家族としてお墨付きを与えたとまでは言い難く，どの程度の公証力があるかは不明確なところがある。2015年12月，発行開始から1か月後に，渋谷区は2組，世田谷区は11組の発行となった[63]。やはり，手軽で費用もかからない世田谷方式に人気が集まったのかもしれない。

　2015年12月に，兵庫県宝塚市の中川智子市長も，世田谷方式を採用し，市内部での要綱を作成し，パートナーシップの認定書（受領証）を発行することに決めた。ほかにも，市役所では，LGBTを象徴する虹色のバッジを市職員が胸元につけたり，トランスジェンダーに配慮して，市施設の「多目的トイレ」を「だれでもトイレ」に変えることにした。また，LGBTに関する電話相談窓口（週1回）を2016年6月に開設し，市立小中学校の図書室や保健室にLGBTの書籍を置き，児童生徒たちに電話相談窓口があることを周知することにした[64]。

　三重県伊賀市も，2016年4月から，渋谷区，世田谷区に続き，全国で三番

---

aya.lg.jp/kurashi/101/167/1871/d00142701_d/fil/regulations1.pdf）

63) 2015年12月6日付朝日新聞朝刊27頁。

64) 2015年12月4日付朝日新聞朝刊（神戸）29頁，2015年12月8日付読売新聞朝刊（兵庫）30頁。

目に同性パートナー証明書を発行することにした。岡本栄市長は，多様性の
ある社会を実現するための第一歩として，特に伊勢志摩サミットを開催する
県の自治体としてLGBTの人権問題に国際感覚で取り組んでいくことに大き
な意義があるとしていた[65]。伊賀市でも，世田谷方式を採用し，当事者が
宣誓書を提出すると市が受領証を発行し，これを示すと，市営住宅への入居
や市民病院での手術への同意などで親族扱いが可能になるとする。伊賀市で
は，2016年2月に，LGBTと呼ばれる性的少数者への理解を深めるための初
の職員研修を実施し，約130人の職員が出席した[66]。さらに，2016年2月に
那覇市でも，2016年7月から世田谷方式での同性パートナー証明書の発行を
決定し[67]，実際に7月より始まった。

　すでにみた自治体での活発な動きに応えて，2015年6月には，テレビ通販
の大手「ショップジャパン」を手掛けるオークローンマーケティング（本社
名古屋市）は，公的証明書を発行された同性カップルの社員には結婚祝い金
として1万円から3万円，結婚休暇6日間を与え，死亡などの見舞金を支給
すると発表した[68]。また，生命保険会社大手の第一生命や日本生命，ライ
フネット生命保険なども，証明書の発行を条件に，同性パートナーも保険金
受取人に指定できると発表した[69]。NTTドコモは，地方自治体の証明書が
あれば，携帯電話の家族割引サービスを利用できるとしている[70]。ソニー
は，2016年2月から，同性のパートナーのいる社員には，慶弔や育児・介護
休暇，結婚祝いなど福利厚生の対象に加えた[71]。日本IBMでは，2016年1
月から，LGBTの社員が安心して働き，自分の能力を最大限に発揮できる環
境整備の一環として，社員が配偶者と考える同性パートナーを会社に登録す
る「IBMパートナー登録制度」を開始した。対象は，IBMの正社員とその同

---

65) 2016年3月10日付日本経済新聞夕刊15頁。
66) 2016年3月1日付朝日新聞朝刊（伊賀）31頁。
67) 2016年2月24日付日本経済新聞朝刊（沖縄）54頁。
68) 2015年8月5日付毎日新聞朝刊7頁。
69) 2015年11月6日付日本経済新聞朝刊5頁。
70) 2015年11月5日付読売新聞夕刊12頁。
71) 2016年2月19日付日本経済新聞朝刊15頁。

性パートナーで，登録パートナーとの結婚や出産などの特別有給休暇や育児・介護休暇，慶弔見舞などが提供される[72]。

7 おわりに

　東洋経済社が行うCSR調査では，LGBTに対する基本方針（権利の尊重や差別の禁止など）の有無について「あり」と答えたのは，2014年の114社から，2016年には173社，LGBTへの取組についても「あり」は，2014年の80社から，2016年の146社へと大幅に増加した[73]。LGBTと企業との関係でいうと，ここ数年で，LGBTに対する企業の積極的な取組が活発化し，野村ホールディングス，資生堂，ソニーなどの大手日本企業でも，LGBT研修が進み，日本IBMのように社内で，新たに同性パートナー登録制度を設けたところもでてきた。企業にとっても，男女共同参画の推進やダイバーシティの実現は，社員の個人的能力の開発や職場環境の改善だけでなく，企業全体のイノベーションや企業イメージの向上にもつながり，前向きに取り組むところが顕著に増加している[74]。

　このように，日本でも，渋谷区や世田谷区などの各地の市民に最も身近な基礎自治体で，LGBTへの差別や偏見をなくすような啓発教育活動が進み，職員研修，当事者による講演会の開催，LGBTへの相談窓口の設置，福利厚生，権利拡大への動きが加速化している。しかしながら，他方で，LGBTの人々が職場や日常生活の場面でも，完全に受け入れられることは少なく，様々な差別と偏見，人権侵害にさらされ続けていることも紛れもない事実である。また，法律上，夫婦や家族としての権利が平等に保障されているわけでもない。さらに，LGBTの大人への対応だけでなく，子どもたちへの心理

---

72) 日本IBM「同性パートナー登録制度を新設し人事プログラムを拡大」（http://www-06.ibm.com/jp/press/2015/11/3001.html（2015/11/30））

73) CSR東洋経済ブログ「2016年版 LGBTへの対応・基本方針「あり」173社を紹介します」（http://csrblog.toyokeizai.net/csr/2016/01/2016lgbt173-dea7.html（2016/01/04））

74) 安藤光展「LGBTに対応する企業200事例と調査データ5事例（2016）」（http://andomitsunobu.net/?p=11916）

序章　総　論

的社会的支援なども大きな課題であり，多様な性や個性を大切にする社会を
作り，LGBTの当事者たちが自分らしく明るく生きていけるような法整備と
社会的支援の充実が何よりも求められていると言えよう[75]。

---

75) 東京弁護士会の「特集 LGBT ―セクシュアル・マイノリティ（性的少数者)―」
　LIBRA16巻 3 号 2 頁以下（2016）は興味深い。

第 1 章

諸外国の
パートナーシップ制度

第 1 章　諸外国のパートナーシップ制度

第 **1**

ドイツ・オーストリア

渡邉　泰彦

⬛**1**　はじめに

　ドイツでは2001年に生活パートナーシップ法（Lebenspartnerschaftsge-setz）により，オーストリアでは2010年に登録パートナーシップ法（Eingetra-gene Partnerschaft‐Gesetz）により，同性登録パートナーシップが導入された。欧米で同性婚を認める国が増加するなか，ドイツ，オーストリアは，スイスやイタリアと同様に，同性登録パートナーシップを採用し，同性婚を認めていない。

　一口にパートナーシップ制度と言っても，その内容は多岐にわたる。外国におけるパートナーシップ制度の評価は，どのような効果が与えられているかという面ではなく，婚姻と同じであるか，違いがあるかという相対的な面から行わなければならない[1]。以下では，婚姻との隔たりの変化という視点から，同性登録パートナーシップ制度の位置づけをみたうえで，ドイツとオーストリアの状況について，法律の概要と制定後の変化を紹介する。

⬛**2**　パートナーシップ制度の分類

　1990年代に同性愛の脱犯罪化から同性愛者の権利の拡充への動きは広がっていった。しかし，伝統的な婚姻モデルからは，生物学的に子が生まれる男

---

1 ）例えば，別産制を採用するパートナーシップ制度があるとして，夫婦財産共有制を採用している国であれば婚姻との違いは大きく，日本のように夫婦財産制が別産制の国であれば婚姻と同じ扱いとなる。

女の組合せを基本とする婚姻は家族の基礎であり，同性カップルによる婚姻は婚姻の定義と矛盾し，認められるものではなかった。同性カップルに婚姻が認められなかった状況のもとで，同性カップルを法的に承認し，制度的に保護するために作り出されたのがパートナーシップ制度である。婚姻が民法典編纂の前から存在する社会的な制度であったのに対して，パートナーシップ制度は，法によって創造された人工的な制度といえる。

　現在，パートナーシップ制度は，その対象となるカップルから，婚姻が認められない同性カップルのみとする制度と，婚姻が認められる異性（同性）カップルも含める制度に大きく分類できる。

　同性パートナーシップ制度は，生物学的に子が生まれない同性カップルを対象とした制度として，1989年にデンマークで導入され，北欧諸国から広まった。婚姻と並列する制度として，婚姻と同様の効果を認めることができるという利点がある。同性婚が世界的に特殊ではない現在では，婚姻の効果に近づくほど独自の存在意義を失い，同性婚に至る一過程となる。

　これに対して，フランス，オランダなど，婚姻が認められるカップルも対象とするパートナーシップ制度では，婚姻との違いが必要となり，その効果は婚姻に比べて制限的なものとなる。パートナーシップ制度は，異性カップルにとって（同性婚導入により同性カップルにとっても），法律婚とは異なるいわば軽装備の婚姻としての選択肢を提供することに意義がある。

　ドイツとオーストリアの制度は，身分登録を伴うことから，「同性」「登録」パートナーシップに分類される。導入以降，ドイツ，オーストリアでは，法律の改正又はヨーロッパ人権裁判所判例の影響により，婚姻の効果に近づいている。それでも，婚姻との違いを設けることにより，同性婚を導入しないという方針を堅持している。

3 ドイツ生活パートナーシップ法

　婚姻に比べて制限された効果を有する同性登録パートナーシップ制度を初

第 1 章　諸外国のパートナーシップ制度

めて導入したのがドイツであった[2]。生活パートナーシップ（Lebenspartner-schaft）は，同性登録パートナーシップ制度のみを有する国では，最も長い歴史をもつ[3]。現在では，親子関係を除き，当事者の権利と義務において婚姻との差はほとんどなくなっている。

1　構成

　生活パートナーシップ法は，2016年 9 月現在，欠番を含め23条からなる法律である[4]。第 1 章生活パートナーシップの設定（生活法 1 条）〔第 1 節婚約，第 2 節婚姻の成立〕，第 2 章生活パートナーシップの効果（生活法 2 ～11条）〔第 5 節婚姻の一般的効力，第 6 節夫婦財産制，第 5 編相続〕，第 3 章生活パートナーの別居（生活法12～14条）〔第 5 節婚姻の一般的効力〕，第 4 章生活パートナーシップの廃止（生活法15～20条）〔第 3 節婚姻の取消，第 7 節離婚〕，第 5 章経過規定（生活法21～23条）により構成される（亀甲カッコ内は対応する婚姻の規定）。

　第 2 章生活パートナーシップの効果として，氏，注意義務，扶養，法定財産制，財産契約，生活パートナーの一方の子に関する規定，相続，親族関係が定められている。規定の多くは，婚姻と同様の内容の原則のみを規定し，詳細については婚姻の規定を準用するという簡素な形式になっている。

2　夫婦と生活パートナーの違い

　憲法裁判所の判断，法律改正を経て，現在では親子関係を除き，当事者間の権利と義務に関しては婚姻とほぼ同様の扱いとなっている。それでも，次のような婚姻との違いが生活パートナーシップ法には残っている。

---

2 ）先に北欧諸国で導入された同性登録パートナーシップ制度は，基本的に，登録手続において婚姻との違いがあり，効果は婚姻と同様としていた。

3 ）先に同性登録パートナーシップ制度を導入していた北欧の国々では，同性婚の導入に伴い，制度を廃止している。

4 ）生活パートナーシップ法の詳細については，渡邉泰彦「ドイツ生活パートナーシップ法の概観（1），（2・完）」東北学院法学65号81頁（2006），66号 1 頁（2007）を参照。2006年以降の法改正は含まれないが，基本的に変わりはない。

28

第1　ドイツ・オーストリア

　民法では婚姻の当事者の性別の組合せを定めていないが異性間に限られると考えられているのに対して，生活パートナーシップ法は，同性の2人の者と明示している（生活法1条）。生活パートナーシップは18歳の成人が設定することができる。しかし，婚姻とは異なり，16歳以上18歳未満の者の登録禁止を免除する規定はない。

　登録について，婚姻も生活パートナーシップも身分登録官が管轄を有すると規定されている。だが，生活パートナーシップ法の成立に合わせて身分登録法を改正することができなかったため，州法により身分登録官以外が管轄を有することが認められてきた。例えば，バイエルン州では，身分登録官の管轄が認められる前から，公証人のもとで行われてきた。

　パートナーシップでの生活共同体として，生活パートナー双方は，相互に世話と扶助の義務を負い，共同の生活形成について義務を負う（生活法2条）。共同の生活形成とは，婚姻の生活共同体（民法1353条）から住居共同体と性的共同体を除いたものと考えられている。扶養義務は，パートナーシップでの共同体を適切に扶養すると規定し（生活法5条），家族を適切に扶養すると定める婚姻（民法1360条）と異なる。もっとも，民法の規定を準用するため，詳細は，婚姻と同様となる。

　氏は，別氏を原則とし，同氏とするためには身分登録官に対する宣言が必要となり，婚姻とは原則と例外が反対となる（生活法3条）。

　その他，設定〔婚姻締結〕，廃止〔離婚，婚姻取消〕，生活パートナーシップ財産契約〔夫婦財産契約〕など用語の違いがあるが，具体的な婚姻との違いはない[5]。

　生活パートナーシップ法以外の法律においては，「夫婦」という文言の後に「及び生活パートナー」が加えられ，夫婦と平等の扱いがなされている。関係する法律は連邦法のみならず州法にも及び，その数は膨大であり，改正

5）細かい点では，離婚の要件は婚姻破綻であり（民法1565条1項），一定期間の別居が婚姻の破綻を推定する（民法1566条）という構成になっている。それに対して，生活パートナーシップは，一定期間の別居が廃止の要件である。これも，実際上の違いを生じさせてはいない。

29

第1章　諸外国のパートナーシップ制度

は完了していない。

3　変遷

　現在に至るまで生活パートナーシップ法がつまずきながら進んできた過程からは，日本の法律学に影響を及ぼしてきたドイツ法という模範的な姿を見ることはできない。いわば失敗に学ぶための模範とも言える。

(1)　2001年生活パートナーシップ法

　連邦憲法裁判所1993年10月4日決定は，婚姻とは共同生活に向けられた男性と女性の間の合意であるとして，同性カップルによる婚姻は認められないと結論づけた。そして，1998年に社会民主党（SPD）と同盟90/緑の党の連立政権が誕生すると，同性登録パートナーシップ制度の導入に向けて具体的に動き出した。

　生活パートナーシップの導入への議論が連邦議会で始まった1999年に，ハンブルク市では，身分登録所で同性間の継続的なパートナーシップの登録を認めた。この州法では，地方自治体ができる範囲で同性カップルを公的に認めるものであり，日本の渋谷区や世田谷区における同性パートナーシップ登録・宣誓と同様のものであった[6]。このパートナーシップ登録は，連邦法に定める身分登録簿に影響を与えず，同性パートナーに権利も義務も生じないものであった。つまり，登録しても，同性カップルが同氏を称することも，相互に扶養の義務を負うこともなく，法定相続人とならず，年金や税金で婚姻のように扱われることもなかった。登録の抹消は，当事者の一方からのみで可能であった。

　「同性共同体差別撤廃法：生活パートナーシップ法」は，2001年2月16日に成立し，8月1日に施行された。この時の生活パートナーシップ法は現在

---

6) ハンブルク市の登録は，ハンブルク婚（Hamburger Ehe）と呼ばれた。生活パートナーシップの導入の後，廃止された2005年の登録数は152組であった（ハンブルク市の人口は約180万人）。世田谷区のパートナーシップ宣誓の導入の際に参考にされたとのことである。

と比べると，婚姻との違いが強調されたものであった。例えば，設定や廃止などの婚姻との用語の違いは，2001年法で定められた。

　婚姻との違いが生じた理由には，ドイツの憲法である基本法第6条第1項との関係と政治的状況の2つがある。

　まず，基本法の第6条第1項が，「婚姻と家族は国家の特別の保護のもとにある」と定めており，生活パートナーシップが婚姻と同じ効果を有するならば違憲となる危惧があった。そのため，草案段階で意図的に婚姻との違いが設けられた。

　例えば，法定夫婦財産制（付加利得共通制）と同じにせずに，財産制について当事者の宣言を必要とし，宣言のない場合には別産制とした（旧生活法6条）。さらに，パートナーシップ廃止時の年金調整を認めなかった。また，生活パートナーシップを行う者が重ねて婚姻を行うことができないという規定は，婚姻の成立を妨げ，婚姻の特別の保護に反するおそれがあることから，民法の婚姻の規定に加えられなかった。

　次に，審議時の政治的状況により，婚姻との違いがより大きくなった。与党である社会民主党と同盟90/緑の党は，連邦参議院では過半数を維持できず，生活パートナーシップ法の成立が困難となっていた。そこで，法案を分割し，生活パートナーシップ法草案に連邦参議院の同意を必要としない部分のみを残し，当事者間の権利と義務という中心的部分に関する規定は生活パートナーシップ法として成立した。しかし，同意を必要とする部分は，生活パートナーシップ法補足法草案に分離され，廃案となった。

　これにより，身分登録所での登録に関する規定，税法及び社会保障法において夫婦と同様に扱う規定は設けられなかった。これらの違いは，後々に影響を及ぼした。

(2)　生活パートナーシップ法改訂法

　連邦憲法裁判所2002年7月17日判決は，生活パートナーシップ法が，婚姻締結の自由を害するものでも，婚姻の地位を低下させるものでも，婚姻への助成を奪うものでもないことから，婚姻の保護を定める基本法第6条第1項

に違反しないと判断した。これにより，連邦政府は，婚姻と生活パートナーシップの間の区別のための区別を解消することを目的とし，生活パートナーシップの効果を婚姻に近づけるための法律改正に早々に着手した。

2004年に成立し，2005年から施行された生活パートナーシップ法改訂法は，民法に定められた婚姻の効果とほぼ同じ効果を生活パートナーシップに認めた。

例えば，生活パートナーシップ財産制と財産契約，扶養義務，別居扶養，廃止後の扶養，共同住居と家財の扱いに関しては，婚姻と同じ内容の原則のみを生活パートナーシップ法で規定し，詳細は婚姻の規定を準用する。

また，社会保障法典における遺族年金，養育年金，年金分割について，さらに連邦公務員の転居費用，単身赴任費用など一部の領域で生活パートナーと夫婦の平等が規定された。しかし，その他の社会保障や税法という公法上の規定については，生活パートナーシップ法改訂法によっても夫婦と平等に扱われていなかった。例えば，所得税の算定では夫婦合算分割が適用されず高くなり，相続税についても配偶者に比べて高い税率であった。

登録を管轄する官庁については，2009年施行の身分登録法改正に委ねられ，生活パートナーシップ法第1条に身分登録所で行うことが明文化された。

(3) 判例

政権交代により2005年11月にメルケル政権が誕生し，立法主導による生活パートナーシップ法改正の動きは止まる。

所得税，公務員の家族手当，連邦及び州の年金機構による遺族年金について，婚姻との平等扱いを求める訴えが提起されたが，判例は，基本法第6条第1項に定められた婚姻の保護を理由に，これらの訴えを認めなかった。基本法第6条第1項に定められた婚姻保護と基本法第3条第3項の平等原則との関係について，当時の判例は，基本法第6条第1項から婚姻の優遇が導き出され，平等原則の例外を形成すると考えていた。生活パートナーシップは婚姻と比較可能な関係にはなく，婚姻と平等に扱われないことを当然としていた。さらに，生活パートナーシップ法改訂法による法改正が部分的であっ

たことから，夫婦と平等に扱う規定が定められなかった分野については，立法者があえて規定をしなかったとも理解されていた。

　判例も立法も停滞状態にある中，婚姻の保護と平等原則をめぐるドイツの判例の基準を一変させたのは，マルコ・タダオ氏が原告となったドイツ劇場年金機構の寡夫年金をめぐるヨーロッパ司法裁判所2008年4月1日判決（マルコ事件）であった。その考えを受け入れた連邦憲法裁判所2009年7月7日決定は，公務員の遺族年金をめぐる事件で次の点を指摘し，婚姻との不平等扱いが違憲である判断した。

①　婚姻と生活パートナーシップは，その規定目的からして，比較可能な生活スタイルである。それにもかかわらず，他の生活スタイルへの不利益によって婚姻の特権化が生じているならば，基本法第6条第1項の婚姻保護の要請だけでは正当化できない。

②　婚姻と他の生活スタイルの扱いの違いは，基本法第6条第1項に基づくというだけでは不十分である。他の生活スタイルへの不利益を規定目的から正当化する，特に重要な実質的理由が必要となる。

　これにより，婚姻と生活パートナーシップの間の違いを設ける側が，その正当化理由を述べることが必要となった。そして，連邦憲法裁判所は，2009年決定以降，贈与税・相続税法，所得税法，土地取得税法，公務員の家族手当，公務員の追加年金の事案で，生活パートナーを配偶者と同様に扱わない規定を違憲と判断した。一連の判例により，夫婦と生活パートナーの間の不平等扱いを維持できないことが明らかになった。

　このような連邦憲法裁判所の積極姿勢に対して，政府は，違憲判断が出された限りで法律改正により対応するという消極的な姿勢を維持している。2015年には生活パートナーに関係するさほど重要ではない法律を改正したが，野党側からの同性婚の提案を否定するために，生活パートナーシップを維持するという姿勢を示したに過ぎない。

4　親子関係

　同性カップル間では子が生まれないことを理由に，同性登録パートナー

第 1 章　諸外国のパートナーシップ制度

シップは，子のない当事者間の関係として設計されてきた。現実には，生活
パートナーシップを設定する前の異性との関係において子をもうけており，
生活パートナーと子の家族が形成されることはまれではない。

　そもそも，同性カップルの家族において連れ子が生活している事実を無視
せず，2001年制定時の生活パートナーシップ法は，単独配慮権者（親権者）
であるパートナーの一方の子について，他方が子の日常事務について共同で
決定できる規定を設けた（生活法 9 条 1 項）。2005年からは生活パートナーの
一方の実子と他方の間の継親子縁組を認めた（生活法 9 条 7 項）。さらに，連
邦憲法裁判所2013年 2 月19日判決に基づく法改正により，2015年からは，一
方の養子との縁組が認められた。しかし，他人の子との共同縁組は認められ
ておらず，夫婦との違いがある。

　生殖補助医療について，女性カップルによる精子提供型人工授精を州医師
会のガイドラインで認めているのは一部である。また，代理懐胎は禁止され
ている。外国で，又は個人的に行われた精子提供型人工授精の場合に，判例
は，出産した女性は母としても，その女性生活パートナーと子との母子関係
を認めていない。ただし，女性カップルによる精子提供型人工授精であれ，
男性カップルによる代理懐胎であれ，外国で同性カップルを両親とする判決
を得ている場合には，連邦通常裁判所の判例はその判決を承認し，生活パー
トナーを両親とする身分登録がなされる。

　このように，既に生活パートナーと子がともに生活している事実上の（社
会的）親子関係に縁組により法的な保護を与えることに留まっている。同性
カップルが共同縁組又は生殖補助医療によって新たに子を迎えることを認め
ない点で，婚姻と区別されている。

　婚姻と生活パートナーシップの効果が同様となっている現在において，婚
姻は伝統的に家族の基礎と位置づけられ，同性カップルに婚姻を認めない理
由として，共同縁組と生殖補助医療が重要となっている[7]。

---

7 ）縁組と生殖補助医療の詳細については，渡邉泰彦「同性の両親と子―ドイツ，オース
　　トリア，スイスの状況（その 1 ）～（その 4 ）」産大法学47巻 3 ・ 4 号290頁（2014），48
　　巻 1 ・ 2 号217頁（2015），49巻 1 ・ 2 号94頁（2015），49巻 4 号 1 頁（2016）を参照。

第1　ドイツ・オーストリア

4 オーストリア登録パートナーシップ法

1　構成

　オーストリアでは，2000年から2006年まで保守の国民党と右翼の自由党
（その後，未来同盟）の連立政権が続いており，野党からパートナーシップ法
の法案が提出されたが，制定には至らなかった。2007年に社会民主党と国民
党の連立政権が誕生し，法務省は2008年に生活パートナーシップ法草案を提
出したが，連立崩壊による解散総選挙により頓挫した。再び社会民主党と国
民党の連立政権となり，2009年に登録パートナーシップ法の成立が合意され
た。登録パートナーシップ法（Eingetragene Partnerschaft-Gesetz）は，2009
年に制定され，2010年1月1日に施行された[8]。

　登録パートナーシップ法は，8章47条からなる法律である。ドイツ生活
パートナーシップ法が準用規定を多用しているのに対して，オーストリア登
録パートナーシップ法は，民法と婚姻法の規定と同様の内容を，条文構成を
変えてはいるが，明文で規定している。

　対象範囲について，第1条は「この連邦法は，同性カップルの登録パート
ナーシップの設定，効果，解消を規定する」と定めている。異性の2人の者
がパートナーシップを設定できないことも明文で定められている（登録法5
条1項1号）。

　登録パートナーシップの効果（登録法7～12条）のうち，当事者の権利と
義務，居住不動産，扶養，日常家事代理，相手方の所得活動への協力（いわ
ゆる主婦（夫）婚）について，婚姻と同様の規定が定められている。これに
対して，同性カップルには子がいないことを前提とすることから，子の福祉
や監護などについての義務は明文で定められていない。

　登録パートナーの氏は，別氏である（登録法7条）。共通の氏，二重氏を称
するためには，氏変更法という別の法律により登録パートナーシップ設定時
又はそれ以後に手続を行う。身分登録法では，婚姻では夫婦の氏は家族氏

8）同法の日本語訳として，松倉耕作「登録パートナー婚に関するオーストリア新法につ
　いて」名城ロースクールレビュー24号53頁（2012）がある。

35

（Familiennamen）とされるのに対して，登録パートナーシップでは単に氏（Nachname）とされる。

　解消については（登録法13〜18条），解消理由として死亡解消と裁判上の解消が挙げられている（登録法13条）。裁判上の解消に離婚と取消しが含まれる点で婚姻との違いがあるが，概念上の違いに過ぎない。離婚に該当する用語は，過責又は破綻を理由とする解消である（登録法15条）。この解消の要件は，離婚の規定（婚姻法49〜61条）と同じ内容である。

　法律の約半分を占める第20条から第41条では，解消後の扶養（登録法20〜23条），使用財産並びに貯蓄の分割（登録法24〜40条），ローン債務の扱い（登録法41条）という解消の効果が定められている。規定内容は，共通の子の監護を理由とする扶養を除けば，離婚と同様である。

　このような登録パートナーシップ法の規定では，理念的に，子が生まれる婚姻と子が生まれない登録パートナーシップを区別しながらも，具体的には，子の監護に関する規定を除き，同様に定められている。

　具体的な違いは，登録パートナーシップにおける登録手続が，身分登録所ではなく，官庁である点に限られる。

2　判例

　登録パートナーシップ法施行後も，その内容をめぐり，裁判で争われてきた[9]。オーストリア憲法裁判所の判例では，異性間の婚姻と同性間の登録パートナーシップの並列が確認された。憲法裁判所2011年9月22日判決は，登録パートナーシップが同性カップルへの差別に反対するために作られたことなどの理由から，登録パートナーシップが異性カップルに認められないことは平等権の侵害にならないと判断した。また，2012年10月9日判決では，ヨーロッパ人権裁判所の判例により国家が同性カップルに婚姻を認める義務までは負っていないことから，婚姻を異性カップルに限定することは合憲で

9）渡邉泰彦「ヨーロッパ人権条約における同性婚と登録パートナーシップ─ヨーロッパ人権裁判所シャルクとコプフ対オーストリア事件とその後のオーストリア憲法裁判所判例より」産大法学47巻1号51頁（2013）を参照。

あると判断した。

　そのほか，規定自体を違憲無効とはしないものの，運用において登録パートナーに対する差別であるという違憲判断が下されている。登録パートナーシップの登録手続が官庁の執務室のみでしか行われず，婚姻のように出張して行われないことについては，憲法裁判所は，性的指向に基づく差別であることを理由に違憲判断を下した。氏についても，パートナー双方の氏を併記する二重氏で，婚姻と同様に二つの氏の間にハイフンを挟むことを許さないことは，実質的な理由がなく違憲であると判断した。

3　親子関係

　子が生まれない同性カップルを対象とすることから，登録パートナーシップ法は，制定当初は縁組を認めていなかった。

　しかし，ヨーロッパ人権裁判所2013年2月19日判決は，非登録の女性カップルによる継親子縁組が許されないことは，縁組が認められる非婚の異性カップルとの比較において，ヨーロッパ人権条約第8条（家族保護）との関連における第14条（平等原則）に違反すると判断した。2013年8月1日に改正された縁組法が施行され，登録パートナーによる継親子縁組が認められた。さらに，憲法裁判所2014年12月11日判決が登録パートナーによる共同縁組の禁止が違憲であると判断したことから，2016年1月1日より共同縁組が認められている。

　生殖補助医療について，憲法裁判所2013年12月10日判決は，女性カップルによる精子提供型人工生殖の利用を禁止することは違憲であると判断した。それにより，改正された生殖補助医療法が2015年1月1日以降に生まれた子に適用されることになった。この改正により，女性カップルによる精子提供型生殖補助医療が認められた。また，子の母が子の出生前180日から300日の間に生殖補助医療を受けたときは，子の出生時点で母の登録パートナー，又は出生前300日より前に死亡していない登録パートナーは，親の他方となる（民法144条2項1号）。出産した母とともに母となる女性には，父と父子関係に関する民法及びその他の連邦法の規定が意義に応じて適用される。親子間

37

第1章　諸外国のパートナーシップ制度

又は両親間で特別の権利と義務が適用されるときも，同様に適用される（民法144条3項）。

5 おわりに

　ドイツとオーストリアは，登録パートナーシップを同性カップルに限定し，異性カップルに広げるという方法は採らず，2016年9月現在，同性婚を認めていない。そして，一方では婚姻との平等，他方では婚姻との区別という矛盾する要請に応えようとしている。同性カップルは子がなく，経済的に独立したカップルであるという法律の制定当初に有していたイメージは，もはや維持されていない。それでも，ドイツは親子関係に，オーストリアは登録手続に，婚姻との違いを残している。両国を比較すると，一方の国での区別は他方の国では解消されており，登録パートナーシップと婚姻に必然的な違いがあるとは言えない。同性婚導入のように派手ではないが，同性登録パートナーシップ法は変化しており，その過程で果たしてきた判例の役割の大きさに注目すべきであろう。

第2　フランス・ベルギー

第**2**

フランス・ベルギー

大島　梨沙

　ここで取り上げるフランスとベルギーは，同性カップルだけでなく男女の
カップルも利用できるパートナーシップ制度を有している点に特徴がある
（フランスのパートナーシップ制度は「PACS（le pacte civil de solidarité, 民事連
帯契約）」，ベルギーのパートナーシップ制度は「法定同居（la cohabitation lé-
gale）」と呼ばれる）。両国とも，同性カップルの法的保護を目的としてパー
トナーシップ制度を作った後，ベルギーは2003年に，フランスは2013年に，
同性カップルが婚姻制度を利用することを可能にした。つまり，現在では，
いわゆる同性婚も可能になったが，両国では，独自の存在意義をもつものと
してパートナーシップ制度が維持されている。

　他方，フランスのPACSとベルギーの法定同居には大きな違いが存在する。
PACSには近親者間では締結できないといった婚姻類似の制限があるのに対
し，法定同居にはそのような制限がなく，兄弟姉妹間や友人同士でも利用で
きる。その他にも興味深い相違点が見られるため，両国の制度を個別に見て
いく必要がある。フランスのPACSと比べて，日本語での情報を得にくいベ
ルギーの法定同居をより詳しく紹介することにしたい。

1　ベルギーの法定同居

1　沿革

⑴　法定同居の法制化

　ベルギーの法定同居という制度は，1998年11月23日の法律によって成立し，

39

第1章　諸外国のパートナーシップ制度

2000年1月1日から施行された[1]。この立法の検討が始まったのは1990年頃からである。婚姻をせずに共同生活をするカップルが増加している状況に対応することが必要であると考えた議員らが，その状況に法的な地位を与えようとしたのである。その際，一方では，当時，法的に婚姻することができず，社会的承認を求めていた同性カップルを可視化し，社会的正統性を与えることが目指された。他方で，婚姻をせずに共同生活をする男女カップルを無視せず，法の世界に組み入れることも課題とされていた。

　立法に至る過程では，複数の選択肢が検討され，法案としては2つの案が提出された。しかし，このような提案に積極的な人々と消極的な人々との間の政治的妥協の結果として，法案が「修正」され，2つの法案のどちらとも異なる法定同居という制度が採用された。法制化の際の基本的な方針は，婚姻にいかなる侵害も与えないこと，法定同居が婚姻と類似することがないようにすることの2点にあった。

　このため，法定同居は，①最小限の財産的保護を，②婚姻を締結することを望まない／婚姻することができない2人に提供するものと性質決定された。そして，婚姻のような挙式ではなく届出だけで成立する[2]，身分は独身のままとする（住民登録簿には記載されるが身分証書〔日本の戸籍にあたるが個人単位登録である〕は作成されない），子どもに関する規定をもたない，一方的に解消できるなどの様々な婚姻との相違が設けられた。また，婚姻制度と競合しない制度にするため，立法当初，法定同居には，税制や社会保障に関して，婚姻夫婦のような優遇や特権が与えられなかった。

1）法定同居立法の沿革については，ジャン＝ルイ・ランション（著）大島梨沙（訳）「ベルギーにおけるカップルの地位の法的三元構造の発展」立命館法学351号2401頁（2013），Jean-Louis Renchon, «La régulation par la loi des relations juridiques du couple non marié, présentation générale de la loi du 23 novembre 1998», Jean-Louis Renchon et Fabienne Tainmont (ed.), *Le couple non marié à la lumière de la cohabitation légale* (Bruylant, 2000), p.7参照。

2）ブリュッセル市のウェブサイトによれば，（挙式が法定同居の成立要件ではないとしても，）希望者は役所でのセレモニーを行うことが可能という（http://www.bruxelles.be/artdet.cfm/4830（2016/10/07））。

40

(2) 法定同居と婚姻との差異の縮小

　法定同居が施行された2000年以降，法定同居と婚姻との差異は縮小する傾向にある。ただし，子どもに関する差異の縮小と比べると，カップル間関係に関する差異の縮小は部分的なものにとどまっている。

ア　子どもに関する差異の縮小

　第1に，カップルが子どもを産み育てることに関して，カップルが法定同居か婚姻かによる違いが段階的に解消されていった。

　養子縁組法を改正する2003年4月24日の法律，同性カップルによる養子縁組を可能にする2006年5月18日の法律，及び生殖補助医療に関する2007年7月6日の法律によって，カップルが婚姻か非婚か，男女間か同性間かによる区別が撤廃されたのである。同性であれ異性であれ，当事者となる2人が「養子縁組請求の開始時点で少なくとも3年以上，継続的に，愛情をもって，共に暮らす」場合，子どもを養子にとることができる（民法343条）。また，「自身の配偶子又は胚を用いて実施されるか否かにかかわらず，生殖補助医療の方法により親になる決定をした全ての者」に，生殖補助医療を利用することが認められる（ただし，生殖補助医療センターは信条条項を援用して実施を拒否する自由をもつ（2007年7月6日の法律第1条，第5条）。）。同性カップルも，2人が親となる形での生殖補助医療（人工授精，体外受精，代理懐胎）の実施を要請することができる。

イ　カップルに関する差異の縮小

　第2に，カップル間の関係についても，法定同居と婚姻との違いが縮小していった。

　ワロン地域及びブリュッセル地域においては，法定同居者にも，相続税について最も有利な税率，すなわち夫婦間に適用されるものと同じ税率が適用される。これに対し，フランデレン地域では，この優遇措置は，2人の同居者のうちの一方の死亡前に，少なくとも1年間，共同生活をしていた場合，事実上の同居者にも与えられなければならないとする。

　相続法では，2007年3月28日の法律が，法定同居者に一定の相続上の権利を与えた。すなわち，法定同居者は，共同居所及びそこに備え付けられてい

第1章　諸外国のパートナーシップ制度

る家財の用益権を得ることができることになった（民法745-8条）。

2　現行の制度内容

　法定同居は，「（法定同居の）届出をした2人の共同生活の状況」として定義されている（民法1475条1項）。婚姻と異なるものとしての位置づけが強調されており，法定同居開始のための手続や法定同居の効果が婚姻とは異なる（後掲【表1】参照）。

(1)　法定同居の開始
ア　利用条件
　法定同居を利用するには，成人（18歳以上）であること，相手と同居していること，法定同居の利用に同意していること，既に婚姻していないこと，既に法定同居を利用していないことが条件となっている（民法1475条）。法定同居を利用しようとする2人に血族関係があっても構わないが，3人以上での利用はできず，必ず2人でなければならない。ベルギーの制度は，「同居者」である2人に財産的保護を与えることが目的で作られたため，性的な含意のない2人の同居者，例えば，兄と妹，姉と妹，母と娘，2人の友人などでも利用できる点に特徴がある。同性愛自体を正面から肯定することを避けるために，法定同居は性生活とは無関係とされたのである。それにもかかわらず同居者の人数が2人に限られるというのは合理的に説明できない。結局，2人に限定しているのは，性的な含意のあるカップルによる利用を念頭に置いていたことによるものと考えられる。

イ　開始手続
　法定同居を開始する場合，2人が同居している住居のある場所を管轄する役所に対して書面で行う必要がある。書面には，届出日，両当事者の氏名，生年月日，生誕地，署名，共通の居所の決定，同居契約が存在する場合はその旨，同居する明示的意思がある旨，法定同居に関する民法典の条文について当事者が承知している旨の記載をする（民法1476条§1）。後二者が日本の婚姻と比較して特徴的といえる。

第2　フランス・ベルギー

　役所の身分登録簿管掌者は，当事者から身分証明書の提示を受けたうえで，当事者らが法定の要件を満たすかを確認する。問題がない場合，住民登録簿に当該届出（【資料１】参照）を登録し，その写本と受領証（【資料２】参照）を当事者に交付する。反対に，当事者が滞在評価を得るためだけに法定同居を届け出た場合，及び強迫を受けて届け出た場合，身分登録簿管掌者は登録を拒絶することができる（民法1476条の３）。

【資料１：法定同居の届出のひな型[3]】

法定同居を創設する1998年11月23日の法律に基づく
法定同居の届出

届出日：○年○月○日
法定同居を創設する1998年11月23日の法律の適用により，下記の者２名，

氏：○○
名：○○
生誕地・生年月日： ....

及び

氏：○○
名：○○
生誕地・生年月日： ....

同居地： ....

は，法律上の同居をすることを望み，同居の地位を規定する民法典1475条から1479条の内容を前もって理解したことを申述する。

我々は，民法典1478条に規定する契約を公証人のもとで締結していない[4]。

我々は，下記の場合に法定同居が終了することを理解している。

3）http://www.lasne.be/pratique/avis/Declaration-de-cohabitation-legale.pdf参照。
4）若しくは，「民法典1478条に規定する契約は，○年○月○日，......〔住所〕......に所在する○○○○〔氏名〕公証人のもとで，公正証書により締結した。」。

第1章　諸外国のパートナーシップ制度

　一方の死亡
　一方の婚姻
　双方の合意による解消の届出
　一方的な解消の届出

〔署名〕　　　　　　　　　　　　〔署名〕

【資料2：届出受領証のサンプル5)】

法定同居の届出
受領証

民法典1476条1項の適用により，
○○市の身分登録簿管掌者○○○○〔氏名〕は，下記の者たちの法定同居の届出を，○年○月○日に，書面により受領したことを宣言する。

1．氏：○○
　　名：○○
　　生誕地・生年月日：
及び
2．氏：○○
　　名：○○
　　生誕地・生年月日：

同居地：...

法定の要件を確認した後，当該届出は，○年○月○日に住民登録簿に記載された。

○○〔地名〕において，○年○月○日

身分登録簿管掌者

5）前掲注3）参照。

ウ　同居契約

(ア)　同居契約締結手続

　同居契約は，（婚姻の場合の夫婦財産契約とは異なり）法定同居の届出前でも届出後でも締結することができる。同居契約書（【資料3】参照）は当事者のみで作成したものであってはならず，公証人により作成された公正証書によるものでなければならない（民法1478条4項）[6]。公証人は，当事者が望む条項の内容が適法なものかを確認し，当事者らの同居形態にとって適切な条項を助言する。これにより，当事者の保護が図られている。公正証書には確定判決と同等の執行力があるため，契約内容に不履行があれば，裁判所を通すことなく執行が行われることになる。なお，同居契約も契約であるため，当事者の合意や行為能力など，一般の契約の有効要件を満たさなければ無効となる。

(イ)　同居契約の内容

　どのような契約をするかは，原則として自由である。例えば，誰が何を所有するか，給料や貯金からいくらを共同生活の費用として支払うか，共同生活の費用とは何でどのように計算するかなどを取り決めることができる。

　ただし，法律や公序良俗に反するような内容を盛り込むことはできない[7]。例えば，貞操義務や同居義務などの非財産的義務を課すことはできない。また，居住保護（後述）や共同生活費用の分担（後述）のような最低限の法的保護の措置を回避することはできず，親権や相続に関する法律の規定に反することもできない。一方が死亡した場合に生存当事者に財産を残したいのであれば，同居契約ではなく遺言を利用することになる。

---

6) Jean-François Taymans, «La convention notariée de vie commune», *Le couple non marié à la lumière de la cohabitation légale*, supra note (1), p.103.

7) Sophie Demars, «La problématique générale des conventions de vie comune», *Le couple non marié à la lumière de la cohabitation légale*, supra note (1), p.73.

第1章　諸外国のパートナーシップ制度

【資料3：同居契約書〔公正証書〕のひな型[8]】

同居契約書

○年○月○日

公証人○○○○〔氏名〕のもとに下記2名が来訪した。

　A．　○○○○〔氏名〕

　B．　○○○○〔氏名〕

両者は，公証人に，民法典1476条によって規定される法定同居の届出を近々行う意図がある旨，及び下記のように当該同居についての条項を取り決める旨の公正証書を作成することを求めた。

第1条　財産の所有

1.1.　各当事者は，現在自身が有している財産及び将来無償若しくは有償で取得し所有者になる財産（様々な所得を含む）の所有者であり続ける。

1.2　反対の証明がない限り，当事者が占有する財産は次のように帰属するとみなす。

　1）衣類，宝飾品等，当事者の一方が個人的に使用する物は，仕事で使用する物も含み，それらを使用する当事者に属するとみなす。

　2）両当事者が同居する場所に備え付けられる，両当事者が共同で使用する財産や物，及び共同居所内で見つかった無記名有価証券や現金は，その2分の1が各人に帰属すると推定される。

　3）第三者に預けられていた現金及び有価証券は，預けた者に属すると推定される。

1.3.　両当事者は，とりわけ下記の物について，本日の時点で，下記に示す者が排他的な所有者であることを承認する。

　○○○○〔氏名〕は次の財産の所有者である：（…）

　○○○○〔氏名〕は次の財産の所有者である：（…）

第2条　共同生活費用の分担

8）Jean-François Taymans, «La convention notariée de vie commune», *Le couple non marié à la lumière de la cohabitation légale*, supra note（1），p.107 et s. を参考にした。なお，財産の所有のあり方等の各条項については，ひな型に挙げた例以外の様々なバリエーションがありうる。

第2　フランス・ベルギー

2.1.　両当事者は，民法典1477条3項に従い，資力に応じて，共同生活費用を分担する。

2.2.　両当事者は，支出がされた日から起算して3年（が経過すると），共同生活費用に関する全ての勘定を済ませたとみなされる。反対の証明は，両当事者によって署名された書面によってしか為すことができない。

2.3.　a）両当事者による共有として取得された不動産の取得，改修，又は維持に関する直接弁済及び借入の返済は，共同生活費用とみなす。

　　　ただし，本日付で両当事者が所有者となっていた資産から，又は共同生活期間中に無償で取得する資産から，又は本日付で両当事者が所有者であった財産若しくは共同生活の途中で無償で取得された財産に代位された資産からのこれらへの弁済及び充当は，共同生活費用とはみなさず，当事者間での勘定を引き起こす。

　　　b）とりわけ，入院費又は重大な若しくは長期間の医療費又は教育費又は職業訓練費，乗用車の費用，旅行費用，連れ子の養育・教育費は，共同生活費用とみなさない。

第3条　管理の相互委任

　各当事者は，他方に，子どもの養育及び世帯維持に必要な日常生活上の行為について単独で締約する権限を与える。各当事者は，場合により，当該証書の写しの提示によって当該委任を正当化する。

　これらについて締結された全ての債務に対し，他方当事者は連帯責任を負う。当該支出が当事者の資力を超過している場合はこの限りでない。

第4条　共同居所の賃貸借契約〔一方のみが賃貸借契約を結んでいる場合の例[9]〕

9）当事者の一方が所有する不動産において共同生活を送る場合は次のような条項案となる。
　「第4条　一方が所有者である共同居住不動産に関する当事者の権利義務
　　一方のみが所有者である不動産を共同居所とする場合について：
　　1．所有者でない当事者は常に一時的占有者であるとみなされる。賃貸借契約に関する法律に基づいたいかなる権利も援用することはできない。したがって，当事者の一方又は他方の求めにより共同生活を終了させる場合，所有者でない当事者は，書留郵便によりなされた通知を受けてから3か月の期間内に退去する。後述の場合を除き，何らの損害賠償も求めることはできない。
　　2．当事者の一方の請求による場合であれ，一方の死亡による場合であれ，共同生

47

第1章　諸外国のパートナーシップ制度

　両当事者は＿＿〔住所〕＿＿に所在する家屋において同居する。当該家屋は，賃貸人Ｚ○○○○〔氏名〕との間で○年○月○日に締結した賃貸借契約により，Ｘ○○○○〔氏名：当事者の一方〕が賃借人である。

　理由が何であれＸが当該家屋を退去したい場合はＸ自身，又は，Ｘ死亡の場合にはその承継人が，Ｙ○○○○〔氏名：他方当事者〕に賃貸借契約の譲渡を前もって願い出ることなく，賃貸借契約を終了させない義務を負う。

第5条　分割の場合の選択肢

　当事者の一方の死亡により共同生活が終了する場合について，生存当事者は，死亡時に共同居所の中に存在し，当事者の共有となっていた家財，家電製品，その他同様の性質をもつ財産の全てを自身に割り当てさせる権利を有する。

　当該権利は，死者の承継人から生存当事者に対する勧告がなされた月に行使されなければならない。

　当事者間で合意に至らない場合，購買価格は指名された専門家1名によって決定される。

　当該価格は，当事者間での合意の成立から6か月以内に支払われる。

第6条　関係解消の場合の違約金

　一方の求めにより共同生活を終了させる場合，両当事者のうちのどちらが有責であるかを問うことなく，関係解消時により多くの所得を得る当事者が他方に対して違約金を支払う。

　当該違約金は，各当事者の月収の差額の半分に相当する額とする。違約金は○か月の間，同居を実際に解消してから毎月1日に支払う。

上記の内容に同意し，同居契約を締結する。

〔当事者署名〕〔当事者署名〕

以上の通り，公正証書を作成する。

〔公証人署名〕

活が終了するとき，所有者でない当事者又はその承継人は，所有者又はその承継人に対して，当該家屋の維持又は修繕のために所有者でない当事者が拠出した全ての支出の償還を求めることができる。」

(2) 法定同居の効果

　法定同居は，同居者の財産関係を取り扱う制度として構想された[10]ため，非財産的な効果は発生しない。特に契約がない限り，当事者の財産制は別産制に服する（民法1478条1項）。各当事者は，自己に属することを証明できる財産，それらの財産からの果実，仕事から得る給与などの所有者となる。どちらの当事者も自己に属すると証明することができない財産がある場合，2人の共有と推定される。この推定を避けるため，同居の開始当初に，各人に属する財産の目録を同居契約において作成しておくことができる。

ア　居住保障

　法定同居の当事者が共同生活を送る居住不動産とそこに備え付けられた動産について，当事者の一方の判断のみによって売却・贈与したり，抵当に入れたり賃貸することはできない（民法1477条2項）。他方の同意を得ることが必要となる。ただし，他方の拒絶が正当化しえないものである場合，裁判官が同意を強制することができる。これは婚姻の場合のベルギー民法典第215条と同じであるが，法定同居自体を解消することが容易であるため，ほとんど保護にならないとの批判がある[11]。

　共同生活を送る住居が所有者でない当事者によって占拠されてしまった場合，当事者の申立てにより裁判官（家事事件裁判官）が緊急措置を命ずることができる（民法1479条1項）。これらの措置は裁判官が指定した期間のみ有効である。

　実務では，売買契約書への署名の前に，売主の身分証書を確認しなければならないことになっている。売主が独身であることが分かった場合でも，法定同居の届出をしていないことの証明を求めている[12]。

---

10) このため，法定同居についての規定は，ベルギー民法典第1編「人」ではなく，第3編「所有権取得方法」の中の夫婦財産制を規定する第V章のすぐ後に加えられた。

11) Renchon, supra note（1），p.37.

12) https://www.notaire.be/se-marier-vivre-ensemble/la-cohabitation-legale/droits-et-de-voirs-des-cohabitants-legaux/la-protection-du-logement-familial-1

第1章　諸外国のパートナーシップ制度

イ　共同生活費用の分担

　法定同居の当事者は，共同生活の費用を分担する義務を負う（民法1477条
3項）。各人は，資力に応じて，自身の所得の一部を共同生活費用に充てる
義務を有する。費用を支払いたくない当事者は，法定同居を解消してしまう
と支払義務を免れることができるため，費用の支払を求める側は守られない
との批判がある[13]。ただし，他方に手段が何もないわけではなく，一方が
義務を果たさない場合，他方は裁判所に緊急措置を求めることができる（民
法1479条）。法定同居を解消した後も，一定期間は緊急措置命令が可能と
なっている。

ウ　日常家事債務の連帯責任

　当事者の一方が，共同生活上の必需品のため，及び共に育てている子ども
の養育上の必要のために締結した債務について，他方もその支払の責任を負
う（民法1477条4項）[14]。当事者たちが共に処分する財政的資力と比較して債
務が過大である場合はこの限りでない。これは，婚姻の場合のベルギー民法
典第222条と同様の規定である。

【表1：自由結合・法定同居・婚姻比較表】

	自由結合	法定同居	婚姻
成立	手続特になし（共同生活開始の事実）禁止なし	同居＋役所への届出締結障害あり（重複禁止），近親間可	公証人の助言＋婚姻公告＋役所での挙式婚姻障害あり（近親婚禁止・重婚禁止）
公示・登録	なし	住民登録簿への登録	婚姻証書の発行，出生証書への記載
氏	変更なし（相手の氏を通称使用できる）		配偶者の氏を使用できる（公的文書に表記できる）

---

13) Renchon, supra note (1), p.37.

14)「安全」や「保護」を提供するどころか，他方の債務について不安定で保護のない立
　場におかれる可能性があるとの批判がある（Renchon, supra note (1), p.37）。

50

第2　フランス・ベルギー

当事者間の義務	なし	同居義務（居住保護） 共同生活費用分担義務	同居（居住保護）・貞操・扶助・援助義務 婚姻費用分担義務
財産関係	契約での別段の定めがなければ別々	同居契約上での別段の定めがなければ別産制 同居契約締結は法定同居の届出後でもよい 同居契約は公正証書による必要あり	特に契約がなければ後得財産共通制 夫婦財産契約締結は婚姻前 夫婦財産契約は公正証書による必要あり
所得税	個別課税	合算課税	
債務	個別に負う	日常家事債務については連帯責任を負う	
社会保険	受給権あり		
離別	手続特になし	役所への届出 一方的解消可	裁判所での離婚手続
離別時の財産関係	補償給付なし 財産分配は契約による	補償給付なし 財産分配ルールあり	補償給付あり 財産分配ルールあり
死別時	遺族年金受給権なし	共同居所及びそこにある家財の用益権あり 遺族年金受給権なし	相続権・遺族年金受給権（一定の要件）あり
相続・贈与税	3類型で最も不利な税率	一定の地域で婚姻の場合と同じ税率	3類型で最も有利な税率
子どもの父	父が認知		妻が婚姻中に産んだ子は夫の子と推定
養子縁組	3年以上継続的に同居する場合，共同養子縁組・連れ子養子縁組が可能		共同養子縁組・連れ子養子縁組が可能
生殖補助医療	親になる決定をした全ての者が生殖補助医療（代理懐胎含む）利用可能		

※下線部は後述のPACSとの相違点

第 1 章　諸外国のパートナーシップ制度

(3)　法定同居の解消

ア　解消手続

法定同居は，法定同居の当事者の一方の婚姻，死亡，当事者の双方又は一方からの書面による届出によって解消する（民法1476条§ 2 ）。解消の届出には，届出日，両当事者の氏名，生年月日，生誕地，双方又は一方の署名， 2人の居所の決定，同居を終了させる意思を記載する。当該届出は，当事者の居所のある役所の身分登録係に提出する。一方的意思による終了の届出の場合，法定同居を解消した旨は，役所から他方当事者に通知される。解消の旨は，住民登録簿上に記載される。

イ　解消の効果

死亡による解消の場合，法定同居の当事者は，共同生活を送る住居とそこに付属した動産の用益権を相続する（民法1477条 5 項）。賃貸であった場合は，生存当事者が賃借人の権利を取得する。しかし，これらの権利は，先死当事者の遺言により排除される可能性がある。また，法定同居の当事者は婚姻の場合の配偶者のような遺留分を有していない。

そこで，法定同居の当事者は，自衛策として，トンチン条項と呼ばれるものを活用している。トンチン条項とは， 2名以上の者が 1つの不動産や動産を購入する際の契約に挿入されるもので，購入者のうち最後まで生き残った者をその所有者とするものである。契約に当該条項を加えておくことにより，生存当事者は，当初から不動産の単独所有者であったとみなされるため，相続人に対価を支払うことなく不動産を単独で所有することができる。

また，裁判官が緊急措置・暫定措置を命令する可能性が認められている（民法1479条）。例えば，共同居所から退去した一方当事者からの婚姻費用の分担の獲得などの措置である。これらの措置の有効期間は裁判官が定めるが， 1年を超えることはできない。

両当事者が育てていた子について，生存当事者がその子の父又は母でない場合でも，先死当事者の子どもに関する一定の義務を負う。能力に応じて，子どもの居住確保，生計維持，監督，教育を引き受ける（民法203条）。同様に，生存当事者は，先死配偶者の死亡時にその親が要保護状態にある場合，

その親の世話を引き受けなければならない。ただし，これらは生存当事者が先死当事者から遺言等により利益を得ていた場合などに限られる。

3　小括

　ベルギーの法定同居は，届出だけで成立・解消させることができるという手続の面で日本の婚姻との類似性があり，日本でも比較的参考にしやすい制度であるように思われる。確かに，法定同居の効果は一部の財産的効果に限られているうえ，一方的解消が可能であるため，当事者保護に欠けるかもしれない。しかし，ベルギーにおいて法定同居の制度化がもった象徴的な意味は決して小さくはなかった。法定同居の施行から3年後，同性カップルも婚姻をすることが可能になり，さらに，生殖補助医療の利用や子どもとの共同養子縁組が認められるに至った。いわゆる同性婚が可能になった後も，法定同居の利用件数は婚姻に迫るものとなっており，一定の利用価値が見出されている[15]。他方で，法的効果が当事者保護に欠ける（場合がある）ことを当事者が理解したうえで利用しているか，客観的に見て，婚姻による法的保護を必要とする当事者が法定同居を選択した場合に問題はないかに留意する必要があろう。

2　フランスのPACS

　フランスのPACSについては，既に多くの邦語文献が存在し[16]，その詳細を知ることができるため，本稿では，ベルギーの法定同居との相違点，及び

---

15)　国立統計研究所によって公表されている統計によれば，2010年，婚姻件数と法定同居件数はほぼ同数に達した。婚姻件数が42,159件であるのに対し，法定同居件数は36,095件である。法定同居のうち，異性間同居は，34,973件であり，同性間同居は1,122件である。なお，ベルギーの人口は約1100万人である。

16)　ロランス・ド・ペルサン（著）齊藤笑美子（訳）『パックス　新しいパートナーシップの形』（緑風出版，2004），大村敦志「パクスの教訓　フランスの同性カップル保護立法をめぐって」『個を支えるもの』241頁（東京大学出版会，2005），大島梨沙「フランスにおける非婚カップルの法的保護（1）（2・完）─パックスとコンキュビナージュの研究」北大法学論集57巻6号370頁，58巻1号210頁（2007）ほか。

第1章　諸外国のパートナーシップ制度

日本での導入を検討するにあたって参考になると思われる点に焦点を当てて概略を紹介する。

1　沿革

(1)　PACSの法制化

　フランスのPACSは，1999年11月15日の法律により成立し，施行された。立法が検討される契機となったのは，男女の内縁カップルに認められていた効果を同性のカップルにも承認することが否定された1989年7月11日の破毀院判決である[17]。これにより，同性カップルの生活保障のための何らかの立法が必要であるとの認識が広がり，議員の一部が法案提出の動きを見せるようになった。その後，1996年のシラク内閣の閣議において立法の必要性が確認され，政府の主導のもとに法案が作成され，1998年9月に国民議会の司法委員会で採択された。この法案は，1998年10月の国民議会本会議で否決され，1999年3月と5月に元老院で否決されるなど，容易には成立しなかった。賛成派・反対派双方がデモを行い，両陣営が激しく対立したことが背景にある。度重なる修正を経て，1999年10月13日に成立し，同年11月9日の憲法院の合憲判断を受けて，1999年11月15日にPACSを創設する法律が公布された。

　フランスでは，同性愛を異性愛とは異なる特別のカテゴリーとすることを回避するため，早い段階から男女カップルも利用できる制度としての立法が目指された。途中，ベルギーのように，性的含意のない共同生活を含むこと，財産的関係を規律するものとして婚姻との相違を強調することが検討された。しかし，推進派の運動団体の反対などにより，実現には至らなかった。最終的に成立したPACSは，ベルギーと比較した場合，婚姻との類似性がより多く見られるものになったと言える[18]。例えば，近親間での締結禁止，所得

---

17) 大島梨沙「同性カップルの「内縁」認定の可否」谷口洋幸ほか編著『性的マイノリティ判例解説』140頁（信山社，2011）。

18) 他方で，ベルギーと同様，婚姻のような挙式ではなく届出だけで成立する，身分は独身のままとする（身分登録簿〔日本の戸籍にあたるが個人単位登録である〕にはPACS締結の旨が欄外付記されるのみ），子どもに関する規定をもたない，一方的に解消できるなどの婚姻との相違が設けられている。

税制は 3 年以上（制定当時）PACSを締結している場合は婚姻と同じなどの類似点が挙げられる（後掲【表 2 】参照）。

(2)　PACSの改正

1999年に創設されたPACSは，2006年に比較的大きな改正を受け，その他にも細かな改正が何回か行われている。2006年 6 月23日の法律による改正は，PACSの法技術的な不備を修正するものであり，当事者が特に契約を結んでいないときの財産関係のあり方が別産制に変更されたこと，PACSを締結した旨が身分証書の欄外に記載されるようになったことなどが主たる改正点であった。また，2011年 3 月 5 日の法律により，公証人のもとでPACSを結んだ場合，公証人がその後の登録等にかかる手続を行うことができるようになった。いずれも，運用上の不都合を修正するものであって，PACSを抜本的に改正するものではない。さらに，数度の税制改正により，PACSと婚姻が税制上近接したが，当事者の財産関係については婚姻とは異なる方向に改正されており，一概にPACSと婚姻の差異が縮小したとも言い難い状況である。

2　現行の制度内容

ベルギーの法定同居が「共同生活の状況」であるのに対し，PACSは，「契約」として位置づけられている点に特徴がある（民法515-1条）。したがって，PACSの場合，届出をする際に必ず当事者 2 人の間で締結した契約書を添付する必要がある。

(1)　PACSの開始

ア　利用条件

PACSを利用するには，成人であること，行為能力者であること，当事者が 2 人であること，既に婚姻していないこと，既にPACSを利用していないことが条件となっている。また，直系血族間・直系姻族間・ 3 親等内の傍系血族間では結ぶことができない（民法515-2条）。憲法院は，この制限を性的

第1章 諸外国のパートナーシップ制度

含意によってしか正当化できないとし，PACSを「カップルとしての生活」
を送る者のための制度として解釈している。

イ　契約書の作成

(ア)　契約締結手続

民事連帯契約（PACS）は，届出時に契約書（【資料4】参照）を提出する
必要があるため，届出前に当事者間で締結する必要がある。契約は，当事者
のみで作成する私署証書によるものでも，公証人により作成される公正証書
によるものでもよい（民法515-3条）。公正証書でなければならないとするベ
ルギーと異なることになるが，実際には，（私署証書の場合でも）公証人の助
言を求めることが推奨されている[19]。なお，PACSも契約であるため，当事
者の合意や行為能力など，一般の契約の有効要件を満たさなければ無効とな
る。

(イ)　契約の内容

契約の内容については，「私たちは民事連帯契約を締結する」といった一
文のみの契約でもよいし，互いが負う義務や財産の帰属などを詳細に定めて
もよい。当事者が特に定めなかった場合，当事者の財産はPACS開始後も各
人のものとなる（民法515-5条）。

ただし，強行法規や公序良俗に反する内容を盛り込むことはできない。例
えば，貞操義務を課すことはできず，正当な理由のない一方的な関係解消の
場合，損害賠償義務を回避する合意は書かれていないものとされる。また，
親権や相続に関する法律の規定に反することもできない。

---

19) Bénédicte Dubreuil, *Votre notaire et vous*, 4e édition（Le Particulier, 2012），p.93. な
お，PACSを公正証書で締結する場合，233.22ユーロの費用がかかるという。

【資料4：民事連帯契約書〔私署証書〕のひな型[20]】

民事連帯契約書

下記署名者間：

○○○○〔氏名〕，〔生誕地〕，〔生年月日〕，を一方とし，

○○○○〔氏名〕，〔生誕地〕，〔生年月日〕，を他方として，（以下「両当事者」とする）

民法典515-1条以下に従い，民事連帯契約を締結する。

第1条　共同居所

　　両当事者は，共同居所を＿＿＿＿〔住所〕＿＿＿＿に設定することを宣言する。

第2条　両当事者の契約締結能力

　　両当事者は，民法典515-2条に規定されている禁止には該当しないことを宣言する。

第3条　両当事者の義務

　　民法典515-4条に従い，両当事者は，物質的援助及び相互扶助の義務を負う。両当事者は，下記の方法で相互の義務を果たすことを取り決める。

　　住居についての支出（家賃，住宅税），食費，両当事者の子に関する費用は，両当事者間で1／2ずつ負担する〔両当事者の収入が同じ程度の場合〕。

第4条　両当事者の連帯責任

　　民法典515-4条に従い，両当事者は，日常生活に必要なもののために一方によって締結された負債について，第三者に対して連帯して責任を負う。この連帯責任は，一方によって締結された支出が明らかに過大である場合には生じない。

第5条　財産の所有

　　両当事者は，民法典515-5-1から515-5-3条に規定されている共有の制度を採用する。両当事者が，PACSの登録の日以降，共に又は個別に購入する動産又は不動産は，各当事者の持分1／2での共有に属するとみなされる。

5-1　各当事者の個人的財産

5-1-1　本日付で各当事者が所有者である財産は，その者の個人的な財産とする。

　　1）○○○○〔氏名〕に属する財産　…〔リスト〕

　　2）○○○○〔氏名〕に属する財産　…〔リスト〕

5-1-2　各当事者がPACS締結中に贈与又は相続により受領した財産は，そ

の当事者の排他的所有に属する。

5-2　共有に属さない財産

　民法典515-5-2条に従い，各当事者は次の財産について排他的所有者となる：

1) 各当事者がPACS締結後に受領し，財産の取得に用いられていない金銭

2) 新たに創出された財産及びそれに付随するもの（企業，営業資産等）

3) 個人的な性格を有する財産（衣類，仕事道具等）

4) PACS登録前に当事者の一方に属していた金銭によりPACS締結後に取得された財産

5) 贈与若しくは相続により受領した金銭若しくは財産により取得した財産

　4) 5) に定義する金銭である旨は，取得証書において言及する。

第 6 条　民事連帯契約の修正

　当該契約の修正は，当該契約書を受領した小審裁判所書記課に対する，共同での届出の対象とならなければならない。

第 7 条　解消

　両当事者は，合意により，若しくは一方的に，当該契約を破棄することができる。民事連帯契約の解消は，書記課への登録日に効果を生ずる。

　解消は，公示手続が完了した日から第三者に対して対抗できる。

　当事者の一方が婚姻する場合，民事連帯契約は当該婚姻の日に終了する。

第 8 条　解消の帰結

　両当事者は，民事連帯契約から生じる権利義務の清算を自分たちで行う。協議が調わない場合，裁判官が解消の財産的帰結について定める。

　正本を 2 通作成し，○年○月○日，○○〔地名〕において締結する。

〔署名〕〔署名〕

ウ　届出

　PACSの届出方法は，今日では，契約書が私署証書か公正証書かによって異なる。

　私署証書の場合，2 人が同居している住居のある場所を管轄する小審裁判

---

20) Jean-Léon Gantier, *Le Pacs*（Le particulier, 2012），p.110 et s を参考に作成した。

所書記課に出向き，PACSを届け出る必要がある（民法515-3条）。提出する
書面は，署名入りの契約書原本2通，各当事者の身分証明書，各当事者の出
生証書，PACS締結の障害となる近親関係がないことの宣誓書，出生地の小
審裁判所発行の最新の証明書，届出をする小審裁判所の管轄地に共同生活の
居所を構える旨の宣誓書である。

　小審裁判所の書記官は，書類を審査し，法定の要件を満たすかを確認する。
問題がなければ，書記官は，PACSの登録簿に登録し，契約書の原本2通に
日付を入れる。そして，PACSの存在を証明する証明書を発行するとともに，
契約書の原本2通を当事者に返却する。PACSの登録は，当事者2人の出生
地の小審裁判所書記課にある登録簿にも転載され，また，身分登録簿の欄外
にもPACS締結の旨が記載される。

　これに対し，公正証書で契約書を作成した場合，その作成に携わった公証
人が届出の手続を行う（民法515-3条5項）。

(2) PACSの効果

　当事者は相互に，物質的に扶助する義務を負い，共同生活にかかる費用を
分担し，日常生活に必要な債務についての連帯責任を負う（民法515-4条）。
一定の居住保障もある。いずれもベルギーの法定同居と類似する点といえる。

　これらに対し，ベルギーの法定同居には発生しない効果がPACSには認め
られている。一方の当事者の社会保険の受給権者に他方がなることができる，
有給休暇を同時に取得することができる，双方が公務員である場合，勤務地
を近づけることができる，所得税が共同課税となるなどの効果である。いず
れも，婚姻の場合と同じものが認められている。

　他方，婚姻の場合には肯定されているがPACSには認められない法的効果
として，相続権，相手の氏の使用権，親族関係の発生，父性推定，共同養子
縁組，遺族年金受給権などがある。

第 1 章　諸外国のパートナーシップ制度

【表 2 ：内縁（自由結合）・PACS・婚姻比較表】

	内縁（自由結合）	PACS	婚姻
成立	手続特になし（共同生活開始の事実）禁止なし	契約の締結＋裁判所書記課への届出締結障害あり	婚姻公告＋役所での挙式婚姻障害あり（近親婚禁止・重婚禁止）
公示・登録	役所・公証人による内縁証明書の発行，当事者作成の宣誓書，家事事件裁判官発行の「共同生活証書」	裁判所書記課登録簿への登録，出生証書への記載	婚姻証書の発行，出生証書への記載
氏	変更なし（相手の氏を通称使用できる）		配偶者の氏を使用できる（公的文書に表記できる）
当事者間の義務	特になし	物質的援助・相互扶助・共同生活・共同生活費用分担義務	尊重・貞操・扶助・援助・婚姻費用分担義務
財産関係	それぞれ別々	特に契約がなければ別産制	特に契約がなければ後得財産共通制
所得税	個別課税	合算課税	
債務	個別に負う	日常家事債務については連帯責任を負う	世帯維持及び子の教育のための債務について連帯責任を負う
社会保険	一定の条件を満たす場合に受給権あり	受給権あり	
離別	手続特になし	裁判所書記課への届出一方又は双方の婚姻	裁判所での離婚手続
離別時の財産関係	補償給付なし	補償給付なし財産分配ルールあり	補償給付あり財産分配ルールあり

60

第2 フランス・ベルギー

死別時	相続権・遺族年金受給権なし		相続権・遺族年金受給権あり
相続・贈与税	遺贈・贈与額の60%	遺贈の場合の譲渡税免除 贈与の場合は金額に応じて課税（最大で45%）	
子どもの父	父が認知		妻が産んだ子は夫の子と推定
養子縁組	共同養子縁組・連れ子養子縁組は不可能		共同養子縁組・連れ子養子縁組が可能
生殖補助医療	2年以上共同生活をしている男女カップルは利用可能		男女の夫婦のみ利用可能

※Sylvie Dibos-Lacroux, *PACS, le guide pratique*, 14e édition（Plat éditions, 2012），129頁以下の表を参考に筆者が作成。

(3) PACSの解消

ア 解消手続

PACSは，当事者同士若しくは一方と第三者との婚姻，死亡，又は当事者双方若しくは一方からの書面による届出によって解消する（民法515-7条）。

PACS当事者同士で婚姻した場合，婚姻の旨が身分登録簿管掌者から小審裁判所書記課に通知され，書記官がPACSの解消を登録し，公示する。

PACS当事者の一方と第三者とが婚姻した場合，身分登録簿管掌者がPACSを登録した場所にある小審裁判所書記課に通知する。通知を受けた書記官は，PACS解消の旨を登録し，両当事者に通知する。PACS解消の旨は両当事者の身分登録簿の欄外に記載される。

PACS当事者の一方の死亡の場合，身分登録簿管掌者から裁判所書記官に通知され，解消の旨が登録され，身分登録簿の欄外に記載される。

当事者双方の合意による解消の場合，PACSの登録をした裁判所に提出又は送付しなければならない。送付の場合，受領通知付きの書留郵便で，身分証明書のコピーとともに送らなければならない。なお，PACSを公正証書で締結した場合には，その作成を担当した公証人に解消の旨を通知する。解消

61

の届出には一般に，届出日，両当事者の氏名，住所，双方又は一方の署名，
PACS締結日と登録場所，PACSを終了させる意思を記載する。解消の旨は，
PACS登録簿の余白，及び各当事者の出生証書の欄外に記載される。

　一方的にPACSを終了させる場合，破棄者は執行官の通達により他方にその旨を通知しなければならない。執行官は，当該通達の写本をPACSを登録した最初の裁判所書記課に送付する。書記官が解消の旨を登録し，両当事者に通知するとともに，身分登録簿に公示する。

イ　解消の効果

　PACSの契約書に定めた内容に従い（契約で特に定めなかった場合には法定の規定に従い），両当事者の財産を分割する。裁判官が分割をする婚姻の場合とは異なり，PACSの場合は，当事者自身で財産の分割を行うことになる（民法515-7条10項）。ただし，両当事者が不動産を共有で取得していた場合などは，公証人に財産の分割を依頼することが欠かせないという[21]。

　PACSの解消は原則として自由であるが，濫用的に解消した場合，他方当事者は，損害賠償請求をすることができる。家具を不意に持ち出す，共同生活に使用していた銀行口座を不意に閉じるなどして解消した場合，破棄者の態度が誠実でなく他方に精神的損害が生じた場合などが例として挙げられている[22]。

　両当事者が育てていた子どもの親権，面会交流，居所指定，養育費の支払等に関する争いは，子どもが住む場所にある裁判所の家事事件裁判官が管轄する。

　事故により一方が死亡した場合，生存当事者は加害者に損害賠償を請求することができる。また，労災による死亡の場合，生存当事者は，終身年金を受けることができる。さらに，死亡の日から1年の間，生存当事者は共同居所の使用権と居住権を有する（2007年1月1日以降）。ただし，この権利は遺言により排除することができる。その他にも，死亡一時金を受給することができる，遺産分割において優先分割を求めることができるといった効果が

---

21) Bénédicte Dubreuil, supra note (19), p.94.
22) Sylvie Dibos-Lacroux, *PACS le guide pratique* (Prat éditions, 2012), p.87.

第2　フランス・ベルギー

PACSの生存当事者に認められている。

3　小括

　フランスのPACSは，当事者間で締結した共同生活のための契約を登録するという形式を採用している。夫婦財産契約の伝統があるためにカップル間契約に親和的で，公証実務が発達しているフランスと比べ，日本でPACSと同様の形式が可能かどうかに不安がないわけではない。しかし，ここで想起されるのは，渋谷区が発行を開始した「パートナーシップ証明」である[23]。同証明の発行のためには，同性の2名の当事者が共同生活について公正証書によって契約を結ぶ必要がある。共同生活についての契約である点，それを役所に提示することによって一定の効果が得られるという点で，PACSと渋谷区の「共同生活契約」は共通している。もちろん，数多あるPACSとの相違点に留意する必要はあるが，渋谷区の「共同生活契約」をめぐる法的課題について，PACSの場合の取扱いが参考になるかもしれない。

3　おわりに

　フランス及びベルギーのパートナーシップ制度は，同性婚反対派が強い状況において，同性カップルに何らかの法的効果を認めるためのものとして作られた。このため，「婚姻とは異なるもの」であり，「（男女でも利用できるものであって）同性愛や同性カップルを正面から承認するものではない」と位置づけられた。同性カップルの生活保障にとって不十分な点があるのは確かだが，2016年現在の与党自民党が同性婚反対の立場である日本で参考となる選択肢の1つと言えるだろう。日本での採用を検討する場合，フランス・ベルギーとは異なり，日本では婚姻も役所への届出で成立するため，婚姻とパートナーシップ制度との象徴的な相違点をいかに作るかが課題となるが，日本における戸籍と氏がもつ象徴性に鑑みれば，登録先が戸籍か否か，氏が

---

23) 大島梨沙「渋谷区同性パートナーシップ条例の意義と課題」法セミ727号1頁（2015）。

第1章　諸外国のパートナーシップ制度

同じになるか否かといった点だけで十分婚姻との違いを作り出すことができるのではないだろうか。

他方，日本では，法律婚を使わずに生活する男女カップルの数がパートナーシップ制度制定当時のフランスやベルギーほど多いわけではなく，男女カップルをパートナーシップ制度の対象とする必要がないと考えられるかもしれない。しかし，2015年12月16日の最高裁大法廷判決が夫婦同姓の強制を合憲としたことから，夫婦別姓を求めるカップルや自由・自立といった価値観を重視するカップルへの立法による対応が日本でも課題となってきたのではないか。夫婦別姓導入が与党自民党（2016年現在）の反対により現実的でない状況において，パートナーシップ制度に男女の非婚カップルを取り込むというフランス・ベルギーのあり方は，この点でも参考になる。

フランスとベルギーを比較すると，必ず何らかの契約書を作成しなければならないフランスのPACSよりも，単なる届出だけでよく，公正証書による同居契約を付してもよいというベルギーの法定同居の方が，日本に親和的であるように思われる。ただし，法定同居の当事者に認められる法的効果は限定的であるため，多くの生活保障を求める当事者は同居契約や遺言等の活用により対策をする必要があることを周知する必要があろう。こういった点について，フランス・ベルギーでは，公証人や弁護士などの実務家が果たす役割が大きい。日本でフランス・ベルギー方式のパートナーシップ制度を採用するのであれば，実務家の支援が必要になると思われる。

〔参考文献〕
　脚注で言及したものに加えて，Jean-Louis Renchon, «Les conjugalités en droit belge», Jacqueline Flauss-Diem et Georges Fauré (dir.), *Du Pacs aux nouvelles conjugalités: où en est l'Europe?* (PUF, 2005), p.85.

第3

イギリス

橋本　有生

1 はじめに

　婚姻とは，「一対の男女の自由な意思に基づく排他的な終生の結びつきである[1]」。—イギリス[2]の裁判所は，19世紀半ばに示したこの婚姻の定義を，その後140年余りの間，繰り返し確認してきた[3]。2004年に同性カップルのためのパートナーシップ制度（Civil Partnership Act 2004[4]）（以下CPAという）が導入された後もこのことに変わりはなかった[5]。CPAは，同性パートナーに対して婚姻とほとんど同等の法的効果を付与するものであるにもかかわらず，婚姻とは明確に区別される。したがってパートナーシップ制度が導入された時点においては，依然として，婚姻は異性カップルに限られる，という法のスタンスが維持されていた。

　ところが，2010年以降，にわかに同性カップルの婚姻を認める法整備への機運が高まり，2013年同性婚法（Marriage（Same Sex Couples）Act 2013[6]）が成立するに至った。長きにわたって同性カップルに婚姻という法的つながりを認めてこなかったイギリス法の歴史に鑑みれば，CPAの成立から同性

---

1 ）Hyde v Hyde and Woodmansee（1866）LR 1 P & D 130. 傍点は筆者による。

2 ）本稿においては，イングランド及びウェールズをさすものとする。

3 ）Durham v Durham（1885）10 PD 80; Nachimson v Nachimson［1930］P217；Park, decdm In the Estate of［1954］P 89; Sowa v Sowa［1961］P 70. See Also, Halsbury's Laws of England（4th ed, 2001）, vol 29（3）, para 34.

4 ）2004年11月18日女王裁可，2005年12月 5 日施行。

5 ）Sheffield City Council v E and Another［2004］EWHC 2808（Fam）；Wilkinson v Kitzinger［2006］EWHC 2002（Fam）.

6 ）2013年 7 月17日女王裁可，2014年12月10日完全施行。

第 1 章　諸外国のパートナーシップ制度

婚法の成立までに要した期間は，驚くほどに短い。多くの宗教団体が反意を示したにもかかわらず，この法律は比較的簡単に議会を通過した[7]。その背景にはどのような事情があったのであろうか。

本稿では，CPAおよび同性婚法の成立の経緯と主要な規定を紹介し，イギリスにおいて同性カップルの法的な結びつきがどのようにして認められるようになったのかを見ていくこととする。そして，今後予想される展開に若干言及してむすびにかえたい。

2 シビルパートナーシップ制度

1　成立

CPA成立の経緯については，すでに多くの先行研究において紹介がなされているため，ここでは概観のみを確認することにしよう[8]。イギリスにおいて同性愛行為は，16世紀より犯罪であるとされていた[9]。1967年に，ようやく私的な同性愛行為が犯罪でないことが認められると，同性間の親密な関係に対して，特定の限られた法の分野において，権利が認められるようになっていった。例えば，同居していたパートナーが死亡した際に，生存パートナーが「家族」として，その不動産賃借権を相続することが判例法で認められたり[10]，2002年の養子法改正において，同性カップルにも共同養子収

---

7) Lowe, N. & Douglas. G., Bromley's Family Law 11th ed, (2015), p 9.

8) 詳しくは，捧剛「イギリスにおける同性愛者差別の撤廃とシヴィル・パートナーシップ」國學院法学48巻 2 号1-37頁（2010），田巻帝子「同性婚：イギリス」比較法研究74号278-287頁（2012），同「イギリス―パートナーシップ制度と婚姻制度の並立」法時88巻 5 号53-56頁（2016），河島太朗「イギリス2013年同性婚法の制定」外国の立法259号10-11頁（2014）等を参照。

9) 同性愛行為は，Buggery Act 1553（いわゆるソドミー法）によって，死刑を適用される可能性のある犯罪とされた。その後，1861年人身に対する犯罪に関する法律（Offences Against the Person Act 1861）によって終身刑が最高刑とされた。

10) Fitzpatrick v Sterling Housing Association ［2001］1 AC 27, その後Ghaidan v Godin-Mendoza ［2004］UKHL 30, ［2004］2 AC 557においては，配偶者と同等の保護が認められた。田巻帝子「家族の再定義と法の役割：英国」比較法研究65号114-115頁（2004）。

66

容が認められるようになった（s 144(4)(b), 49(1)(a)）[11]。

　このように同性カップルの権利が徐々に拡張していく中で，2001年-2002年の会期中，同性カップルの関係に法的承認を与えうる法案が2つ，庶民院と貴族院に提出された[12]。実は，このときの法案はいずれも，同性カップルだけでなく，同様に法的保護の強化が必要であると考えられていた同棲カップル（cohabitant）をも対象とするものであった。したがって，その骨子は，性別を問わず，登録を行った同棲中のカップルに対して法的保護を与えるというものであった。しかし，保護の対象に異性カップルを含めたことによって，法律婚との関係をどのように調整するのか，法律婚が侵食されやしまいかという極めて争いのある論点が生じた[13]。結局，これらの法案は，第二読会まで進んだもののそれ以上の進展はなく，審議は終了した。その後，この問題については政府が主導となって法案を作成することとなり，まずは同性カップルの法的地位を承認するための枠組みに関するコンサルテーションペーパー[14]が公表され，広く国民の意見が集められた。このようなプロセスを経て2004年に政府が提出した法案は，シビルパートナーシップ（以下，CPという。）の対象に異性カップルを含めず，保護の焦点を同性カップルのみに当て，その内容も前述の法案に比べ婚姻に類似するものとなった。

　本法案の審議過程においては，同性愛を嫌悪するような反応は意外にも少

---

11) このことは特に衝撃的であったとされる。なぜなら，パートナーシップ制度を導入した他のヨーロッパの法域が共同養子収容の禁止を含め親権についてはいくつかの例外を設けていたのに対し，イギリスは，同性カップルの法的地位を包括的に認める制度を何ら有していないにもかかわらず，彼らが養子を迎えることを認めたためである（Barker, N., and Monk, D., *From Civil Partnership to Same-Sex Marriage*, (Routledge, 2015), p 2.)。ただし，田巻帝子「英国における同性カップルの子育てと養子」民商法雑誌138巻4・5号455-459頁（2008）においては，法および社会的実態のいずれにおいても，同性カップルが親として異性カップルと同等の扱いを受けているとは言い難い状況にあったことが指摘される。

12) Griffiths MP, Relationships (Civil Registration) Bill (Bill 36, 2001-2) and Lord Lester, Civil Partnerships Bill 2002 (Bill 41, 2001-2).

13) Baroness Buscombe, Hansard (HL), vol 630, col 1737 (2002/01/25).

14) Women and Equality Unit, *Civil Partnership: a framework for the legal recognition of same-sex couples* (2003).

67

第 1 章　諸外国のパートナーシップ制度

なかった。その代わり，再び，制度の対象に近親者や異性を含めるべきであるとする主張が，法案賛成派を煩わせた。その主要な論者たちは，この法案が平等化を推進するための施策の一環であることに鑑みると，その対象から兄弟や親子等を外すことによって彼らを不平等な状態にとどめることになり，問題であるとした[15]。このような主張を受け，貴族院において，一定期間同居している者については，性別や関係を問わずパートナーシップの登録ができるように法案が修正されてしまった。ところが上記の主張は，実のところ，同性愛者に対して婚姻類似の効果を付与するという法案の機能を弱めるために展開されたものであったとされる[16]。

　このような戦略の下で行われた修正は，同性カップルの法的地位を承認するための枠組みづくりを目指していた政府にとって，およそ受け入れがたいものであった。結果的には，当時の保守党の事情にも助けられ，庶民院において上記の貴族院修正案は否決され，2004年11月，CPAは同性カップルにのみ適用される登録制度として成立した[17]。

2　概要

　上記の経緯からも明らかなように，CPAは，同性カップルに対して婚姻類似の法的権利を付与し，義務を課すために制定されたものであるので，法律の制定当初から婚姻とCPとの間に大きく異なる点は存在しなかった[18]。加えて，制定当時に存在していた相違点のいくつかは，現在は取り除かれている。その結果，両者の間に残された主な違いは，次の4点であるといえよう。

---

15) Baroness O'Cathain, Hansard (HL), vol 662, col 1363 (2004/06/24).

16) Barker, N., and Monk, D., supra note (11), p 3.

17) 棒・前掲注 8) 10-12頁参照。

18) 例えば，成立の実質的要件を比べてみると，①一定の親等にある近親者間でないこと，②両当事者とも16歳以上であること，③当事者が他の者と婚姻中又はCPの登録中でないことは共通しており，ただ違うのはCPの登録が異性間では認められないという 1 点である（See, Matrimonial Causes Act 1973, s 11 and CPA 2004, s 3）。

68

第3 イギリス

(1) 婚姻制度との相違点

ア 法律用語

CPAによって創設される法的関係は,「シビルパートナーシップ」であって「婚姻」ではないし, 当事者は,「シビルパートナー」であって,「配偶者」ではない。さらに,「離婚」ではなく, 関係の「解消」であり, 犯罪となるのは「重婚」ではなく「不実記載」である。これらの違いは, 実際の生活においてほとんど意識されていないに等しいが, 実はプライバシーにかかわる重大な問題をはらんでいる。すなわち, CP登録は同性愛者に限られるため, パートナーが「配偶者」ではなく「シビルパートナー」であることを明らかにするだけで, 雇用先や公的機関を含むすべての者に, 自らの性的指向を知られてしまうのである。

イ 性的関係

CPAにおいては, 関係創設又は解消の要件に性的関係の有無は含まれていない。つまり, 性交渉 (consummation) がなくともCPの登録は完了するため, 登録取消事由とはならないし, 不貞行為 (adultery) が関係解消の事由となることもない。これは婚姻とは異なる点である[19]。パートナーシップの関係に性交渉が関連づけられなかった理由は, シビルパートナー間にそのような行為が存在しないとの前提にたつものではなく, 異性カップルにおいては明白である性交渉や不貞行為の定義が, 同性カップルにおいては明確にしがたいことに起因するとされる[20]。そうすると, 異性婚の離婚原因となる不貞行為を,「配偶者を有する者が婚姻期間中に異性との間で性交渉を持つこと」であると定義する現行法の下で[21], CP登録者が, この定義に該当するような行為—登録期間中に自分と異なる性の者と性行為—をしたとしても, 直ちに関係解消の事由にはならないことになる[22]。ただし, CP登録

---

19) Matrimonial Causes Act 1973, ss 1 and 12.

20) Lord Filkin, Hansard (HL), vol 661, col 175 GC (2004/ 5 /12).

21) Dennis v Dennis [1955] P 153, at 160.

22) この点については登録者が, バイセクシャルであったり, 性的指向が変化する可能性を有しているという点に, 十分な配慮がなされていないことが指摘される (Barker, N., and Monk, D., supra note (11), p 4.)。

69

者は，パートナーの相手方が不貞行為に相当するような行為や不誠実である
と考えられるようなふるまいを行った場合，「相手方との同居を期待するこ
とが合理的に不可能[23]」であることを理由に，関係解消の申立てをするこ
とができるため，実際上はあまり問題とならない。

ウ　宗教的セレモニー

婚姻には，民事婚（civil marriage）と宗教婚（religious marriage）の二つが
ある。民事婚は，登録所その他認可された施設において，2名以上の証人の
立会の下，登録官監督吏によってセレモニーが執り行われる。これに対して，
イングランド国教会による宗教婚では，教会において牧師が聖公会祈祷書
（Book of Common Prayer）の儀礼に従ってセレモニーを行う[24]。婚姻の場合，
これらのセレモニーにおいて交わされる誓約の言葉が効力の発生要件となる。

他方，CPの登録は，登録所において登録簿に署名することによって成立
する。CPAは当初，宗教的な施設においてCP登録を受けることを明確に禁
止していたが，2010年平等法（Equality Act 2010）によって，この規定は改
められ，現在は一定の要件の下，宗教的な施設において登録を行うことも認
められるようになった（s 6A）。

エ　親子関係の推定

コモン・ロー上，婚姻中の女性が子を出産した場合，その女性の夫が子の
父であると推定される[25]。これに対して，CP登録者のパートナーに子が生
まれた場合に，他方のパートナーがその子の法的な親であると推定されるた
めの規定は存在しない。

これに対して，生殖補助医療を通じて誕生した子との関係については，
2008年ヒト受精及び胚研究に関する法（Human Fertilisation and Embryology
Act 2008）によって，婚姻カップルと同様，親子関係を認める規定が挿入さ

---

23) Matrimonial Causes Act 1973, s 1(1)(b) and CPA 2004, s 44(5)(a).
24) クェーカー教徒およびユダヤ教徒による婚姻はそれぞれの宗教上のルールに従う。そ
　　の他の宗教婚は，認可された施設において登録官または権限を有する者によって執り行
　　わ れ る（See, "marriage ceremony" at Law, J., ed, A Dictionary of Law, 7th edition
　　（Oxford University Press, 2013).）。
25) Banbury Peerage Case（1811）1 Sim & St 153 HL.

れた。この規定により，CP登録者の女性が生殖補助医療を用いて子を産んだ場合，パートナーの女性は，当該治療に反対していたことが証明されない限り，その子の親として扱われる（s 42）。

オ　企業年金の受給

当事者の実生活に最も影響を与える相違点は，企業年金の受給に関する問題である。2010年平等法は，CPA施行（2005年12月5日）後に給付される年金について，CP登録者に婚姻夫婦と同様の年金受給資格を認めたが，CPA施行前に生じた権利についてはパートナーのアクセスを制限しうるとした（Sch 9, para 18）。

近時，この規定の適法性が問題となったケースがある[26]。原告は，被告会社に23年勤めた後，2003年に退職した。現在，被告会社の年金制度の下，年に85000ポンドを受給している。原告には，退職の数年前から同居していた同性のパートナーがおり，2006年1月にCPの登録を行った。仮に彼に妻がいれば，その者は年に41000ポンド以上を受け取ることができるところ，原告のパートナーが受給しうるのは，年に500ポンド程度であった。これは，パートナーが配偶者であった場合と比べて明らかな差である。

そこで原告は，2010年平等法の規定が性的指向による差別を禁止するEU指令[27]に反しているとして，雇用審判所（Employment Tribunal）に訴えを提起し，認容判決を得た。しかしその後，雇用上訴審判所（Employment Appeal Tribunal）は，性別を理由とする差別に関してはEU法に遡及効を認める規定がないこと，不平等な取扱いであってもその当時は違法でなかったことを理由に，原告の申立ては認められないとした。したがって，今もなお，CP登録者の企業年金の拠出金確定の時期によっては，婚姻制度との間に明らかな結果の不平等が生じる場合がありうる。

(2)　批判

CPの導入によって，同性カップルの法的地位が向上したことは間違いな

---

26) Innospec Ltd and others v Walker [2014] ICR 645.
27) Equal Treatment Directive (2000/78/EC).

いが，上記に示した婚姻制度との間に相違点があることを含め，批判がない
わけではなかった。特に本質的な問題は，本稿のはじめに確認したように
「シビルパートナーシップ制度は婚姻と類似するが，異なるものである」と
いう制度設計にあると考えられている。このような考え方は，かつてアメリ
カで採られた「分離すれど平等」という人種差別政策と何ら変わるところが
ないのではないか，というのである[28]。

　この問題は，Wilkinson v Kitzinger事件判決[29]において初めてイングラン
ドの法廷にあらわれた。当事者は，2003年8月にカナダのブリティッシュコ
ロンビア州において適法に婚姻（本件婚姻）を行ったレズビアンカップルで
ある。原告は，イギリスに帰国すると，間もなく施行を迎えるCPAによっ
て，本件婚姻が「格下げ（downgrading[30]）」される可能性を危惧し，高等法
院家事部に対して，本件婚姻が有効である旨の宣言を主位的に求め，同性
カップルの婚姻を禁止することは欧州人権条約第8条，第12条及び第14
条[31]に適合しない旨の宣言を予備的に求める訴えを提起した。原告は宣誓
供述書の中で，「婚姻が，異性愛カップルにのみ開かれている一方，同性愛
者にはCPという『残念賞（consolation prize）』が用意されているのは，不快
であり，屈辱を感じる。婚姻は，私たちの社会においてカップルの関係を承
認するための基本的な社会制度であり，これを利用する権利は平等にある。
婚姻制度へのアクセスを性的指向に基づいて否定することは，人種，民族，
国籍，宗教，政治的信念に基づいてこれを否定することがそうであるのと同

---

28) Barker, N., and Monk, D., supra note (11), p 6.

29) Wilkinson v Kitzinger [2006] EWHC 2022 (Fam).

30) Ibid, at para 5.

31) 第8条「（私生活及び家族生活が尊重される権利）1項　全ての者は，その私生活，
家族生活，住居及び通信の尊重を受ける権利を有する。」，第12条「（婚姻の権利）婚
姻することができる年齢の男女は，権利の行使を規律する国内法に従って，婚姻しかつ
家族をもうける権利を有する。」，第14条「（差別の禁止）この条約に定める権利及び自
由の享有は，性，人種，皮膚の色，言語，宗教，政治的意見その他の意見，国民的若し
くは社会的出身，国内少数者集団への所属，財産，出生又は他の地位等いかなる理由に
よる差別もなしに，保障される。」（岩沢雄司編代『国際条約集2016年版』（有斐閣，
2016））。

様に，本質的に不公平である[32)]」と主張した。

　これに対して裁判所は，CPAは婚姻を通じて異性愛者が獲得可能な法的諸権利と同等の諸権利を得ることを可能にする手段として作られたものであり，原告が主張の根拠にする欧州人権条約との関連においても，婚姻カップルの方がCP登録者よりも優越的な地位を享有するといった趣旨の解釈は見当たらないとした。そして，CPAによって，同性カップルの私生活又は家族生活の尊重を受ける権利が侵害されないよう取り計らった政府の政策に問題はないとして，原告の主張を退けた[33)]。

　たしかにこの時点では，「婚姻が，一対の男女の間に成立する関係である」ということは「ほとんど普遍的な認識 (almost universal recognition[34)])」であるとされ，国家は同性カップルに対して，婚姻の代わりにCPを用意することで欧州人権条約の義務を果たしているものと考えられていた。ところが，次にみるように，この判決から7年も経たないうちに，同性婚の法制化に関する議論が開始することとなった。

3　同性間の婚姻制度

1　成立

　2012年3月，政府平等省 (Government Equalities Office) は，同性カップルの婚姻の平等化をいかに実現していくべきかを広く国民に諮るため，コンサルテーションペーパー[35)]を発行した。13週間の回答期間中，228,000件を超える意見が集まり，同性婚を制度として導入することについて賛成の回答（53%）が，反対の回答（46%）を若干上回った[36)]。この結果を受け，2013年

---

32) Wilkinson v Kitzinger [2006] EWHC 2022 (Fam), at para 5.

33) Ibid, at para 83.

34) Ibid, at para 88.

35) Government Equalities Office, *Equal Civil Marriage: A Consultation* (2012).

36) 政府がこれまで実施した全てのコンサルテーションの中で最も多くの返答が寄せられたとされる (HM Government, *Equal marriage: The Government's response* (2012), para 1.1 and 3.3)。

第1章　諸外国のパートナーシップ制度

1月24日，同性婚法案が国会に提出された。

　政府にとって一部の宗教団体から強い反対を受けることは始めから想定の範囲内であったため，コンサルテーションペーパーにおいては，民事婚と宗教婚とを明確に区別し，同性カップルには前者のみを認めることが明確にされていた。また，「〔これまで通り〕イングランド国教会の牧師は，同性カップルを教会施設において宗教的なセレモニーを通じて婚姻させることは法的に認められない。したがって，イングランド国教会の牧師には，同性カップルに婚姻させる義務がない。その結果，同性カップルに対して宗教婚を執り行うことを拒んでも，訴訟を起こされることはありえない[37]」ことまで述べ，たとえ同性婚法が可決しても，国教会の聖職者たちが同性婚に関与する義務がないことを殊更に強調していた。しかし，これらの試みはあまり功を奏さず，宗教との関係が議会における主たるテーマとなった。

(1)　信教の自由

　信教の自由を盾に法案に反対する者は，その主張を補強するために，「欧州」と「人権」というキーワードを戦略的に掲げた。彼らは，法案が成立すれば，国内や欧州の裁判手続を通じて，国内の宗教家が自らの意思に反して同性カップルに対するセレモニーの実施を強制される可能性を説き，宗教団体の警戒心をあおった[38]。法案反対派は，故意かどうかはさておき，人権に関する誤った認識を広め，同性愛者と宗教家が対立する構図を作りあげたのである[39]。

　このような主張は，法案の審議がまもなく開始しようとしていた2013年1月15日に，欧州人権裁判所が下したEweida and others v UK事件判決[40]と

---

37) Government Equalities Office, supra note (35), para 2.11.

38) Sir Gerald Kaufman, Hansard (HC), vol 558, col 125 (2013/02/05).

39) 貴族院では，「50年前，キリストを批判した者は迫害を受けた（persecuted）。今は，キリスト教を奨励する者は起訴される（prosecuted）。」という言葉まで飛び出した（Lord Vinson, Hansard (HL), col 1078 (2013/06/04)）。Barker, N., and Monk, D., supra note (11), p10.

40) Eweida and others v UK [2013] ECHR 37. 本件は，信教の自由を保障する欧州人権

74

無関係ではあるまい。本事件の原告の1人であるLadele氏は、ロンドン内の役所に勤務しており、CPA施行後、CPの登録を任される立場となった。ところが、原告は、「同性愛による結合は神の意思に反する」という自らの宗教的信念に基づき、当該業務の免除を申し出た。このことにより職場内での人間関係が悪化し、パートナーシップの登録を拒む原告の態度は職場の掲げる行動規範と平等及びダイバーシティーのポリシーに反するとして、懲戒委員会にかけられるまでに至った。委員会は原告に対して、CPの登録及びそれに付随して生じる行政手続を履行することを約する、新たな雇用契約書に署名することを求めた。

これに対して原告は、この処分は信仰を理由とする差別及びハラスメントに当たるとして、雇用審判所に不服申立を行った。当該審判所は「当局は、キリスト教正教徒の信仰を有する原告の権利よりも、LGBTの権利に重きを置きすぎている」として原告の申立てを認めたが、控訴を受けた上訴審判所は一転申立てを棄却、最高裁も原審の判断を維持した。そこで、原告は、欧州人権条約第9条[41]及び第14条の権利が侵害されたとして欧州人権裁判所に申し立てた。裁判所は、原告に同情を示しながらも、地方当局である雇用者及び国内裁判所が原告の主張を聞き入れなかったことは裁量の範囲内の行為であり、条約違反があったとまでは認められないとした。先に触れた反対派の主張は、将来このような判断が挙式を行う宗教団体にまで及ぶ場合を想定してなされたものであろう。

もちろん、すべての宗教家が同性婚法の成立に反対していたわけではない。信教の自由があるからこそ、その施設を婚姻の登録のために使用しうるかどうかを決定するのは国家ではなく宗教団体であると考えられ[42]、そうであ

条約第9条違反を訴える複数の原告の申立てを併合して審理したものであり、原告が権利の侵害を受けたとされる状況もそれぞれ異なる。

41) 第9条「(思想、良心及び信教の自由) 1 全ての者は、思想、良心及び信教の自由について権利を有する。この権利には、自己の宗教又は信念を変更する自由並びに、単独で又は他の者と共同して、かつ、公に又は私的に、礼拝、教導、行事及び儀式によってその宗教又は信念を表明する自由を含む。」(岩沢・前掲注31))。

42) Lord Bishop of Oxford, Hansard (HL), vol 660, cols 399-400 (2004/04/22).

第1章　諸外国のパートナーシップ制度

るとすれば，むしろ宗教施設において同性カップルのためのセレモニーを執り行うことを一切禁止するような規定が導入されることの方が問題であることが主張された。そのような規定は，カップルの信教の自由のみならず，同性婚の挙式を執り行いたいと考える宗教団体の信教の自由をも害する恐れがあるからである。

　国家が，欧州人権条約第9条の下で保護される信教の自由に介入する場合，そのような介入は法律の手続に従い，民主主義社会において必要があり，かつ当該規制目的と手段の間に比例性が存在することが証明されなければならない[43]。しかしながら信教の自由に基づいて同性婚法に反対する者たちは，宗教団体の自治に介入してまで同性カップルの宗教婚を禁止することに国益を左右するほどの重大性があることを示すことができなかった。

(2)　宗教上の婚姻の概念

　宗教団体からは，同性婚は婚姻が「一対の男女」の間に成立するという宗教上の婚姻概念に抵触するという主張もなされた。しかしながら，婚姻について，宗教的な概念と法的概念とを一致させる必要性を説くことは困難を極めた。婚姻が宗教から離れて制定法によって規律されたのは，1753年ハードウィック婚姻法（Hardwicke's Marriage Act of 1753）にまで遡る。さらに，1868年の王立委員会による報告書において，既に婚姻が「純粋に民事上の契約[44]」であるという考え方が示されている[45]。

　反対派は，婚姻が宗教による規律を離れて久しい状況の中で，いったいなぜ法律が，婚姻の成立は異性間に限られるという特定の宗教観に合致しなければならないのかを説得的に論証することができなかった。

---

43) 過去に欧州人権裁判所が，宗教団体の内部的自治について国家が行った介入を条約違反であるとしたケースとして，Hasan v Bulgaria (2002) 34 EHRR 55。

44) Royal Commission, *Report of the Royal Commission on the Laws of Marriage* (1867), p 179.

45) Munby, J., *Years of change: family law in 1987, 2012 and 2037*, March [2013] Fam Law, pp 283-284.

第3　イギリス

⑶　婚姻の生殖機能

　また，同性婚を認めない論者の中には，同性カップルの間には，医的技術の介入なしに子を成すことができないことを根拠とする者もいる。そのような論者はさらに，子の福祉に鑑みれば，その養育環境には母性と父性の両方が必要であると説く[46]。しかし，このような主張に対しては容易に反論することが可能である。まず，異性カップルの間にも，生殖能力を欠いたり，そもそも子を成す意思がないために，子を持たない場合はありうるが，そのような異性カップルに婚姻が認められないということはありえない。また，異性カップルの下に生まれた子であっても，死別や離婚の経験を通じて，どちらか一方の親に育てられることも珍しいことではない。このように婚姻の生殖機能に論拠を置く批判も，同性婚法の成立を阻むには貧弱であった。

2　概要

　以上のように反対派の意見が説得力を欠く中，2013年同性婚法が成立した。この法律は，同性カップルが適法に婚姻を行うことを認めるものである（s 1⑴）。そして，その婚姻の効果は，異性カップル間の婚姻と同等であり，現在又は将来の法律に規定される「配偶者」という文言には，特に例外がない限り，同性カップルも含まれる（s 11）。しかし，異性カップルに適用される従来の婚姻法がそのまま適用されない場面も，なお存在する。

⑴　婚姻制度との主な相違点
ア　宗教的セレモニー

　同性婚のセレモニーは，1949年婚姻法（Marriage Act 1949）の下，異性婚と同じ規定に基づいて執り行われる。しかしながら，同性婚法の成立に反対していた一部の宗教団体に配慮して，自らの信仰に従って同性カップルに対する挙式を拒んでも訴追されないことを保障するため，同性婚法の中に4つ

---

46) Deech, R., Same-sex unions and marriage- Is there any difference?, International Journal of Jurisprudence of the Family 1 [2010], p 15.

77

の防護柵（quadruple lock）が設けられた[47]。

この法律は，まず，①宗教団体の構成員は全て，同性婚の挙式を執り行う義務を負わないとし[48]（s 1(4)），同性カップルには，宗教的施設において聖職者の立会の下，挙式を要求する権利がないことを明確にしている。つぎに，②同性婚の挙式を行うためには，宗教団体が同性婚の挙式を行うことを選択する必要があることを規定する。個人の聖職者が，所属する宗教団体の意に反して，同性婚のセレモニーを挙げることは許されない（s 4(1)）。さらに，③いかなる個人及び団体も，同性愛者の宗教婚を執り行ったり，これに参加したりすることを強制されない旨，規定する（s 2(1)(2)）。最後に，④宗教団体又は個人が宗教的なセレモニーにおいて，同性カップルを婚姻させることを拒んだとしても，違法な差別に当たらないことが保障されている（s 2(5)(6)）[49]。

イ　性的関係

コンサルテーションペーパーの段階では，同性カップルに対して等しく民事婚を行うことを保障するのであれば，同性婚においても性交渉及び不貞行為の概念を適用するべきであるとの提案がなされていた[50]。しかしひとたび，法案審議が開始すると，性交渉が歴史的にみて生殖の可能性に関連した概念であるとされてきたことに照らし，生殖という結果につながらない同性間の何らかの行為を，婚姻の完了を意味する「性交渉」であると立証したり，

---

47) Minister for Women and Equalities, Hansard (HC), vol 131, col 155 (2012/12/11).

48) もともと教区民を婚姻させる義務は，イングランド及びウェールズの国教会のメンバーにのみ生じるものである。したがって①の規定はイングランド・ウェールズ国教会に所属する聖職者に向けて作られたものである。また，②～④の規定については，イングランド・ウェールズ国教会への適用はない（s2(1)(2)）。したがって，これらの教会が同性婚の挙式を行うためには，さらなる立法が必要とされる。

49) 例えば，教会のオルガン奏者や聖職者が彼らの所属する宗教団体の選択に反して，同性婚の挙式を行うことに賛成できないのであれば，式への関与を適法に拒むことができるものとされる（Marriage (Same Sex Couples) Act 2013, Explanatory note, para 35.）。これに対して，民事登録官や結婚式の写真家は，宗教婚に関与する役割を担っていないため，彼らが拒否をすると違法な差別に当たる可能性がある（s 2(4)(b)）。

50) Government Equalities Office, supra note (35), para 2.16.

78

「不貞行為」であると定義したりすることは、困難であるとされ[51]、結局、同性婚の中にもこれらの概念は含まれなかった（Sch 4 para 4）。ただし、同性婚においても、婚姻期間中に配偶者の一方が異性との間で性交渉をもった場合は、不貞行為を構成することになる点、CPAと異なる。したがって、そのような事実が認められる場合は、不貞行為を理由とする離婚の申立てが可能となる（Sch 4 para 3(2)）。

ウ　親子関係の推定

親子関係については、CPと同様、コモン・ロー上の親子関係の推定のルールは適用されないが、生殖補助医療を通じて誕生した子については、2008年ヒト受精及び胚研究に関する法の下、配偶者の女性が生殖補助医療を用いて子を産んだ場合、パートナーの女性は、当該治療に反対していたことが証明されない限り、その子の親として扱われる（s 42）。

エ　企業年金の受給

同性婚法においても、企業年金の受給についてはCPと同様の問題が生じ得る。同性婚法は、国務大臣に対してこの問題について見直しの手筈を整えること、2014年7月1日までに報告書を作成することを求めた（s 16）。その結果、異性婚と同性婚との間に現在生じている格差を是正するのには33億ポンド（約4500億円）という莫大な費用がかかることが明らかになり、報告書は、今すぐに平等化のための制度改革に着手することは難しいと結論づけている[52]。

(2)　CPへの転換

同性婚法は、CP登録者に対して、CPを婚姻に転換することを認めるが（s 9）[53]、そうすることによってどのようなメリットが存在するのであろうか。

---

51) Hugh Robertson MP, Hansard（HC), col 439（2013/03/07).

52) HM Government, *Review of Survivor Benefits in Occupational Pension Schemes*（2014), paras 6.2 and 6.3.

53) 転換の手続については、Marriage of Same Sex Couples（Conversion of Civil Partnership）Regulations 2014（2014年12月10施行）に規定がある。手続には、通常45ポンド（約6250円）かかるところ、同性婚法施行前にCPを結んだ者については、本法施行

第1章　諸外国のパートナーシップ制度

　まずは，法律用語の観点から利点が指摘できる。前節で紹介したように，CPは，「婚姻」ではなく，パートナーは「配偶者」と名乗ることができなかった。このことは，単純な言葉の響きの問題だけでなく，CPの登録を行うと，意図せず第三者に自らの性的指向を明らかにしてしまうという実質的な問題があった。これに対して，当事者が婚姻という形態に抵抗がなければ同性婚に転換することによって，性的指向に関するプライバシーを以前よりも守ることが可能となった。

　この他にも，同性婚法はCPに比べてトランスジェンダーの者にとって利点がある。CPの場合，一旦登録されるとその後CP登録者は，スムーズに性転換の手続を進めることができなくなる。CPAは同性者間に限られるため，性転換証（gender recognition certificate）を得るためには，まず本人たちが関係の解消を望んでいなくとも，現在のCP登録を解消しなければならない。これに対して，同性婚の場合，配偶者の一方が後に性転換を行うことになっても，異性婚に移行するだけであるので，配偶者の性別変更のために解消したくない関係を解消する必要はないのである[54]　(Sch 5 para 3)。

　なお，CP登録数及び同性婚の件数（CPからの転換を含む）の推移は次のグラフに示した通りである（【表3】【表4】参照）。CPは2005年12月から2014年までに，62621組の登録がなされ，4527組が解消されている。一方，同性婚は，2014年3月から2015年6月までの間に15098組が成立しており，このうちCPからの転換は7732組であった[55]。つまり，転換が可能となって以降，わずか半年の間にCP登録カップルのおよそ13％が同性婚へと転換したことがわかり，婚姻とほとんど同等の法的地位を保障されているCP登録者にとっても，同性婚法の制定は意義深いものであったことがうかがえる。

　後1年に限り無料である（reg 15）。

54) もし，パートナーが婚姻又はCPの継続に同意しない場合，当該婚姻又はCPが解消されるまでの間，同性婚法前の手続のとおり（Sch 5 para 3 amending GRA s 4 (3)），仮の証明書が発行される。

55) Office for National Statistics, Civil Partnerships in England and Wales: 2014 and Marriages in England and Wales (provisional), for Same Sex Couples, 2014. より詳細な利用実態については，田巻・前掲注8）54-56頁参照。

【表3：CP登録数】

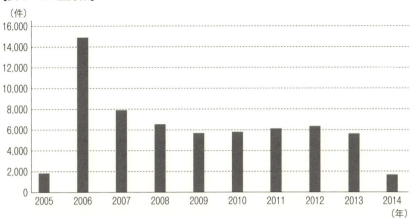

【表4：同性婚数・CPからの転換数】

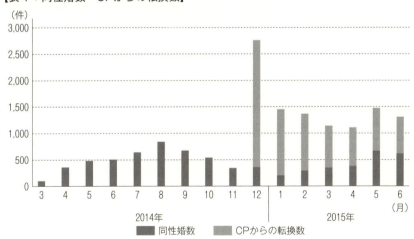

4 むすびにかえて

　以上，イギリスにおいて，同性カップルの法的地位が包括的に認められるようになった経緯を概観してきた。ここで，同性婚法成立までの道程を振り返ってみよう。まず，①それまで犯罪とされていた同性愛行為が合法化され，次第に，②不動産賃貸借権の相続といった周辺の諸権利が認められるように

第1章　諸外国のパートナーシップ制度

なった。そして，③婚姻に類似するが異なる法的地位（CP）が付与され，最終的に，④同性婚が認められるに至った。このような展開は，同性婚制度を有する他の法域と比較してもさほど珍しいものではない。

　関連する主だった立法を抜き出してみると（【表5】参照），特に，②～④までの過程が2000年以降に集中しており，この時期，同性カップルの権利を保障する施策が次々に実現していった流れが顕著に見て取れる。その中でも，2004年のCPA成立が大きな転換点であり，さらに2010年の平等法によって，CPAと婚姻との差異がほとんどなくなったことによって，同性婚を認める素地が出来上がったものと考えられる。

【表5：同性婚関連の主な立法】

制定法	内　容
1967年性犯罪法	私的な同性愛行為の合法化
2000年性犯罪（改正）法	男性間の性行為の同意年齢を引下げ異性間の行為と統一（16歳）
2002年養子法改正	同性カップルによる養子収容を認める
2003年地方公共団体法	公立学校における同性愛奨励禁止の撤廃
2003年雇用平等規則	雇用・職場におけるLGBTの差別を禁止
2004年シビルパートナーシップ法	同性カップルのための婚姻類似の身分登録制度
2004年性転換法	トランスジェンダーの性転換を認める
2007年平等法（性的指向）規則	全てのサービス提供者にLGBTへの差別的対応を禁止
2008年ヒト受精及び胚研究に関する法	生殖補助医療を通じて同性カップル間に生まれた子との親子関係の推定
2010年平等法	これまでのLGBTに対する差別禁止規定を一本化，CPと婚姻の差異を埋める改正
2013年同性婚法	同性カップルの婚姻を認める

　また，法案審議の過程において，同性婚法の成立に反対する勢力の主張が効果的になされなかったことも理由の1つに挙げられよう。反対派が根拠の

82

１つにした信教の自由に関する議論は，むしろ国家が同性カップルの挙式を禁止する立法を作ることの方が問題であるとの帰結をもたらした。また，宗教において婚姻が「一対の男女」の間に成立する関係であったとしても，法律がそれを忠実に反映しなければならない理由もどこにも見当たらない。加えて，同性婚に対する捉え方は各宗教によって様々であり，仮に宗教を反映した立法を行うことになったとしても，どの宗派に従うかを決定することは不可能である。

さらに，婚姻が生殖のための制度であることを強調し，同性カップルの間に自然の生殖はあり得ないのであるから婚姻は相当でないとする主張も，必ずしも異性カップルの間に子が成されるわけではなく，子を持たない夫婦も多く存在することから，十分な説得力を持たなかった。

最後に，残された課題について若干付言しておこう。イギリスは，同性婚法成立後もCPを存置した[56]。そのため，現在，異性カップルには婚姻以外に法的結びつきを得るための手段がないところ，同性カップルには婚姻とCPという２つの制度が用意されていることになり，結果的に同性カップルの方が多くの選択肢を付与されている状況にある[57]。

欧州人権裁判所は，異性カップルにしか適用が認められないギリシャのシビルユニオンの規定は，単に性的指向に基づいて，同性愛者を排除する制度であり，条約に反すると判示した[58]。この解釈に従えば，CP制度から異性愛者を排除するイギリス法の態度が条約に適合しているといえるかは疑わしい。しかしながら，イギリス国内裁判所は，当該判決はギリシャが同性カップルの法的地位を承認するための制度を何ら有していないという前提におい

---

56) 異性愛者にもCPへの登録を認めるか，又は婚姻・パートナーシップ間に存在する区別を段階的に若しくは完全に廃止するという案も提起されたが，CPの利用に関する調査結果が概ね好評であったことから，「十分な社会的コンセンサスが得られていないことから，CPに対して，大きな変更は加える必要はない」(Department for Culture, *Media and Sport, Civil Partnership Review (England and Wales) – Report on Conclusions* (2014), para 3.10.) とされた。

57) 田巻・前掲注 8) 56頁。

58) Vallianatos v Greece (2014) 59 EHRR 12.

83

第1章　諸外国のパートナーシップ制度

て下されたものであるから，イギリスの法状況とは異なるとしてCP制度の適用を異性カップルに認めないことは欧州人権条約違反にならないとした[59]。

　CPAの成立過程を振り返ると，CPの対象を同性カップルに限定することは既定路線ではなく，近親者や異性カップルを含めるか否かで，最後まで揺れていた。同性婚法が成立した今，2004年当時政府がCPAを同性カップルのための制度として打ち立てた目的は薄れたといえよう。しかしながら，この問題への対処は容易ではない。異性間にCPの適用を広げる場合，法律婚制度が脅かされかねないとする立場からの反対は免れえないし，かといって既に多くの同性カップルが利用しているCPを廃止することも難しい。また現状，国民の多くが，CPを廃止することにも，異性間に適用を広げることにも反対していることは無視できない[60]。同性婚法の成立によって生じた同性カップル「優位」の不均衡に対してどのような対応がとられるのか，今後もイギリスの動向に注視していきたい。

---

59) Steinfeld and Another v Secretary of State for Education［2016］EWHC 128（Admin）. 田巻・前掲注 8 ）を参照。

60) Department for Culture, Media and Sport, supra note（56）, para 2.12.

第4 オランダ

石嶋　舞

1 はじめに

　オランダにとって2016年は，婚姻が同性同士の関係に開放されてからちょうど15周年にあたる。同国は，2001年に世界で初めて同性間の婚姻を法制化した国として知られるが，これに至るまでには様々な活動家や政治家の時宜を得た選択，当事者や自治体に始まる地道な法的保護の必要性と知識の普及や，登録パートナーシップ制度等を経て得た社会の賛同があったのであり，このような動きが同国のいかなる背景によってもたらされたのかについて紹介することは無駄ではないだろう。2014年には民法第1編第28条以下の性別取扱変更条項を含む身分・家族法の大改正が行われ，現在では登録パートナーシップ制度と婚姻の差異はほとんどなくなったと言って良い。しかしながら，現在も婚姻と登録パートナーシップ制度は並存し，それぞれが関係の法的承認を得るあらゆる選択肢の一つとして利用されている。1998年に登録パートナーシップ制度が成立した当初から，同国におけるパートナーシップの登録は同性間・異性間[1]の双方に認められており，さらに同性間の関係を「婚姻」によって承認する必要がど

アムステルダムのホモモニュメント。同性愛を理由に迫害された者を追悼する祈念碑である。写真は2016年の開放記念日（5月5日）の翌日のもの。

第 1 章　諸外国のパートナーシップ制度

こにあったかについても，同国の注目すべき点である。本稿が，各国ごとに多様であり得る親密な関係の公的承認の在り方について考察する一助となれば幸いである。

2 立法の道のり

1　立法経緯の概要

　オランダは同性間の婚姻を初めて認めた国として知られるが，登録パートナーシップ制度自体が導入されたのは1998年であり，1989年にデンマークにおいて同様の制度が成立してから 9 年を待っている。オランダは，その薬物や安楽死，売春にまつわる法制からリベラルな印象を持たれることも多いが，これとは裏腹に宗教色の濃い一面を持ち，政界に目を向ければ，キリスト教民主主義政党であるキリスト教民主同盟（Christen Democratisch Appèl）は戦後も甚大な影響力を持ち，プロテスタント原理主義政党であるCU（ChristenUnie，キリスト教連合）も第二院の議席を獲得し続けている。これらの保守派政党は，一部の議員を除いて一貫して同性愛関係の権利拡大に反対する立場をとっており[2]，立法の実現は容易ではない。オランダでは，社会における性別役割観や伝統的家族観も比較的強く残っており[3]，したがってこの

---

1 ）オランダ民法は第1:19d条にて，出生以降 3 か月を経てなお性別の特定が不可能であった場合に，その者の性別を特定しないまま出生登録を行うことを許可しているが，現行の婚姻及び登録パートナーシップ制度は異性間・同性間にて締結されると明記されており，性別を特定しない者については現状として双方の制度の枠外にあると言える。2014年の改正では実現しなかったものの，性別の取扱変更において男／女ではない性別を選択する可能性が議論に上がっており，これと併せて同国の婚姻及び登録パートナーシップ制度における性別二元的な記述も，今後問い直されるものと考える（2016年現在）。

2 ）Kelly Kollman, The Same-Sex Unions Revolution in Western Democracies: International Norms and Domestic Policy Change. (Manchester Univ Pr., 2016) 103-104頁。

3 ）特に専門職への就業やパートタイマーの比率に男女格差が大きい。World Economic Forum, Gender Gap Index 2015 (the Netherlands) (http://reports.weforum.org/global-gender-gap-report-2015/economies/#economy=NLD (2016/06/30)), The Economist "Why so many Dutch people work part time (May 11th 2015)" (http://www.economist.com/blogs/economist-explains/2015/05/economist-explains-12 (2016/06/30))

分野でオランダにおける立法の過程を参照するのはさほど奇抜なことではない。

　オランダにおいて，登録パートナーシップ制度の成立と婚姻の改革が相次いで行われた最も大きな理由の一つは，その政界の動きにある。1950年代から60年代にオランダの政界で優位にあったキリスト教系政党らが，70年代にその支持を落としたことは，同性間の関係に対する寛容を広げ，同時代のジェンダーフリー・ムーブメントが平等への要請を強めた。これにより，この時代に性行為への同意年齢の統一や，同性愛者が公に軍に所属することの禁止の解除など，同性愛・異性愛間の差別的取扱いの撤廃が進んだ。実在する多様な家族形態への対応の必要性が増したことも手伝って，1979年には移民や相続分野の法改正がなされ，限定的ではあるものの，同性間の同居関係が公的承認を得るに至った。

　ここでの承認は婚姻のような包括的なものとは程遠かったが，若干の承認が付与されたことで，かえってその後，数年にわたり同性間の関係の承認の問題は棚上げされることとなった[4]。この停滞を決定的に打ち破ったのは，1994年のキリスト教民主同盟の政権からの退陣である[5]。同性間の関係に肯定的である民主66党（Democraten 66），自由民主国民党（Volkspartij voor Vrijheid en Democratie），労働党（Partij van de Arbeid）からなる連立政権[6]が成立し，同性間の関係の包括的承認は一気にその実現をみた。当時の連立

4）職場での性的指向に基づく差別が，刑法及び平等待遇一般法（Algemene Wet Gelijke Behandeling）により禁止されたのは1992年である（Katharina Boele-Woelki, Ian Durry-Sumner, Miranda Jansen, Wendy Scharama, Huwelijk of geregistreerd partnerschap?: Evaluatie van de wet openstelling huwelijk en de wet geregistreerd partnerschap. (Wolters Kluwer, 2007) 6頁）。なお，当時そのように解釈することは困難であったものの，1980年にはオランダ憲法第1条の差別禁止規定に，「その他あらゆる事項に基づく」差別を禁止する旨の文言が入り，ここに性的指向を含む余地ができた。

5）複数の政党が統合され，現在のキリスト教民主同盟が発足したのは1980年だが，統合前の政党を追えば，政権から外れたのは1918年ぶりである。

6）社会民主主義である労働党のテーマカラーである赤，自由主義である自由民主国民党，民主66党のテーマカラーである青にちなんで，「パープル政権（Paars Kabinet）」の愛称を持つ。

87

政権が，婚姻の開放よりも北欧諸国に類似させたパートナーシップ制度の構築を目指した一方，1994年の選挙では民主66党のBoris Dittrichをはじめとした政治家がゲイであることを公表して当選しており，婚姻における平等化を強く推進するこれらの政治家が第二院に揃ったことで，政府に対して婚姻の平等化を直接的に訴える門戸が開けた。第二院は，1996年には過半数の賛成を得て同性間の婚姻の承認を政府に要求する旨の決定をしており，彼らの運動に応える形で，政府が組織した専門家委員会[7]が婚姻の開放を支持したこと，また1998年の選挙で改めて成立した連立政権により政府の勢力図が変化したことに応じて，登録パートナーシップ制度の成立から間もない2001年4月1日，婚姻は同性間の関係にも開放されることとなった[8]。

2　同性間の関係というテーマが表面化できた理由

政界における保守派の後退という決定打を得て，同性愛に肯定的な選択を，立法という具体的な形で実現する機会を得たオランダであるが，この背景には，保守派の弱体化という消極的な理由のほかに，同性間の関係の肯定を表面化できた積極的な理由も存在する。

(1)　政治構造

まず，オランダはマイノリティの国と言われ，「寛容」は同国を示す一つのキーワードである[9]。多種多様な集団の同一化を目指すよりも，それぞれの集団が隔たったまま共存する傾向があり，その政治システムは，多極共存的（consociational）あるいは協調主義的（corporatistic）だと表現される。こ

7）法律の専門家からなる独立した委員会であり，委員長の名前をとってコートマン委員会（Commissie Kortman）等と呼ばれる。

8）前掲注2）103, 108-110, 113, 132, 141頁。谷口洋幸「同性婚・パートナーシップ法の可能性─オランダの経験から学ぶ」法時86巻12号104-106頁（2014）。

9）マイノリティ集団の過度の他者化・対象化は疑問視されることにも留意したい。一方，既存の制度中に想定されないことで不利益を被るマイノリティの立場を向上するためには，当該マイノリティを可視化することも肝要である。例えば，同性間の関係を「婚姻」という馴染み深い文言で表現できるようにすることは，当該関係を不可視化せずにノーマライズするにあたって，有効であったと言えるだろう。

のような政治体制を持つ欧州の多くの国で，その共同体が雇用者・労働者といった形で括られる一方で，オランダではあらゆる宗教や女性，移民，ゲイ，レズビアンといったマイノリティを含む共同体ごとにまとまり，それぞれの共同体の声を代表する土壌が育まれていた[10]。したがって，同性間の関係の保護を主張することは，もはや周縁的行為ではなく，政界でこのテーマを大きく取り上げることも，さほど不自然ではなかったのである。

(2)　市民層の動き

　同時に，より民間に近い部分での動きにも注目したい。オランダでは，ナチスドイツからの解放を経たことで，戦後ほどなくしてより権利的な観点からゲイ・レズビアンその他のあらゆる主張を代弁する団体が成立できる土壌があった。例えば1946年には，オランダでLGBT[11]コミュニティの権利，解放，社会受容を訴えるにあたり，最も影響力の強い組織であるCOC[12]が発足しており，この団体は現在に至るまで，コミュニティの国内外での権利拡大に大きな役割を果たしている。70年代後半に高まりを見せたジェンダーフリー・ムーブメントがあらゆるイデオロギーに受容され，核家族的な家族規範が批判されたことで，80年代には新たな家族形態がいかに扱われるべきかが模索された。このジェンダーフリー・ムーブメントは，主に商業方面でゲイの分野を大きく開拓した一方，一部では排他的なゲイとレズビアン等のコミュニティ間の分断を招き，また，より急進的な制度改革を支持する層，婚姻すること自体を疑問視する層など，細分化した集団をコミュニティの中に作り出した。なかでも前述の婚姻平等化の動きの中で，当時からコミュニ

---

10)　前掲注 2 ）135頁。
11)　COCのウェブサイト上の表記（LHBT）に即する。COC Nederland［Over ons］（http://www.coc.nl/over-ons（2016/06/30）。なおL/G/B/Tという区切りに必ずしも当てはまらないあらゆる者，シスジェンダーやヘテロセクシュアルを含む全ての者を対象に性的指向・性自認の問題を扱いたい場合には，「SOGI（Sexual Orientation and Gender Identity）」という語を用いることもできる。
12)　Cultuur- en Ontspanningscentrum（文化及びレクリエーションセンター）という抽象的な名前で発足した。1973年にオランダ政府の承認を得て以降，オランダのLGBTコミュニティの声を公式に代表し続けており，現在は国外でも活動を展開している。

89

第1章　諸外国のパートナーシップ制度

ティを最も中心的に代表していたCOCが，あまりその成立に参与していなかったことは興味深い。より性別開放的な方針を支持したCOCの上層部は，婚姻の開放よりも婚姻の廃止を支持する立場をとり，この姿勢を容易には崩せなかったという[13]。

　この婚姻反対の動きに逆らって同性間の関係の公的承認に傾倒していった背景には，80年代のHIV/AIDSの広がりがあった。当時増加傾向にあった同性間での同居に関しては，79年の法改正が限定的な対応を取っていたが，HIV/AIDSの拡大は，より同性パートナーの法的立場の問題を顕在化させた。ここでCOCに代わって重要な役割を果たしたのが，ゲイ・レズビアンコミュニティの大手雑誌であるゲイ・クラントである。同雑誌の編集者であったHenk Krolは「ゲイ・クラント友の会（De Stichting Vrienden van de Gay Krant）」を設立し，法律の専門家と協力して，関係の公的承認の問題について具体的な調査を開始した[14]。オランダにおいて婚姻は，市町村の民事登録役場（Burgerlijk Stand）にて婚姻登録簿への登録を果たすことで成立するが，1998年に友の会は複数の同性カップルにこの登録を促し，このキャンペーンに端を発した裁判は最高裁（Hoge Raad）まで到達した[15]。1990年，最高裁は婚姻の登録を行わなかった民事登録吏を支持したものの，同時に従来の法が，文言的には婚姻を異性に限っていないことを指摘し，立法府によって現行制度へ変更が加えられる可能性を示唆した[16]。この頃には，ゲイ・クラントの活動に賛同的だった多くの自治体が，婚姻の登録に類似した象徴的な登録を作成しており[17]，同性カップルに開放していた。こうした市民により身近な活動が実を結び，1997年頃には世論も同性間の婚姻を支持する方向に傾いていたという[18]。

13）前掲注2）106頁。

14）前掲注2）109頁。

15）Hoge Raad 19 Oktober 1990, RvdW 176.

16）当時の婚姻制度上。現行法には「異性若しくは同性」の記載がある。

17）1992年には41の市町村がそのような登録制度を作っていた。前掲注2）132頁。

18）前掲注2）109頁。

第4　オランダ

3　婚姻へ

　婚姻による既存の法的保護を求めるこのような活動は，同性間の関係への
「婚姻」の開放を目指すものであったが，北欧諸国を参考に勧められた立法
は，登録パートナーシップ制度の成立を目標としていた。人の流動の活発化
から，北欧で成立した婚姻類似の関係を国内で承認する必要性は説得性を増
し，デンマークにスタディグループを派遣するなど，特に北欧のパートナー
シップ法を頻繁に参照する形で立法は進められた[19]。しかしながら，北欧
諸国がパートナーシップの締結を同性間に限っていたにもかかわらず，オラ
ンダの登録パートナーシップ制度は，異性間にも開かれたものとして設計さ
れる。これは，当時の性別解放的な運動や欧州の性的指向を理由とする差別
に敏感であった風潮を受けて，新たに同性愛者のみを隔離した枠組みを作り
出すことがためらわれたためだと言われている。このような登録パートナー
シップ制度は，異性間の関係に対しても婚姻以外の選択肢を提供する意義を
持ち[20]，多様化した家族観にも対応した。登録パートナーシップ制度が同
性間の関係に公的承認を与え，同性間・異性間の扱いを平等化する意図が
あったことから，当初からパートナー間に生じる権利義務に関しては，婚姻
のそれとほぼ同様のものが設定された。

　では，なぜ登録パートナーシップ制度の成立後にあえて婚姻を開放する必
要があったのか。オランダが，登録パートナーシップ制度のみでは同性間・
異性間の平等の確保が不十分であると判断したのは，婚姻が強い「象徴的な
価値」を持っていたからに他ならない。婚姻と登録パートナーシップの感情
的，社会的，宗教的，あるいは民族的意味づけに大きな違いが認められたた
め，婚姻と登録パートナーシップを同一視できなかったのである[21]。2001
年の時点で，オランダはパートナーシップ制度を持っていた北欧のどの国よ

19）　前掲注2）117頁。
20）　前掲注2）116頁，前掲注4）8頁。
21）　S. F. M. Wortmann en mr. J. van Duijvend, Personen- en familierecht（Wolters Klu-
　　wer Nederland, 2015）58頁，前掲注2）134頁。

91

第1章　諸外国のパートナーシップ制度

りも，宗教性が高かったと評価される[22]。婚姻と登録パートナーシップの差異が明確であるほど，婚姻においても平等を求める必要性は強まり，また，婚姻の象徴性が強調されるほど，婚姻ではない公的承認を求める声も強まる。

　登録パートナーシップ制度の確立において，国外からの影響を強く受けたオランダであったが，婚姻の開放を進める段階に入った時，他国の先例との調和の議論はかえって婚姻の開放を躊躇させる方向に働いた。婚姻開放に対する反対派は，特に，1993年のハワイ州最高裁判所が同性間の婚姻に肯定的な判断をしたことに反発して婚姻防衛法（DOMA）が制定されたことに言及し，隣国との調和を乱す婚姻の再定義が，国際社会にネガティブな影響を与え得ることを指摘した[23]。しかしこの懸念は，オランダで同性間の婚姻を認めない理由とはならず，平等に対する強い要請がこれに勝って，オランダはむしろ婚姻の平等化のロールモデルとなることを選択する。オランダでの婚姻を自国内で認めるか否か，他国が同性間の関係に適切な承認を付与することを考えるきっかけを，自ら開拓することにしたのである[24]。

3　立法実現に至った要点

　以上に見るに，オランダでの制度成立の特徴としては，①保守派の後退とジェンダーフリー・ムーブメント，②具体的な保護の必要性の表面化，③大衆・政界に訴える強力なチャンネルの獲得が挙げられる。

1　ジェンダーフリー・ムーブメント
　　―同性間の関係承認までの3つの段階とオランダ

　オランダの制度実現の過程においては，不動の保守政党の後退というドラマティックな展開が注目されるが，立法に至った背景として，他の西洋諸国に見られる，特定の性行為（特に男性間の性行為）を犯罪化するソドミー法

22）前掲注2）134頁。
23）前掲注2）118-119頁。
24）谷口・前掲注8）105頁。

92

への反発という性格は薄い。同性間の関係を公的に認めるステップとしては，第一に同性間の性行為の非犯罪化，第二に差別禁止項目への位置づけ，第三に婚姻法の改正やパートナーシップ制度の制定が続くとされるが[25)]，オランダではナポレオン法典の影響を受けて，1811年には同性間の性行為が非犯罪化されており[26)]，戦後にはより平等な権利を獲得する視点から活動が展開されている。ジェンダーフリー・ムーブメントはゲイ・レズビアンに限らず，フェミニスト等のあらゆる立場から家長主義的な既存の家族規範を疑問視させ，同性間の関係を広く受容する基盤を作った。また，これに付随してゲイ・レズビアンの分野が大衆的・商業的に開拓されたことは，その認知を一定程度獲得することに一応の貢献を見せた[27)]。3つのステップの内，差別禁止・平等の要請と立法の動きがほぼ同時期にあったことは特徴的であり，同性間の関係の承認を目的として登録パートナーシップ制度が創設された一方で，同性間の関係を隔離する新たな類型の生成が躊躇されたことは，登録パートナーシップを異性間にも開くことにつながった。登録パートナーシップが異性カップルに婚姻以外の公的承認という選択肢を提供したことで，続く婚姻の同性カップルへの開放の必要性がより説得的になったほか，同性カップル・異性カップル双方がパートナーシップの登録及び婚姻を「あらゆる選択肢の一つ」として捉えやすくなっただろう。

2　保護の必要性の明確化と大衆・政界へのチャンネルの獲得

　HIV/AIDSの流行は，同性パートナーの立場を法的に認め，既存の法的保護を同性間の関係にも及ぼすことの必要性を社会の中で具体化し，既存の婚

---

25)　谷口・前掲注 8) 108頁。

26)　オランダは1811-13年にフランスによって自治権を喪失していた（W. M. Schrama en M. V. Antokolskaia, Familierecht - Een introductie. (Boom uitgevers Den Haag, 2015) 69頁）。1791年にナポレオン法典が男性間の性行為を明確に非犯罪化していた（前掲注 2) 108頁）。その後刑法上異性間と同性間の性的関係に対する同意年齢に差異が設けられたことで部分的に同性間の性行為が犯罪化されたが，これも1971年に平等化している（前掲注 4) 5 - 6 頁）。

27)　差別解消の流れについては，本稿87頁及び前掲注 4) 参照。

93

姻とほぼ同様の権利義務を付与する具体的な立法を促した。このような必要
性の周知は，ジェンダーフリー・ムーブメントを受けつつ婚姻の是非やジェ
ンダー観をめぐって分裂したコミュニティを一定程度まとめることにも機能
しただろう。既に信頼を寄せられていた政治家が自己の性的指向をカミング
アウトしたこと，あるいは同性間の関係に肯定的な立場を明らかにしたこと
は，同性間の関係が大衆に受容される上でも，立法という具体的な結果を生
み出す上でも強固な推進力となった。オランダにおいてマイノリティ・グ
ループの声を代表することが主流化していたことは，関係の公的承認を求め
る声を政界に届けるのを後押しした。

　婚姻の象徴性が強いほど，また平等を打ち出す姿勢が強いほど，登録パー
トナーシップのみでなく，婚姻においてもその締結を同性間の関係に開放す
る要請は強まる。登録パートナーシップ制度の成立は，長い歴史を持つ婚姻
を同性間にも開放するにあたって，程よいクッションとなった。中身として
は婚姻に瓜二つの登録パートナーシップ制度の実践は，そのような関係の承
認が社会を抜本的に変化させるようなことはないと人々が知る契機となっ
た[28]。オランダでの立法過程を見れば，その宗教観の影響もあるが，保守
派の後退や平等の要請の高まり，また保護の必要性の具体化や婚姻の象徴化
は，宗教のみを取り巻いて起こるものではない。登録パートナーシップ制度
の成立，また婚姻の開放に至るまで，自国内の制度改変の是非や時宜性を問
う上で，オランダでの制度成立の流れを各国の文脈で捉え直し，これを道標
の一つとすることもできるだろう。

4 登録パートナーシップ制度の中身

1　婚姻と登録パートナーシップの関係

　オランダでの登録パートナーシップ制度は，1998年の導入以来，同性間・
異性間の双方に認められてきた。前述の通り，登録パートナーシップ制度は

---

28) 谷口・前掲注 8) 105-106頁。

異性間・同性間の関係の平等化を図る目的でつくられたものであったため，当初から登録したパートナー双方には婚姻した場合とほぼ同様の権利義務が与えられることになっており[29]，その要件や締結方法も婚姻とほぼ同様である。

(1) 「親子関係」への段階的な対応

婚姻と比較した際の登録パートナーシップ制度の特徴として最も注目されるべきは，当初同制度は「パートナー同士の関係」を認めることに焦点を当て，いわゆる親子の縦の関係には効果を及ぼさないものとして設計されたことである[30]。婚姻中にある女性が子を出産した場合，その女性の夫は子の父と推定されるが[31]，登録パートナーシップ中にある女性が出産した場合は，そのパートナーの性別を問わず，パートナーと子の間に親子関係は成立しないものとされた。2001年の婚姻開放の際も，出産した女性の妻と子の親子関係の推定は後の課題とされ[32]，登録パートナーシップ制度の成立と婚姻の開放によって新たに生じた親子関係の問題（出産した母の登録パートナーと子，出産した母の妻と子）は一度養子縁組にあずけられ[33]，その成立に裁判

---

29) 前掲注4）300, 302頁。

30) 前掲注4）8-9, 303頁。

31) 従来，婚姻関係に基づくこのような親子関係の推定は，当該配偶者が男性（夫）である場合に限られており，出産した女性の女性配偶者（妻）には当該推定は及ばなかったが，2014年の家族法の改正により，妻にも親子関係の推定が及ぶことになった（前掲注26) 211頁）。同法改正で女性配偶者の立場が飛躍的に向上した一方で，配偶者の間に出産がなければこのような親子関係の成立は起こらないため，男性同士の婚姻（女性としての生殖能力を有したまま性別取扱を男性に変更した者が出産した場合を除く）において親子関係を築く際との衡平性に欠けるとの指摘がある。なお，男性同士のカップルは養子縁組によって双方と親子関係を成立させることができるが，費用，要件，裁判所の介入，養育や同居の継続期間などが課され，推定による親子関係の成立とは同一視できない。

32) 婚姻や登録パートナー関係にない同性パートナーが子を認知することも当時はできなかった（2014年改正）。

33) 以前は婚姻している者のみ，配偶者双方と子の間に親子関係が生じる場合にのみ養子縁組が認められていたが，登録パートナーシップ制度が成立した1998年に養子に関する法も改正され，婚姻や登録パートナー関係にないが共同で生活している者，また個人で

第1章　諸外国のパートナーシップ制度

所を挟みつつ様子を見たのである。一方，子の身のまわりの世話を実際に行う者としてのパートナー，および同性配偶者の存在は早くから承認され，2002年には登録パートナーシップ関係の間に生まれた子に対して，パートナーはその子を共同で監護・養育できることとなった[34]。このように，登録パートナーシップ制度の親子関係に対する影響は段階的に整備されていったが，現在では出産した者の登録パートナーに対しても，婚姻していた場合と同様に，その子との親子関係の推定が及ぶこととなり，婚姻との差異はなくなっている[35]。

(2)　形式的な違い

　オランダでは，現在個人が持てるパートナー／配偶者は1名のみとされており，いわゆる一夫／婦一夫／婦制が取られている。既に他人と登録パートナーシップ関係にある者は婚姻できず，また，他人と婚姻関係にある者はパートナーシップを登録できないとされ[36]，この次元では婚姻と登録パートナーシップは同等に扱われる。一方で，婚姻においては民事上の婚姻と宗教上の婚姻を区別して言及する必要がある一方，登録パートナーシップにお

も養子縁組ができるようになった。2001年以降は同性カップルで養子縁組を行うことも可能となっている（Masha Antokolskaia and Katharina Boele-Woelki, *Dutch Family Law in the 21st Century: Trend-Setting and Straggling behind at the Same Time*, vol 6.4 ELECTRONIC JOURNAL OF COMPARATIVE LAW, (December 2002), (http://www.ejcl.org/64/art64-5.html（2016/07/08））。

34)　オランダでは法的な親と，子を監護・養育する者は概念的に区別され，法的な親子関係を持たない者でも，登録により未成年の子を監護・養育する立場を得ることができる。監護者として登録された場合は，子の養育・教育，子の代理や子の財産管理ができ，また，子に自分の姓を与え得るが，相続や国籍の付与，面会交流等には法的親子関係を要する（前掲注21）59頁，前掲注4）303頁，前掲注33））。

35)　親子関係の推定では，配偶者・登録パートナーの性を問わない。前掲注31）参照。

36)　第1：42条（前掲注33））。配偶者／パートナー関係とは異なるが，生殖補助医療の発展に伴い，生殖補助医療を利用する者と，子をもうけるための配偶子を提供した者や出産した者等，子の親となりうる者が2人とは限らなくなったことを受けて，現在オランダでは2人以上の法的親の承認の是非が，親子関係の確定の問題を扱うStaatscommissie Herijking Ouderschapにおいて議論されており，血縁による親，社会的親など，あらゆる親子関係のあり方が法的議論の中に意識される（前掲注26）209, 231-232頁）。

第4　オランダ

いては教会での挙行等が想定されないため，婚姻における宗教婚関連の規定[37]は登録パートナーシップには見られないほか，婚姻が口頭での宣誓を必要とする一方で，登録パートナーシップは書面への署名のみで成立するなど，若干の形式的な違いが存在する[38]。2014年の法改正を受けて，親子関係の成立においても婚姻と登録パートナーシップの差がなくなり[39]，ますます婚姻と登録パートナーシップの違いはその感情的，社会的，宗教的，あるいは民族的意味づけに求められると言える[40]。

2　双方の運用の状況

(1)　需要の変遷

　婚姻が可能となった2001年に同性間の婚姻の成立数が大きく，また同年以降に同性間のパートナーシップ登録数が減ったことを除けば，同性間の婚姻・登録パートナーシップ数はほぼ横ばいに推移している。一方で，異性間の婚姻は，1998年以降若干の減少傾向を見せており，対照的に異性間のパートナーシップ登録数は2005年までに飛躍的に増えている（【表6】参照）。現在，登録パートナーシップ制度の必要性はむしろ異性間の関係において強まっており，同性間の関係の承認とは異なる登録パートナーシップ制度の受容の傾向があらわれている。

---

37) 婚姻においては，第1：68条が民事婚より先に宗教婚を行うことを禁止する（前掲注21）59頁）。
38) 前掲注21）51-52, 59頁。
39) 2014年の親子関係法改正以降，配偶者に対する親子関係の推定と同様の推定が，出産した者の登録パートナーと子の間にもなされるようになった。前掲注31），注32）参照。
40) 前掲注21）58頁。

第 1 章　諸外国のパートナーシップ制度

【表 6】婚姻数・登録パートナーシップ締結数の推移

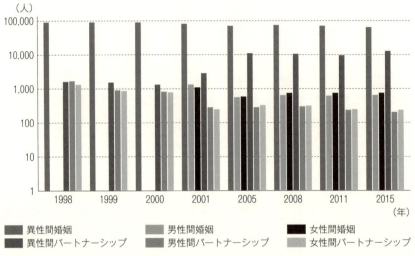

※ Central Bureau voor de Statistiek[41]の統計データを元に筆者が作成。

	1998	1999	2000	2001	2005	2008	2011	2015 (年)
異性間婚姻	86956	89428	88074	79677	71113	74030	70217	62912
男性間婚姻	-	-	-	1339	570	656	601	647
女性間婚姻	-	-	-	1075	580	752	754	749
異性間パートナーシップ	1616	1500	1322	2847	10699	10231	9464	12331
男性間パートナーシップ	1686	894	815	285	279	298	235	202
女性間パートナーシップ	1324	863	785	245	329	313	246	239

（単位：人）
※婚姻／登録パートナーシップを変更したものを含む。

---

41) Centraal Bureau voor de Statistiek（オランダ統計局）(https://www.cbs.nl/nl-nl)（2016/07/07））

(2)　互換性と課題

　2001年に婚姻が同性間にも広げられて以降，登録パートナーシップと婚姻を相互に変更することが可能であった時期がある。従来，登録パートナーシップを婚姻に変更したい場合には，一度登録パートナーシップを解消しなければならず，また，婚姻を登録パートナーシップに変更したい場合は，一度離婚の手続を経なければいけなかった。これに比べて，2001年4月から2009年3月の間は婚姻と登録パートナーシップ相互の変更が比較的容易な手続により可能とされ[42]，このことは関係の選択の柔軟性を増したほか，婚姻と登録パートナーシップが互換性のあるものとして位置づけられたことで，婚姻と登録パートナーシップ関係に連想される上下関係の是正も期待できたものと思われる。その締結や要件，権利義務関係はもちろん，税法や社会保障法の適用に関してもほとんど違いがなかったため，関係の変更はその表象の変更という意味合いにとどまるかと思われたが，婚姻と登録パートナーシップとでその関係の解消に方法の差があったために，後にこの変更が利己的に使用された可能性が指摘された。オランダにおいては原則離婚の成立に裁判所が介入する一方で[43]，登録パートナーシップ関係はパートナーの双方の合意によって解消することができたために[44]，婚姻を登録パートナーシップに変更して解消する弊害が生じたのである[45]。これに対応し，2009

---

42)　前掲注33)。

43)　配偶者の死亡や失踪がない場合。2001年に登録パートナーシップへの変更による婚姻の終了が認められ，当該変更が配偶者双方の申出によって行えたために，この方法によれば，配偶者双方の同意によって簡易に婚姻を終了できた。

44)　双方の署名の他，所定の事項を記載した書面によって解消できる。前掲注21) 58-59頁。

45)　オランダにおいては婚姻時に設定した配偶者間の財産制の変更には裁判所の許可が必要であり，当該変更と離婚に裁判所が介入することで配偶者間の財産に対する債権者が想定外に不利な立場におかれることが防がれていたが，婚姻を登録パートナーシップに変更した後に解消することが可能となったことで，この仕組みに期待して婚姻当事者らと債権／債務関係に入った債権者が，不測に不利益を被る可能性が生じた（前掲注33)）。2002年当時の法務長官（Staatssecretaris van Veiligheid en Justitie）によれば，実際にそのような変更の後に関係を解消する例は増加傾向にあったという。（前掲注33)，前掲注21) 58頁）参照。

第1章　諸外国のパートナーシップ制度

年3月1日以降は，婚姻を登録パートナーシップに変更することは許可され
ないものとなった。登録パートナーシップの解消自体は，現在もパートナー
間の合意による手続が行え，パートナー同士の関係においては当事者主義的
な性格を残している[46]。登録パートナーシップを婚姻に変更することは可
能であり，婚姻と登録パートナーシップは完全に互換性のあるものとは言え
なくなったものの，現在もパートナーと配偶者で保障される法的な立場の内
容は同一であることに留意したい[47]。

5　おわりに

　近年，性的指向の問題は人権的な文脈で捉えられる傾向にあり，特に差別
の解消においてその国際的要請は強い。日本は少なくとも国際的な文脈では
LGBTの権利を支持する立場を表明しており[48]，既に差別の禁止については
具体的な改善を求められる段階にある。関係の承認に関しても，同性間の関
係に対する法的保護，あるいはパートナーの社会的立場の確立について，そ
の具体的な必要性が，当事者やアライ（支援者），地方自治体らの地道な努
力によって表面化している。具体的な保護を求めて，あるいは象徴的な意味
を求めて／避けて，それぞれの形で関係の承認を必要とする者たちがいる。
親密な人間同士が共同で生活を営むにあたってのあらゆる選択肢の一部とし
て，その関係の法的保護のあり方を見直す時期に来ているのではないだろう
か。

〔参考文献〕
- Katharina Boele-Woelki, Ian Durry-Sumner, Miranda Jansen, Wendy Scharama, Hu-
　welijk of geregistreerd partnerschap?: Evaluatie van de wet openstelling huwelijk en

---

46) 現在では，登録パートナーシップ双方が共同で監護する子がいる場合は，そのような
　解消は認められない。
47) 前掲注21) 58頁。
48) 例えば，国連人権理事会決議（Human rights, sexual orientation and gender identi-
　ty. A/HRC/RES/17/19）への賛同など。

de wet geregistreerd partnerschap.（Wolters Kluwer, 2007）
- Kelly Kollman, The Same-Sex Unions Revolution in Western Democracies: International Norms and Domestic Policy Change.（Manchester Univ Pr., 2016）
- Masha Antokolskaia and Katharina Boele-Woelki, *Dutch Family Law in the 21st Century: Trend-Setting and Straggling behind at the Same Time*, vol 6.4 ELECTRONIC JOURNAL OF COMPARATIVE LAW,（December 2002）,（http://www.ejcl.org/64/art64-5.html）
- S. F. M. Wortmann en mr. J. van Duijvend, Personen- en familierecht（Wolters Kluwer Nederland, 2015）
- W. M. Schrama en M. V. Antokolskaia, Familierecht - Een introductie.（Boom uitgevers Den Haag, 2015）
- 谷口洋幸「同性婚・パートナーシップ法の可能性―オランダの経験から学ぶ」法時86巻12号104-110頁（2014）

※本稿執筆にあたり，JSPS科学研究費補助金（研究活動スタート支援）15H06681の助成を受けました。

第1章　諸外国のパートナーシップ制度

第5

ニュージーランド

梅澤　彩

1　はじめに

　ニュージーランドは，先住民であるマオリとヨーロッパ系移民からなる人口約424万人の移民国家である[1]。同国における家族形態には，婚姻，シビル・ユニオン（civil union），デ・ファクト（de facto relationship）があり，いずれの形態も，異性カップル・同性カップルを問わず認められている。

　本稿では，同国の法制度について概観した後，司法の場及び議会における同性カップルの発見と承認について，「2004年シビル・ユニオン法」（Civil Union Act 2004）（以下，シビル・ユニオン法という）及び「2013年婚姻（婚姻の定義）修正法」（Marriage（Definition of Marriage）Amendment Act 2013）（以下，婚姻修正法という）を中心に，その議論の展開とインパクトをみていくことにする。

2　憲法・性的マイノリティ・家族に関する法

1　イギリス法の継受と憲法・性的マイノリティに関する法

　ニュージーランドは，1840年にイギリス君主とマオリ（各部族の首長）との間でワイタンギ条約（Treaty of Waitangi）が締結されたことにより，イギリス領となった。その後，1907年にイギリス連邦内の自治領となり，事実上の独立を経た後，1947年のウェストミンスター法（Statute of Westminster）

1）2013年の国勢調査によると，民族の内訳（複数回答）は，欧州系（74.0％），マオリ系（14.9％），太平洋島嶼国系（7.4％），アジア系（11.8％），その他（1.7％）である。

102

受諾により，イギリス議会から独立した立法機能を取得している。イギリスと同様に，単一の成文憲法典をもたず（不文憲法），最高法規性をもたない[2]。このため，憲法の法源は，制定法，帝国法，国王大権，国際法，ワイタンギ条約となる[3]。

　性的マイノリティの法的地位に関する主要な法としては，「1986年同性愛改正法」（Homosexual Law Reform Act 1986）（以下，同性愛改正法という）がある。イギリス法と同様に，同性愛者間（男性間）の性行為は犯罪とされていたが，同法の成立により刑法が改正され，16歳以上の男性間の合意に基づく性交渉は非犯罪化された[4]。その後，性的マイノリティの権利に関する問題については，「1990年ニュージーランド権利章典法」（New Zealand Bill of Rights Act 1990）（以下，権利章典法という），「1993年人権法」（Human Rights Act 1993）（以下，人権法という）を中心に議論が展開されてきた。前者は，国家及び国家組織に対する市民の権利を定める法であり，後者は，性・性的指向（sexual orientation）に基づく差別を禁止するものである。

2　家族に関する法—婚姻，シビル・ユニオン及びデ・ファクト

(1)　婚姻，シビル・ユニオン及びデ・ファクトの締結

　婚姻は，「1955年婚姻法」（Marriage Act 1955）（以下，婚姻法という）により規律される。婚姻の成立要件は，同法に定める婚姻障害事由が存在しないこと，婚姻予告通知に基づく婚姻許可証が発行されていること，婚姻の儀式の挙行である（婚姻法15条〜24条）。婚姻可能年齢は，男女ともに満16歳であるが，16歳以上18歳未満の者については，婚姻許可証の発行に際して，親又は後見人の同意が必要となる（婚姻法18条）。ただし，親又は後見人の同意が

---

2 ）「1986年憲法法」（Constitution Act 1986）により，既存の憲法法の大部分が廃止されたが，同法は，政府組織の構成と機能および権限を規定したものであると説明される。山本英嗣「ニュージーランドにおける人権の歴史（2）」比較法学45巻1号66頁以下（2011）。

3 ）山本英嗣「ニュージーランドにおける人権の歴史（1）」比較法学44巻3号28頁以下（2011）。

4 ）http://www.nzlii.org/nz/legis/consol_act/hlra1986246/（2016/06/24）。

103

第1章　諸外国のパートナーシップ制度

得られない場合であっても，家庭裁判所の同意を得て婚姻することが可能である（婚姻法19条）。

シビル・ユニオンは，シビル・ユニオン法により規律される。同法が婚姻法を基礎としているため，シビル・ユニオンには，原則として，婚姻法における一般原理が適用される。このため，当事者が希望する場合には，シビル・ユニオン関係から婚姻関係に移行することも可能である（婚姻関係からシビル・ユニオン関係への移行も可能）。

なお，婚姻とシビル・ユニオンの成立要件における差異としては，婚姻又はシビル・ユニオンの当事者の一方が16歳未満の場合，前者は取消しの対象となるが（婚姻法17条2項），後者では当然に無効となる（シビル・ユニオン法23条2項(a)）こと，また，前記同意権者の同意の無い婚姻は有効であるが（婚姻法18条7項），シビル・ユニオンでは無効となる（シビル・ユニオン法23条2項(b)）といった点がある。

デ・ファクトについては，「1976年財産（関係）法」（Property (Relationships) Act 1976）（以下，財産関係法という）及び「1999年解釈法」（Interpretation Act 1999）（以下，解釈法という）に規定がある。それぞれの規定は，シビル・ユニオン法の成立により修正が加えられているが，財産関係法によると，「デ・ファクトとは，（男性と女性，又は男性と男性，又は女性と女性にかかわらず）カップルとして同居し，互いに婚姻又はシビル・ユニオン関係にない，18歳以上の2人の人間の関係をいう」とされる（財産関係法2D条）。これに対し，解釈法では，「男性と女性，男性と男性，又は女性と女性にかかわらず，婚姻の本質又はシビル・ユニオンの本質におけるのと同様の関係にあるカップルとして同居し，互いに婚姻又はシビル・ユニオン関係にない，16歳以上の2人の人間の関係をいう」とされる（解釈法29A条）。

上記両規定における年齢要件の差異は，財産関係法がデ・ファクト解消時の財産分与及び解消後の扶養（後述(4)参照）との関係において年齢を定めているのに対し，解釈法では婚姻及びシビル・ユニオンの適齢にデ・ファクトの適齢を合致させていることによる。

104

第5　ニュージーランド

(2)　婚姻，シビル・ユニオン及びデ・ファクトの解消

　婚姻及びシビル・ユニオンの解消は，「1980年家事事件手続法」（Family Proceedings Act 1980）（以下，家事事件手続法という）により規律される。同法第39条によると，解消原因は，婚姻又はシビル・ユニオンの不治的破綻であり，2年以上の別居により証明される必要がある。2年以上の別居は，家庭裁判所による「別居命令」（家事事件手続法20条～26条）あるいは「別居の合意」（公正証書・その他の文書又は口頭によるものでも良い）により立証される必要がある。婚姻又はシビル・ユニオンの不治的破綻が認められると，家庭裁判所の「婚姻又はシビル・ユニオン解消命令」により，離婚又はシビル・ユニオンの解消が成立する（家事事件手続法42条）。

　なお，デ・ファクトの解消は，当事者がカップルとしての同居を終了した場合，又は一方当事者の死亡である（財産関係法2D条）。

(3)　婚姻，シビル・ユニオン及びデ・ファクトにおける親子関係

　法的親子関係の成立について，嫡出推定に関する規定は，「1969年子の地位に関する法」（Status of Children Act 1969）（以下，子の地位法という）に設けられている（子の地位法5条）。嫡出推定の規定は，シビル・ユニオン，デ・ファクトには適用されないが，嫡出子と嫡出でない子の差別は撤廃されている（子の地位法3条，4条）。このほか，父子関係に争いがある場合には，前記家事事件手続法に定める手続による（家事事件手続法47条～53条）。

　子の後見（guardianship）及び養育（care）（日本でいうところの親権及び監護）に関する事項は「2004年児童養育法」（Care of Children Act 2004）（以下，養育法という）に定められており，子の親が関係を解消した後の子の扶養（養育費）に関する事項については「1991年児童扶養法」（Child Support Act 1991）（以下，児童扶養法という）に定められているが，いずれも，一般原則として，親の婚姻形態による差異はない。

　なお，非商業的な生殖補助医療の利用は，「2004年人の生殖補助技術法」（Human Assisted Reproductive Technology Act 2004）（以下，生殖補助技術法という）が成立する以前から，婚姻関係の有無に関係なく認められており，単

105

第1章　諸外国のパートナーシップ制度

身者，同性愛者も利用することが可能である。子の地位法によると，配偶子（精子・卵子）の提供者と提供により生まれた子との間には，原則として，法的な親子関係は成立しない。法的母子関係は，「分娩者＝母」ルールで決定され（子の地位法17条），子の父は，子を懐胎・出産した母のパートナーとなる。したがって，代理懐胎で子をもうけた場合には，養子縁組により親子関係を成立させることになる。ただし，「1955年養子法」（Adoption Act 1955）（以下，養子法という）は，婚姻夫婦による共同縁組を原則としており（養子法3条），さらに，単身の男性が女児を養子とする場合には，当該男性が女児の父である場合等を除き，原則として養親になることができないとしている（養子法4条）。なお，生殖補助技術法の成立により，全ての生殖補助医療は非匿名で実施されている。

(4)　婚姻，シビル・ユニオン及びデ・ファクトにおける扶養

　婚姻及びシビル・ユニオン，デ・ファクトのパートナー間の扶養は，財産関係法に規定されている。共同生活が継続している間の扶養，別居及び関係解消時の扶養と財産分与，関係解消後の扶養について，婚姻とシビル・ユニオンでは同一の取扱いがなされている。これに対し，デ・ファクトの場合は，共同生活が継続している間の扶養については，婚姻及びシビル・ユニオンと同様の取扱いとなるが，関係解消時の財産分与又は関係解消後の扶養については，原則として，当該関係が3年以上継続していることが求められている（財産関係法1C条）。

　なお，財産分与の割合は，婚姻及びシビル・ユニオン，デ・ファクトによるいずれの当事者間においても，原則として平等となる（財産関係法1C条）。

3 　ドメスティック・パートナーシップ

1　司法の場における同性カップルの発見とその承認

　「1995年ドメスティック・バイオレンス法」（Domestic Violence Act 1995）に関する事件において，初めて同性カップルの関係に法的保護が認められた。

106

裁判所は，同性のデ・ファクトカップル（2組のレズビアンカップル）に「婚姻の本質」(in the nature of marriage) を認め，同法にいう「家族構成員」(family members) には，同性のデ・ファクトカップルも含まれるとした（P v. M [1998] 3 NZLR 246）。

1999年には，児童扶養法に関する事件において，同性カップル（レズビアンカップル）の一方を同法における子の「継親」と認定し，養育費の支払義務を認めた事例が公表された（A v. R [1999] NZLR 249）。同事例は，子の母が最初の女性パートナーとの間に非配偶者間人工授精（Artificial Insemination with Donor：AID）（以下，AIDという）による子をもうけ，その後，別の女性とパートナー関係を締結し，当該関係の破綻後にAIDによる子の養育費を請求したものである。児童扶養法では，子の養育費支払義務者として，当該子の法的親又は裁判所が認めた継親を規定している（児童扶養法6条・7条・99条）。裁判所は，児童扶養法との関係においては，子の母と当該女性との関係には婚姻の本質が認められるとした。

その他，カップルの財産関係については，同性カップル（ゲイカップル）の信託（constructive trust）に関する紛争において，異性カップルと同様の取扱いを認める判断が出されており（Hamilton v. Jurgens [1996] NZFLR 350, Julian v. McWatt [1998] NZFLR 257），2001年には，「2001年財産（関係）修正法」（Property (Relationships) Amendment Act 2001）の成立により，婚姻夫婦のみならず，異性又は同性のデ・ファクトカップルにも財産分与及び相続が認められた。また，King v. Church [2002] NZFLR 555において，控訴院は，同性カップル（ゲイカップル）の関係解消後の財産分与について，異性カップルと同様の方法で分与すべきとした。

2 同性カップルの「婚姻」へのアクセス

同性愛改正法及び人権法の成立を背景に，同性カップルが自らの関係を公表しやすくなったこと，また，前述のように，司法の場において同性のデ・ファクトカップルに婚姻の本質が認められたことから，当事者を中心に，同性カップルの婚姻の機会の平等化に向けての議論が高まっていった。

第1章　諸外国のパートナーシップ制度

　同性カップルの婚姻の許否をめぐる重要判例としては，Quilter v. Attorney-General［1998］1 NZLR523事件がある[5]。同事件は，1996年に，長期にわたる関係を継続してきた3組のレズビアンカップルが，登録庁長官（Registrar-General）により，婚姻許可証の発行を拒否されたものである。先述のように，婚姻許可証の発行は婚姻の成立要件の1つであるが，登録庁長官は，コモン・ローにおいては，婚姻は男性と女性の間でなされるものであるとして，婚姻許可証の発行を拒否した。

　Quilterらは，裁判において，①婚姻法には婚姻の定義がなく，同性婚を禁止しているとはいえないこと，②権利章典法第6条は同法に合致した解釈を優先すべきことを定めており，同法第19条は差別からの自由を定めていること，さらに人権法は，性・性的指向に基づく差別を禁止していることから，婚姻法の解釈において，異性カップルと同性カップルを区別して扱うべきではないことを主張した。これに対し，国は，権利章典法第5条の「正当化される制約」を根拠に，同性婚の禁止は合理的な制約であると主張，高等裁判所もこれを支持し，婚姻は男性と女性の間でなされるものであるとした。

　翌年の控訴院も前記高等裁判所の判断を支持したが，控訴院の裁判官の1人であるThomas Jは，仮に婚姻法の運用に差別が存在していたとしても，差別を撤廃するのは裁判所ではなく議会であるとして，立法による解決の可能性を示唆した（［1998］NZFLR 196）。

　その後，前記事件当事者のうちの2組のカップルが，同性婚を認めない前記婚姻法は「市民的及び政治的権利に関する国際規約」（International Covenant on Civil and Political Rights）に反しているとして，1998年11月に自由権規約人権委員会（United Nations Human Rights Committee）に対し，ニュージーランドを訴えたが，同委員会は，2002年7月に訴えを却下した（Ms. Juliet Joslin et al. v. New Zealand事件）[6]。

　上述のように，同性婚は容易に認められるものではなかったが，社会の趨勢として，同性カップルの関係を婚姻に準ずる関係として公的に登録し，当

5）http://www.equalrightstrust.org/ertdocumentbank/Quilter%20v.pdf（2016/06/24）参照。
6）http://www.bayefsky.com/pdf/newzealand_t5_iccpr_902_1999.pdf（2016/06/27）参照。

108

第5　ニュージーランド

該関係に承認を与える制度の導入が求められた。

2002年の総選挙において，労働党及び緑の党は，「同性カップルの関係の法的な承認」を支援することを明言した。労働党は，同性及び異性のカップルを承認するための制度として，婚姻に等しい権利義務関係を組み込んだシビル・ユニオン制度の導入を政策として掲げ[7]，緑の党は，婚姻の当事者をゲイ，レズビアンにまで拡大することを支持した[8]。総選挙の結果，労働党（52議席）を与党とする政権（緑の党9議席との連立）が誕生した。このようにして，「シビル・ユニオン法案」（Civil Union Bill）及び「関係（法律参照）法案」（Relationships (Statutory References) Bill）可決に向けての活動は，政府の責任として展開されていった[9]。

シビル・ユニオン制度の導入については，教会関係者らの強い反対があったものの，議会での反対は控えめなものにとどまったと評されている[10]。その理由としては，権利章典法は，本質的には裁判官への指針にすぎないが，性・性的指向に基づく差別は，人権法により禁止されているとの認識が広がっていたこと，シビル・ユニオンはあくまでも婚姻とは異なるものであり，これを認めても婚姻の概念を変更するものではないとの認識があったとされる[11]。しかしながら，シビル・ユニオン法案は，国民党（27議席），ニュージーランド・ファースト党（13議席）などの強い反対に合い，2004年6月24日に実施されたFirst readingでは，賛成66，反対50，同年12月2日のSecond readingでは，賛成65，反対55，同年同月9日に実施されたThird readingでは，賛成65，反対55という僅差で法案通過となった。その後，同年12月13日に国王裁可（Royal Assent）がなされ，2005年4月26日に効力が発生

---

7) New Zealand Labour Party "Labour on Rainbow Issues" (2002) Press Release.

8) Richard Davies "Greens Support Rights for Same Sex Couples" (26 April 2000) Press Release.

9) 議会主権であり，議員定数は121名（一院制），任期は3年である。なお，議論の詳細は，http://www.parliament.nz/en-nz/pb/debatesで確認することができる（2016/06/27）。

10) Bill Atkin, "Same-Sex Marriage and Family Law Reform in New Zealand", JURIST - Forum, May 10, 2013参照。

11) Norrie, Kenneth McK. "National Report: New Zealand." American University Journal of Gender Social Policy and Law 19, no. 1 (2011), p. 266.

109

第1章　諸外国のパートナーシップ制度

し，同月29日に初のシビル・ユニオンの儀式が挙行された。

4 同性婚

1 「婚姻する権利」の獲得

　シビル・ユニオン法の成立により，異性及び同性のデ・ファクトカップルには，婚姻と同様の法的取扱いが認められた。しかし，同性婚は依然として認められなかったことから，同じデ・ファクト関係にあるカップルであっても，異性のデ・ファクトカップルと同性のデ・ファクトカップルの間でその法的地位に生じる格差が顕在化してきた。

　例えば，先述のように，異性のカップルではその関係をシビル・ユニオンから婚姻に移行することができるのに対し，同性のカップルではこれが認められなかった。また，養子法が養親要件を婚姻夫婦と定めていたことから，同性のカップルが養子縁組を行うことは認められなかった。もっとも，レズビアンのデ・ファクトカップルについては，家庭裁判所がパートナー女性の嫡出子と他方のパートナー女性との養子縁組を認めていたことから，ゲイカップルにおける養子縁組の許否が問題となった。このようなことから，同性愛者及び同性のデ・ファクトカップルを中心に，同性婚の導入に向けての議論・活動が展開されていった。

　ところが，上記のような当事者の動きに反し，政治の動きは逆行するようなものであった。例えば，2005年の総選挙において，Helen Clark首相は，同性カップルを婚姻法から排除することは差別であるとしつつも，これを変更する意思はないことを明言した。さらに，同年には，統一未来党のGordon Copelandらにより「2005年婚姻（ジェンダー明確化）修正法」法案（Marriage（Gender Clarification）Amendment Bill 2005）が提出された。同法案は，国内外の同性婚に関する法の不備を踏まえ，婚姻法を改正し，「婚姻は男女の間でのみ認められるものである」ことを明文化するとともに（外国における同性婚の承認も禁止），権利章典法の婚姻及び家族の地位に関する規定を修正することを提案するものであった。しかし，同法案は，Michael

Cullen司法長官により「過激である」と批判され，さらに，「権利章典法に合致せず，とりわけ，性に基づく差別からの自由に反する」との第7条レポートを受けた[12]。同法案は，2005年12月7日にFirst readingがなされたが，反対多数（賛成：47，反対：73）で廃案となった[13]。

　その後，約6年半にわたる当事者や支援者らのロビー活動等を経て，2012年7月26日，労働党のLouisa Wallにより，同性婚を承認するための婚姻修正法の法案が国会に提出された[14]。先述の通り，婚姻法には婚姻の定義が規定されていなかったところ，前記法案は，婚姻法に，婚姻は，「性，性的指向，ジェンダー・アイデンティティに関係なく，2人の人間の結合」（the union of 2 people, regardless of their sex, sexual orientation, or gender identity）であるとの「婚姻の定義」を新設するものであった。

　同性婚に関する問題は，政府の主要な政策課題ではなかったが，2001年のオランダを嚆矢として，ベルギー，スペインなど同性婚の承認は世界の潮流となりつつあったことから，John Key首相をはじめ，与党である国民党（59議席）からも一定の支持を得た。

　同年8月29日に実施されたFirst readingでは，法案は賛成多数（賛成：80，反対：40，棄権：1）で通過した[15]。さらに，同年10月には専門委員会（Select committee）が設置され，パブリックコメントの募集及び同委員会によるヒアリング調査が実施された。前記パブリックコメントの募集には，21,533件の意見が寄せられ（ただし，18,635件は"form submission"），ヒアリング調査（オークランド，ウエリントン，クライストチャーチで実施）の対象者は220人に上った[16]。

---

12) 司法長官は，法案が権利章典法の理念と合致しないと考えられる場合には，これを国会に報告しなければならないとされる（権利章典法7条）。

13) 議論の詳細は，http://www.parliament.nz/en-nz/pb/debatesで確認することができる（2016/06/27）。

14) Louisa Wallは，マオリ出身の議員で，自らもレズビアンであることを公表している。同法案は，議員立法法案（Private member's bill）として提出された。

15) 以下，法案通過までの詳細は，http://www.parliament.nz/en-nz/pb/debatesで確認することができる（2016/06/27）。

16) 詳細は，Marriage（Definition of Marriage）Amendment Bill-As reported from the

第1章　諸外国のパートナーシップ制度

　前記パブリックコメント及びヒアリング調査から抽出された主な論点は，自由に「婚姻できること」は法的保護を与えるべき1つの人権であるか否か，同性婚を認めることは儀式挙行者の信教の自由を侵害することにつながるか否か，文化的・宗教的な意味における婚姻は国の規制に優先されるべきか否か，同性カップルの関係はシビル・ユニオン法により既に十分な法的な承認を与えられているといえるか否か（同性婚を導入しなくとも制度的差別は存在しないといえるか否か），というものであった。特に，婚姻儀式挙行者の信教の自由については，同性婚の導入の可否と関連して多くの議論が展開された[17]。婚姻法第29条は，「婚姻許可証は，婚姻儀式挙行者に婚姻儀式の挙行の権限を与えるものであるが，婚姻儀式の挙行を義務づけるものではない」と規定していたところ，これを文言通りに解釈すれば，婚姻儀式挙行者は同性カップルの婚姻儀式の挙行を拒否することができるはずである。しかし，学説の中には，権利章典法により人種に基づく婚姻儀式の挙行の拒否が禁止されているところ，同様に，同性カップルであることを理由とする拒否もできないとの見解が存在していたからである。

　その後，2013年2月27日に上記調査結果を踏まえた専門委員会報告が出され，法案の修正勧告がなされた。具体的には，婚姻法第29条が定める婚姻儀式挙行者の儀式挙行義務について，信教の自由の保障を明記・強化すること，同法第56条が定める「合法な婚姻の効力を否定する罪」を削除すること等である[18]。

　婚姻法では，婚姻の儀式挙行者は，①同法附則1に規定される宗教団体に属する者，②登録庁長官により承認された指定団体（宗教団体であることが多い）に属する者，③登録庁長官により承認された個人に分類される。前述のような儀式挙行者の義務に関する議論の状況と修正勧告を受けて，法案で

Government Administration Committee参照。https://www.parliament.nz/en/pb/sc/reports/document/50DBSCH_SCR5764_1/marriage-definition-of-marriage-amendment-bill-39-2より入手可能である（2016/06/28）。

17）さしあたり，New Zealand Law Society "Marriage (Definition of Marriage) Amendment Bill (2012)，前掲注10）参照。

18）前掲注16）参照。

112

第5　ニュージーランド

は，婚姻法第29条に第2項を新設し，同性婚に批判的な団体に属している婚姻儀式挙行者については，同性婚の儀式の挙行を拒否することができるものとした[19]。

2013年3月13日，Second readingが実施され，法案は賛成多数（賛成：77，反対：44）で通過した。同年4月17日に実施されたThird readingでは，約1,200人の市民が見守る中，法案は賛成多数（賛成：77，反対：44）で通過した。なお，Third readingにおける国民党の投票結果は，賛成27，反対32であった。同年4月19日に国王裁可がなされ，同年8月19日に効力が発生した[20]。同性婚を認めた国としては，オセアニア初，世界で15番目であった。

2　「2013年婚姻（婚姻の定義）修正法」の効果とその影響

(1)　法的効果

前記婚姻の定義が新設されたことにより，同性カップルの婚姻（シビル・ユニオンからの移行を含む）及び養子縁組（ゲイカップルによる養子縁組）が可能になった。また，性同一性障害者（性別違和症候群）についても，性別変更することなく，婚姻が可能になった。その他，婚姻法や届出における文言がジェンダーに中立な表現に変更されている。例えば，婚姻法では，近親婚の禁止に関する規定等において，"grandfather" 及び "grandmother" が "grandparent" に変更された。また，婚姻予告通知では，"bride"，"bridegroom" のほかに "partner" という文言が追加され，当事者はこれらのいずれかを自由に選択することができる（【資料5】参照）。なお，同性婚の承認と直結するものではないが，例えば，レズビアンカップルが精子提供を受けて子をもうけた場合，親の欄には出産した者を "mother"，そのパートナー女性を "other parent" と記載して届け出ることが認められている。

---

19)　特定の団体に属していない個人の婚姻儀式挙行者については，同性婚の儀式の挙行を拒否することができないと考えられている。前掲注10)　参照。

20)　なお，同法は，ニュージーランド，ロス海属領（南極ロス海周辺地域）において効力を生じるものであり，その他の地域（クック諸島，ニウエ，トケラウ）では効力を生じない。

113

第1章　諸外国のパートナーシップ制度

【資料5：婚姻予告通知】

Notice of intended marriage　BDM60

IMPORTANT: One of the parties must deliver the notice personally to the Registrar of Marriages and make the
required statutory declaration. Please produce evidence, if available, of the dissolution of the most recent marriage
or civil union of each of the parties, if any. *At least 3 days' notice of intended marriage is required.*

INTERNAL AFFAIRS
Te Tari Taiwhenua

To the Registrar of Marriages in	Notice No.
	Full address of place where marriage is to be solemnised and any alternative address below
Notice is given that the parties named below intend to marry at either	
or at	
A marriage licence is valid for 3 months only. ***on**	Date or approximate date of marriage
Please print clearly.	Full name of Marriage Celebrant (not required if marriage to be performed by Registrar)　Denomination or organisation (if applicable)

Parties to marriage

Your daytime phone number(s) if we need to contact you about this form	Your email address

Headings for Copy of Particulars and certificates/printouts of this marriage

☐ Bride　☐ Bridegroom　☐ Partner ｜ ☐ Bridegroom　☐ Bride　☐ Partner

Current first or given name(s)		
Current surname or family name		
First or given name(s) at birth *(if different from above)*		
Surname or family name at birth *(if different from above)*		
Sex		
Full date of birth	Day　Month　Year	Day　Month　Year
Place of birth *(town/city, and country if not New Zealand)*		
Usual occupation, profession or job		

What was your last relationship (if any)?

☐ Never been in a marriage or civil union　☐ Marriage　☐ Civil Union ｜ ☐ Never been in a marriage or civil union　☐ Marriage　☐ Civil Union

If previously married or in a civil union: (1) how did that relationship end?

☐ By dissolution/divorce　☐ Death of spouse/partner ｜ ☐ By dissolution/divorce　☐ Death of spouse/partner

(2) when did that relationship legally end?　Day　Month　Year ｜ Day　Month　Year

Usual residential address in full
Include:
· flat number (if applicable)
· street number and name
· suburb or rural locality
· city, town or district
· country (if not New Zealand)

Parents (refer to notes overleaf):

☐ Mother　☐ Father ｜ ☐ Mother　☐ Father

First or given name(s)		
Surname or family name		
Surname or family name at birth *(if different from above)*		

☐ Father　☐ Mother　☐ Other parent ｜ ☐ Father　☐ Mother　☐ Other parent

First or given name(s)		
Surname or family name		
Surname or family name at birth *(if different from above)*		

Statutory declaration　*The portion of form below is to be completed in front of the Registrar.*

I solemnly and sincerely declare:　(1) that the information provided in this notice is true; and
(2) that I believe that the marriage is not prohibited by section 15 of the Marriage Act 1955; and

**Delete paragraph (3) where not applicable.　**(3) that,

being under the age of 18 years, the consents required by law to the intended marriage have been given; and
(4) that there is no lawful impediment to the intended marriage.

And I make this solemn declaration conscientiously believing the same to be true and by virtue of the Oaths and Declarations Act 1957.

Section 15 of the Marriage Act 1955 referred to in the statutory declaration and the schedule of Forbidden Marriages are printed on the back of this form.

Declared at _____ this day of ____　day　month　year

Signature of party giving notice _____　Signature of Registrar of Marriages _____

Print full name of party giving notice _____　Print full name of Registrar of Marriages _____

Print Form

114

第5　ニュージーランド

(2)　シビル・ユニオンへの影響

　同性婚が導入されたことにより，シビル・ユニオンの登録件数が大幅に減少した。統計局の統計によると[21]，2005年6月から2012年9月までに登録されたシビル・ユニオンの総数は，2,870件（渉外事例を含む）に上り，その内訳は，レズビアンカップルが約45％，ゲイカップルが約35％，異性カップルが約20％で，同性カップルの利用が異性カップルの約4倍であった。しかしながら，婚姻修正法の法案の提出・通過の影響を受け，2013年に登録されたシビル・ユニオンの件数は234件（うち渉外事例45件）まで減少した。その後も，シビル・ユニオンの登録件数は減少を続け，2015年12月末現在では，シビル・ユニオンの登録件数は66件（うち渉外事例9件）となり，ニュージーランド国内で登録されたシビル・ユニオンについては，異性カップルの利用が同性カップルの2倍以上を占めるようになった。

　なお，2013年8月19以降2015年12月末日までに登録された同性婚（シビル・ユニオンからの移行を含む）は2,112件（うち渉外事例969件）であった。

5 おわりに

　同性婚の儀式を挙行するために，海外からニュージーランドを訪れるカップルが増加している。その多くはオーストラリアからのカップルであるが，中国・タイ・イギリスなどから訪れるカップルもあり，同性婚の承認は，観光産業にも大きな影響を与えている[22]。

　また，先述のように，養子法では，養親の要件として，婚姻夫婦であることが求められているが，2015年には，家庭裁判所により，代理懐胎を利用した未婚のゲイカップルに対しても養子縁組を認める判断が出されている[23]。

21）http://www.stats.govt.nz/　(2016/06/27）参照。

22）https://www.dia.govt.nz/press.nsf/d77da9b523f12931cc256ac5000d19b6/6cd5e0a601
　　ca6d90cc257d38000ca9f2!OpenDocument　(2016/06/30）参照。

23）2016年2月10日（於：大阪大学）において実施されたBill Atkin教授のレクチャー資
　　料 "CHILDREN, PARENTS AND FAMILIES IN NEW ZEALAND LAW: THE BA-
　　SIC ELEMENTS" より。

115

第1章　諸外国のパートナーシップ制度

　ニュージーランドでは，性的マイノリティが生殖補助医療を利用し，親子関係を形成することについては寛容である。その背景には，権利章典法や人権法，さらには「親としての適性に，性・性的指向は関係ない」との社会認識があるとされる。

　その一方で，同性婚カップルの初の離婚事例（2013年8月に婚姻したレズビアンカップルが，2014年7月に離婚するに至ったという事例）が大衆紙で報道されるなど，同性婚は未だ好奇の対象であり，新しい家族の在り方として社会に定着するには，なお時間を要するようである。

116

第6 アメリカ合衆国

鈴木　伸智

1 はじめに

　2015年 6 月26日に，アメリカ合衆国連邦最高裁判所は，州が同性のカップルに対して婚姻許可状を発給しないこと及び他州で行われた同性婚を承認しないことを連邦憲法（合衆国憲法）違反とする判決を下した。この判決によって，同性婚は，アメリカ合衆国全土で合法化された。

　アメリカ合衆国では，1960年代後半頃からゲイ解放運動が活発化し，1970年に最初の同性婚訴訟が提起された。その後40年以上にわたって，各州で同性婚の認否が争われることになるが，その間に，ドメスティック・パートナーシップ制度やシビル・ユニオン制度のように，同性のカップルに対して，一定の権利及び利益を付与したり，法律上有効な婚姻をしたカップルに付与されるのと同様の権利及び義務を付与する制度を設ける州や，同性婚を認容する州も出現していた[1]。

　本稿では，その約40年間に提起された同性婚訴訟のいくつかを概観し，数州におけるドメスティック・パートナーシップ制度を紹介するが，日本法とアメリカ法とでは異なる点が多々あるため，まずはじめに，以下の 2 点について触れておきたい。

　第一に，アメリカ合衆国の法の二元性である。アメリカ合衆国は，50の諸州，首都ワシントンD.C.（以下，コロンビア特別区という）及び複数の領土

1）一口にドメスティック・パートナーシップ制度といっても，登録可能な者及び保護の範囲は様々であり，本稿では，シビル・ユニオン制度もドメスティック・パートナーシップ制度の一種として扱う。

（territory）からなる連邦国家である。そのため，法体系も複雑で，連邦レベルでは，連邦憲法及び連邦法が制定され，州レベルでは，50の諸州がそれぞれ別個の独立した法域を形成している―すなわち，各州がそれぞれ憲法を有しており，州議会は，連邦憲法又は当該州憲法によって禁止されておらず，かつ連邦議会の専属的立法権に服していない事項については，連邦憲法，法律又は条約に反しない限り，あらゆることを立法することができる[2]。婚姻や離婚など，家族に関わる事項の多くは州の専権事項であり，各州ごとに法律が制定されるため，その内容は州によって異なる。例えば，ほとんどの州は，婚姻の要件として，重婚の禁止，近親婚の制限，婚姻許可状（marriage license）などの発給・登録（本稿では，同性のカップルが婚姻許可状の発給を請求する訴訟を「同性婚訴訟」と称している）を規定するが，親の同意があれば婚姻できる年齢（日本の「婚姻適齢」に相当する）については，男女とも16歳と規定する州が多いものの，ニュー・ハンプシャー州のように男性14歳・女性13歳とする州もあれば[3]，カリフォルニア州のように最低年齢を定めない州もある[4]。そうすると，ニュー・ハンプシャー州で適法に婚姻した男性14歳・女性13歳の夫婦は，他州では，法律上の夫婦と認められないのかという問題が生じるが，連邦憲法第4条第1節の「各州においては，全ての他州の一般法律，記録及び司法手続に対して，十分な信頼と信用が与えられなければならない」という規定により，同夫婦の婚姻は，他州においても有効な婚姻と認められる。この「十分な信頼と信用」条項に従えば，1州がドメスティック・パートナーシップ制度を採用したり，同性婚を認容したりすれば，他州もその当事者をパートナーあるいは法律上の配偶者として扱わなければならないことになる。しかし，後述するDefense of Marriage Act（婚姻保護法）（Pub. L. No. 104-199, 1 U.S.C.A. § 1-7; 28 U.S.C.A. § 1738C. 以下，DOMAとい

2）伊藤正己・木下毅『アメリカ法入門（第5版）』183頁以下（日本評論社，2012），丸山英二『入門アメリカ法（第3版）』48頁以下（弘文堂，2013）等参照。

3）N.H. Rev. Stat. § 457 : 4（2010）（http://www.gencourt.state.nh.us/rsa/html/XLIII/457/457-4.htm）.

4）Cal. Fam. Code. § 302（2015）（http://www.leginfo.ca.gov/cgi-bin/displaycode?section=fam&group=00001-01000&file=300-310）.

第6　アメリカ合衆国

う）によって，同性のカップルの扱いには一定の制限が設けられた。

　第二に，「反自然的な性行為」―特に同性愛行為―を犯罪とするソドミー法の存在である。1960年代に至るまで，同性愛行為は，50の諸州及びコロンビア特別区で禁止されていた。ところが，アメリカ法律協会（American Law Institute）は，イギリス，フランス，カナダ，イタリア，デンマーク，スウェーデン等がソドミー法を改正あるいは廃止している点に着目し，1962年に公表した模範刑法典で，「私的で合意に基づく成人間の性行為」の非犯罪化を提示した。なお，イリノイ州では，既にアメリカ法律協会の法案が採用されており，1961年に他州に先駆け，「私的で合意に基づく成人間の性行為」を犯罪のリストから外していた。次いで，1965年には，ニューヨーク州が州刑法を改正し，1967年に施行している。その後，アメリカ法律協会の提言はその支持を増し，20州が「私的で合意に基づく成人間の性行為」を非犯罪化という決定をした。ところが，1986年のバウアーズ判決[5]で，ジョージア州ソドミー法が合憲と判示されたため，改正の動きに歯止めがかかり，1995年時点で，24州及びコロンビア特別区でソドミー行為は（その実効性はともかく）刑事罰の対象となっていた。バウアーズ判決は，同性婚訴訟にも直接的な影響を及ぼしている。1992年のディーン判決[6]で，コロンビア特別区上位裁判所は，同性婚を禁止することが合理的に適法な州の利益に関係するかという点に関して，「議会が同性婚を承認することは，コロンビア特別区や他の多くの法域で刑事犯罪であるほど道徳的に非難されるべきであると考えられているソドミー行為に，州による暗黙の承認を与えることになる」と述べ，原告による平等保護条項違反の主張を排斥したのである。そして，2003年になってようやく，ローレンス判決[7]で，テキサス州ソドミー法が違憲と判断され（バウアーズ判決が覆され），他の12州のソドミー法も無効となった[8]。このように，アメリカ合衆国では，ソドミー法の存在が同性婚認

5）Bowers v. Hardwick, 478 U.S. 186 (1986).

6）Dean v. District of Columbia, 653 A.2d 307 (D.C.App. 1995).

7）Lawrence v. Texas, 539 U.S. 558 (2003).

8）ソドミー法廃止へと向かう世界的な動向については，大島俊之「ソドミー法を終わら

第1章　諸外国のパートナーシップ制度

容への足枷の１つとなっていたのである。

2　1970年代—同性婚訴訟のはじまり

　アメリカ合衆国の同性婚訴訟は，1970年に提起されたBaker v. Nelson事件[9]にはじまる。申立人は，彼等が同性のカップルであることを理由に婚姻許可状の発給を拒否されたため，訴訟に及んだ。申立人は，まず，①ミネソタ州婚姻法が「明示的に」同性婚を禁止していないことが，同性婚を認容するという立法者の意図を示していると主張した。これに対して，ミネソタ州最高裁判所は，現行法に「夫と妻」・「花嫁と花婿」等の文言があることを理由に，州婚姻法は，婚姻という文言を異性間の結合状態を意味するものとして使用しており，立法者がこれと異なった意味で婚姻という文言を使用していたとは解することができないと判示した。さらに，申立人は，②州婚姻法が同性婚を認容していないと解釈されるのであれば，それは，連邦憲法修正第９条及び第14条が保障する基本的権利としての「婚姻する権利」を侵害し，平等保護条項及びデュー・プロセス条項に違反すると主張した。これに対して，同裁判所は，「男性と女性の結合としての婚姻制度は，唯一，家庭内での生殖及び子の養育を伴うものであり，それは，創世記同様，長い歴史を有している。この歴史的な制度が，申立人が主張する婚姻の現代的概念及び社会的利益以上に深遠なものであることは明白であ」り，「修正第14条のデュー・プロセス条項は，裁判官立法によって婚姻制度の改革を認める憲章（charter）ではない」と判示した。そこで，申立人は，③同性婚が認容されないのであれば，婚姻する異性のカップルに対して，生殖能力を証明し，出産する意思があることを宣言するという要件を，州婚姻法に規定すべきであると主張したが，同裁判所は，同性婚が認容されないのは，性の本質的な相違に基づくものであり，州が婚姻を認められる人を分類（classification）することは，デュー・プロセス条項同様，平等保護条項にも違反しないと結論

せたヨーロッパ人権裁判所」神戸学院法学35巻１号77頁以下（2005）参照。
9 ）Baker v. Nelson, 191 N.W.2d 185 (Minn. 1971), *appeal dismissed*, 409 U.S. 810 (1972).

づけた[10]。

これに次ぐ，Jones v. Hallahan事件[11]で，ケンタッキー州控訴裁判所は，申立人の主張に対して，「ケンタッキー州婚姻法は婚姻という文言を定義していないため，通常の用法に従って定義されなければならない」として，ウェブスターなどの3つの辞典から「婚姻は，男性と女性の結合である」という定義を導き出し，申立人が婚姻できないのは，彼女らの関係が「婚姻という文言の定義に含まれないから」であり，申立人の主張は憲法上の問題とは関連性がなく，宗教の自由という主張も妥当ではないと判示した。

また，Singer v. Hara事件[12]では，同性婚を認容しないことが，ワシントン州憲法の性差別禁止修正に違反するか否かが争われた。ワシントン州控訴裁判所は，男性のカップル，女性のカップルそれぞれに同性婚が禁止されている限りは平等であり，同性婚が認容されないのは，婚姻の目的が生殖及び子の養育にあるからであり，性差別ではないと判示している。また，申立人による，同性婚を認容しないことが「グループとしての同性愛者に対する差別となるため，違憲の疑いの強い分類（suspect classification）を構成する」という主張に対しては，「同性愛あるいは他の同性の関係を排除して婚姻を定義することは，やむにやまれぬ州の利益を判断すべき厳格な司法審査（strict judicial scrutiny）を必要とする違憲の疑いの強い制定法上の分類を創設するものではない」とした上で，「婚姻法から同性の関係を排除することは，伝統的な『合理的基礎』ないし『合理的関係』テスト（reasonable basis or rational relationship test）に基づき支持される」と判示した。

このように，1970年代の裁判所は，同性婚は婚姻ではなく，したがって，同性のカップルには婚姻する基本的権利はなく，また，婚姻から同性のカップルを排除する州婚姻法も合憲であると判断していた。同性のカップルは，

---

10) ミネソタ州は，1977年に州法を改正し，婚姻の定義として，異性のカップルの婚姻のみが法律上有効であることを明示するために，"a civil contract between a man and a woman" という文言を追加し，その後，同性婚を明示的に禁止する規定を置いた。MINN. STAT. ANN. § 517.01; § 517.03 (a) (4) (West Supp. 2000) (amended 2013).

11) Jones v. Hallahan, 501 S.W.2d 588 (Ky. Ct. App. 1973).

12) Singer v. Hara, 522 P.2d 1187 (Wash. Ct. App. 1974).

121

第1章　諸外国のパートナーシップ制度

いかに親密な関係にあっても，法律上は赤の他人として扱われていたのである。

③ 1980年代─地方自治体等による　ドメスティック・パートナーシップ制度の導入

そこで，同性のカップルは，成年養子縁組をすることで，「親子としての法律上の保護」を受けようとしたり，同棲契約（cohabitation agreements）を締結することで，婚姻から生じるのと同様な権利及び義務を相互に確立させようとしたりした。その一方で，「パートナーとしての法律上の保護」や，問題が生じるたびに主張・立証しなくてもよいような「制度」を欲するカップルも少なくなかった。

1980年代に入り，登録をすれば，婚姻関係にない事実上のカップルにも，婚姻をしたカップルに認められる一定の権利及び利益を付与するという制度を設ける地方自治体が出現した。1984年12月に，カリフォルニア州バークレー市議会は，アメリカ合衆国で初めて，ドメスティック・パートナーシップ制度を採択した。当時，この制度を利用できたのは，異性のカップルであるか同性のカップルであるかを問わず，一定の要件（例えば，双方が18歳以上で，近親婚として婚姻が禁止される関係になく，双方にとって唯一のパートナーであることなど）を満たした市職員の事実上のパートナーに限られていたが，その受けられる利益は，歯科診療給付にはじまり，医療，健康保険給付，忌中休暇などへと徐々に拡大されていった。1989年11月までに，バークレー市に登録したカップルは113組で，そのうち約15％が同性のカップルであったといわれている。その後，ドメスティック・パートナーシップ制度を導入する自治体は増加したが，その登録資格や受けられる利益の範囲は各自治体ごとに異なっていた。例えば，当時，最も広範な権利及び利益を保障していたのは，ゲイ解放運動の盛んな地域の1つであったカリフォルニア州ウェスト・ハリウッド市であるといわれており，医療，健康保険給付，忌中休暇，市の刑務所や病院の訪問・面会，住宅に対する居住権までもが含まれ

122

ていた。さらに，市の刑務所や病院の訪問・面会，住宅に対する居住権など
については，市職員だけでなく，全ての市民に対して，パートナーとしての
保護の途が開かれていた。なお，ウェスト・ハリウッド市では，市職員の約
15％が登録し，そのうち約80％が同性のカップルであったといわれてい
る[13]。

　この自治体レベルでのドメスティック・パートナーシップ制度は，同性の
カップル専用の制度ではないものの，同性のカップルが法的にも社会的にも
一定の承認を得られたという点では，同性婚認容へと向かう第一歩と評価し
てもよいのではないだろうか。

4 1990年代—DOMAの成立と州による ドメスティック・パートナーシップ制度の導入

1 ハワイ州における同性婚訴訟とDOMAの成立

　1990年代に入り，Baehr v. Lewin事件[14]で，ハワイ州最高裁判所は，「同
性婚の権利は，それを承認しないことが我々のあらゆる市民的・政治的制度
の基礎にある自由と正義という基本原理に違反するほど，我々の伝統と共通
の良心に根づいているとはいえない」等と述べ，申立人にはプライバシー権
やその他から生じる同性婚の憲法上の基本的権利はないと判示した。しかし，
婚姻を異性のカップルに制限する州婚姻法は，性（sex）差別に当たるとし
て，申立人による，同性婚を認容しないことは，同性のカップルから「婚姻
上の地位を条件とする様々な権利及び利益へのアクセスを奪う」という主張
を認め，事件を原審に差し戻した。1996年，その差戻審であるBaehr v.
Miike事件[15]で，ハワイ州は，同性婚を認めないやむにやまれぬ州の利益と

---

13) 以上の記述は，棚村政行「家族的パートナーシップ制度」青山法学論集33巻3・4号
　　110頁以下（1992）に依拠している。

14) Baehr v. Lewin, 852 P.2d 44, *reconsideration granted in part*, 875 P.2d 225（Hawaii
　　1993）.

15) Baehr v. Miike, No. 91-1394, 1996 WL 694235, 23 Fam. L. Rep.（BNA）2001（Haw.
　　Cir. Ct. Dec. 3, 1996）.

123

して，①子及びその他の個人の健康及び幸福を保障する利益，②婚姻生活において生殖を奨励する利益，③他の法域におけるハワイ州の婚姻の承認を保障し確実なものとする利益，④国庫を保護する利益，⑤同性婚が承認された場合の，合理的に予見できる市民に対する影響を含む，市民的自由を保障する利益を主張したが，差戻審は，いずれの主張についても十分な信用性のある証拠が提出されていないとして，「ハワイ州婚姻法の性に基づく分類は，その文言及び適用において違憲であり，ハワイ州憲法第1編第5条の平等保護条項に違反し，ハワイ州は，申立人が同性であることのみをもって婚姻許可状の申請を拒否できない」と判示した。

　ところが，同年，アメリカ合衆国は，連邦法として，DOMAを成立させた。DOMA第2条は「合衆国のいかなる州，準州若しくは領土又はインディアン部族も，他の州，準州若しくは領土又は部族の法律において婚姻として扱われる同性の者の関係，又は，当該関係から生じる権利若しくは主張に関して，他の州，準州若しくは領土又は部族の一般法律，記録又は司法手続を実行することを要求されない」，第3条は「連邦議会の法律又は合衆国の各行政機関の裁定，規則若しくは解釈の意味を決定するに際して，『婚姻』という文言は夫と妻としての一男一女の法的結合のみを意味し，『配偶者』という文言は夫又は妻である異性の個人のみをいう」と規定した。前述の通り，例えば，A州が同性婚を認容した場合，同性婚を認容しないB州の州民がA州で婚姻をしてB州に戻れば，B州では「十分な信頼と信用」条項を根拠に，同性婚を有効な婚姻と認めざるを得ないという事態が生じる。DOMAはそのような事態を防止することを目的の1つとする法律であった。

　そして，DOMAの制定と前後して30以上の州が州憲法ないし州婚姻法を改正し，同性婚を明示的に禁止したり，あるいは，DOMAと同様の規定を置いたりした。ハワイ州も，州憲法を改正して同性婚を明示的に禁止し，これを受けて，ハワイ州最高裁判所は，Baehr v. Miike事件で，州勝訴の判決を下した。

2 ハワイ州におけるReciprocal Beneficiaries Actの成立

ハワイ州は，同性婚を禁止する一方で，1997年に，Reciprocal Beneficiaries Act（夫婦的利益の受益者に関する法律）（以下，RB法という）を成立させている[16]。この法律は，「婚姻したカップルにのみ付与される一定の権利及び利益を，州法上婚姻を禁止される2人の者からなるカップルにまで拡張すること」を目的としている。ハワイ州議会は，「他者と重要な人的・情緒的・経済的関係を築いていながら，法律上の規制により婚姻できない多くの者がいる」ことを認識し，例えば，「夫を亡くした母とその独身の息子のような関係にある2人の者」にも一定の保護を付与することにした。Reciprocal beneficiary関係（以下，RB関係という）を締結するための要件としては，各当事者が18歳以上であること，当事者の双方とも婚姻しておらず別のRB関係の当事者でないこと（現行法では，「シビル・ユニオンのパートナーでないこと」が追加されている），法律上相互に婚姻を禁止される当事者であること，各当事者の合意が，暴力，強迫又は詐欺によるものでないこと，宣言書に署名することが挙げられている（後掲【資料6】参照）。申請に必要な費用は8ドルで，登録することで，病院での面会権，相続権，財産の共同所有，パートナーが不法行為によって死亡した際に訴訟を提起できる権利のような婚姻に伴う権利及び利益を得られる。同性のカップルも登録することができ，アメリカ合衆国で初めての州レベルでのドメスティック・パートナーシップ制度である[17]。なお，他のドメスティック・パートナーシップ制度とは異な

---

16) HAW. REV. STAT. § 572C (2015) (http://www.capitol.hawaii.gov/hrscurrent/Vol12_Ch0501-0588/HRS0572C/HRS_0572C-.htm). なお，ハワイ州は，2011年に，登録資格として異性・同性を問わないシビル・ユニオン制度も導入している（後掲【資料7】参照）。HAW. REV. STAT. § 572B (2015) (http://www.capitol.hawaii.gov/hrscurrent/Vol12_Ch0501-0588/HRS0572B/HRS_0572B-.htm).

17) その後，2000年1月1日には，カリフォルニア州でドメスティック・パートナーシップ制度が導入されている。カリフォルニア州のドメスティック・パートナーシップ制度は，双方とも婚姻関係及び他のドメスティック・パートナーシップ関係になく，近親婚関係にもない，原則として18歳以上の同性のカップル，あるいは，一方が62歳以上の異性のカップルを対象としており，登録した者には，配偶者に付与されるのと同様の権利，保護，利益，義務，責任，負担が課される。同制度が施行された2000年1月1日当時，保護の範囲は非常に限定的であったが，数回の改正を経て，シビル・ユニオン制度とほ

第1章　諸外国のパートナーシップ制度

り，RB関係には，当事者間の「親密さ」は要求されていない[18]。

5　2000年代—シビル・ユニオン制度の導入と 州における同性婚の合法化

1　バーモント州によるシビル・ユニオン制度の導入

　DOMAの制定をきっかけに，多くの州が同性婚の禁止へと向かうなか，Baker v. State of Vermont事件[19]で，バーモント州最高裁判所は，「多くの者は，象徴的あるいは超俗的な（spiritual）婚姻関係の意義に言及するが，申立人が主張するのは世俗的利益及び保護である」と述べ，バーモント州憲法第1章第7条の共通の利益条項のもと，「州は，バーモント州婚姻法に基づく婚姻から生じる共通の利益及び保護を同性のカップルに拡大することを要求さ」れ，これが，「婚姻法それ自体に包含される形式を採るか，婚姻法に相似する「ドメスティック・パートナーシップ」システムを採るか，又は，何らかの同意義の制定法上の代案を採るかについては，議会に委ねられる。しかし，いかなるシステムが選択されようとも，それは，全てのバーモント州民に，法の共通の利益，保護及び安全を付与する憲法上の義務（imperative）に一致していなければならない」と判示した。この判決を受けて，バーモント州議会は，シビル・ユニオン法を成立させ，この法律のほとんどが2000年7月1日に施行され，保険，税などに関する部分については2001年1月1日に施行された[20][21]。

　バーモント州のシビル・ユニオン制度は，婚姻法のミラー・イメージとも

ぼ同等になった。

18) Coolidge, SYMPOSIUM ARTICLE & COMMENT: *The Hawaii Marriage Amendment: Its Origins, Meaning and Fate*, 22 U. HAW. L. REV. 19, 46 (2000).

19) Baker v. State of Vermont, 744 A. 2d 864, 887 (Vt. 1999).

20) VT. STAT. tit. 15, ch. 23 (2009) (http://legislature.vermont.gov/statutes/fullchapter/15/023).

21) なお，バーモント州は，シビル・ユニオン制度と同時にReciprocal beneficiaries制度も導入したが，2013年に廃止している。

126

いうべく，要件・効果は，婚姻とほぼ同様である。例えば，重婚に対応する要件として，別のシビル・ユニオン又は別の婚姻の当事者でないこと，近親婚に対応する制限として「女性は，その母，祖母，娘，孫娘，姉妹，姪，伯母・叔母とはシビル・ユニオンを締結でき」ず，「男性は，その父，祖父，息子，孫息子，兄弟，甥，伯父・叔父とはシビル・ユニオンを締結できない」こと，そして，「同性」であること，そのためにバーモント州の婚姻法から排除されていること（現行法では削除されている）等が規定されている。また，効果の面では，「シビル・ユニオンの当事者は，法に基づく利益，保護及び義務の起源が，制定法，行政規則若しくは裁判所規則，政策（policy），コモン・ロー又は国内法（civil law）の他の法源のいずれであっても，婚姻の配偶者に付与されるのと全く同等の利益，保護及び義務を有」し，「シビル・ユニオンの当事者は，婚姻夫婦のために法に基づき命じられるのと同じ程度及び同じ方法で，他方を扶養する義務を負」う。シビル・ユニオンの解消に当たっては，家庭裁判所があらゆる手続に対して管轄権を有し，婚姻の解消と同様の手続に従うことになる。

　しかし，DOMAにより，シビル・ユニオンの当事者は，州外ではその関係を認められない場合もあった。また，DOMAの効力は，1,000以上の連邦法や連邦規則に及んだため，とりわけ，連邦法上の社会保障は，シビル・ユニオンの当事者には適用されなかった[22]。

2　州における同性婚の合法化

　バーモント州がシビル・ユニオン制度を導入したのに対して，マサチューセッツ州は，マサチューセッツ州最高裁判所が，Goodridge v. Department of Public Health事件[23]で，同性のカップルに対して，婚姻が与える保護，利益，義務を拒否することは州憲法に違反すると判示したことを受けて，全

22）後掲するWindsor判決が引用するGAO reportによる。GAO, D. Shah, *Defense of Marriage Act: Update to Prior Report 1*（GAO-04-353R, 2004）（http://www.gao.gov/assets/100/92442.html）.

23）Goodridge v. Department of Public Health, 798 N.E.2d 941（Mass. 2003）.

第1章　諸外国のパートナーシップ制度

州に先駆けて，2004年5月17日に，同性のカップルに婚姻許可状を発給した。

　その後，2008年にはカリフォルニア州[24]及びコネチカット州[25]で，2009年にはアイオワ州[26]で，同性婚を認容する判決が下された。

　一方で，バーモント州（2009年）やニュー・ハンプシャー州（2010年）のように，司法の判断によらず，議会の決議によって同性婚を認容する州も出現した。

　2015年3月時点で，同性婚を認容する州は，37州とコロンビア特別区であった。

6 2010年代─DOMA違憲判決とアメリカ合衆国における同性婚の合法化

1　連邦最高裁判所によるDOMA違憲判決と同性婚の合法化

　2013年6月26日に，連邦最高裁判所は，DOMAを違憲と判断した。カナダのオンタリオ州で婚姻をし，ニューヨーク州に居住する同性のカップルの一方が死亡した後，生存配偶者であるウインザーが内国歳入庁に対して，生存配偶者に対する相続税の免除を求めたUnited States v. Windsor事件[27]で，連邦最高裁判所は，DOMAは修正第5条のデュー・プロセス条項が保障する自由を剥奪するものであり，同条項に含まれる平等保護をも否定するものであると判示したのである。

　そして，連邦最高裁判所は，2015年6月26日に，Obergefell v. Hodges事

---

24) In re Marriage Cases, 183 P.3d 384（Cal. 2008）. カリフォルニア州では，本判決により，一度は同性婚が認容されたものの，同年に行われた州民投票で，婚姻を男女間に限定し，同性婚を禁止する規定を盛り込んだ州憲法修正案Proposition 8が可決され，これに対して，同性のカップルが提訴した。連邦最高裁判所は，2013年6月26日に，この規定が連邦憲法に違反するとした下級審（Perry v. Schwarzenegger, 704 F. Supp. 2d 921（N.D.Cal. 2010），Perry v. Brown, 671 F.3d 1052（9th Cir. 2012）.）の判決を事実上維持する判断を下し，同性婚が再び解禁されている。

25) Kerrigan v. Commissioner of Public Health, 957 A.2d 407（Conn. 2008）.

26) Varnum v. Brien, 763 N.W.2d 862（Iowa 2009）.

27) United States v. Windsor, 570 U.S._（2013）.

128

件[28]で，同性のカップルに対して婚姻許可状を発給しないこと及び他州で行われた婚姻を承認しないことは，修正第14条のデュー・プロセス条項及び平等保護条項に違反すると判示した。本件は，当時，同性婚を禁止していたオハイオ州，ミシガン州，ケンタッキー州，テネシー州に対して提起された訴訟の上訴を統合して審理したものである。連邦最高裁判所は，婚姻の意義は歴史と共に変わるとした上で，婚姻が基本的権利であることの根拠を挙げ，それらは異性のカップルだけでなく同性のカップルにも当てはまることを指摘する。そして，「婚姻する権利は個人の自由に内在する基本的権利であり，修正第14条のデュー・プロセス条項及び平等保護条項のもと，同性のカップルはその権利や自由を奪われることはない。同性のカップルは婚姻する基本的権利を行使することができる。1971年のBaker判決は覆される」と判示し，最後に「婚姻以上に深い結びつきはない。なぜなら，婚姻は，愛情，貞節，献身，犠牲及び家族という最高の理想を体現するからである。婚姻をすることで，2人は，それまで以上の存在になる。本件の申立人らの幾人かが証明するように，婚姻は死後でさえも続く愛情を体現する。申立人等が婚姻を軽視しているとみるのは誤解である。彼らの申立ては，婚姻を尊重しているからであり，十分に尊重しているからこそ，彼らは婚姻を望むのである。彼らは，孤独な生活を送るように宣告されること，文明社会の最古の制度の1つから排除されることを望んではいない。彼らは，法律上，平等な尊厳（equal dignity）を求めている。憲法は彼らにその権利を与える」と結んでいる。

2　同性婚とドメスティック・パートナーシップ制度の状況

同性婚が合法化されたことにより，婚姻の定義を修正した州もある。例えば，ミネソタ州は，"marriage" を "civil marriage" に，"between a man and a woman" を "between two persons" に修正し[29]，バーモント州は，婚姻を "the legally recognized union of two people."（「法的に承認された二

---

28) Obergefell v. Hodges, 576 U.S._(2015).

29) Minn. Stat. § 517.01 (2013) (https://www.revisor.mn.gov/statutes/?id=517.01).

人の者の結合」）と定義した[30]。このような修正により，同性婚を異性婚と全く同様に扱う州が多数であるが，異性婚と同性婚との間に差を設ける州もある。例えば，ニュー・ハンプシャー州の婚姻適齢は，異性婚は男性14歳・女性13歳であるが，同性婚は男女ともに18歳である[31]。

　また，婚姻許可状発給の申請書等の書類も見直され，例えば，ハワイ州では，申請者欄（APPLICANT）に，既存のGroom（花婿）・Bride（花嫁）に加えて，新たにSpouse（配偶者）という選択肢が追加されている（後掲【資料8】参照）。

　同性婚の件数については，合衆国国勢局（U.S. Census Bureau）の"American Community Survey 2010"によると，同性のカップルの世帯数は，593,324世帯（同性婚のカップル152,335世帯，婚姻外の同性のカップル440,989世帯）で，合衆国全世帯数の0.518％を占めると推計されている。オバーゲフェル判決後の同局による近年の統計が未発表であるため，近年の詳細は不明であるが，アメリカの世論調査機関であるGALLUP（2015年11月5日付）によれば，オバーゲフェル判決後，同居中の同性のカップルのうち，同性婚をしているカップルの割合が，38％から45％に上昇し，同性婚の件数も，390,000組から486,000組へと約4か月間で96,000組も増加しているという[32]。

　一方，同性婚合法化後のドメスティック・パートナーシップ制度の存廃については，バーモント州のReciprocal beneficiaries制度のように廃止されたものもあるが，多くは存続しているようである。例えば，カリフォルニア州は，州のホームページに，ドメスティック・パートナーシップ制度と婚姻と

---

30) Vt. Stat. tit. 15, ch. 1 § 8 (2009) (http://legislature.vermont.gov/statutes/section/15/001/00008).

31) 前掲注3）参照。

32) Jones & Gates, *Same-Sex Marriages Up After Supreme Court Ruling* (Nov. 5, 2015) (http://www.gallup.com/poll/186518/sex-marriages-supreme-court-ruling.aspx?utm_source=alert&utm_medium=email&utm_content=morelink&utm_campaign=syndication). なお，この統計は，同性婚合法化前の2015年1月28日から同年6月26日まで4,752人のLGBTのアメリカ人に対して，また，同性婚合法化後の2015年6月27日から同年11月3日まで4,172人のLGBTのアメリカ人に対して行ったインタビューから得られたデータに基づいている。

130

は異なるものであり，パートナーに関する規定は特に修正されるものではなく，今後も申請手続を受け付ける旨を記載している[33]。また，同性のカップルにのみ登録を認めるバーモント州シビル・ユニオン法も，現時点では廃止も改正もされていない。

7 おわりに

アメリカ合衆国が同性婚を認容したことについては，現在でも，特に婚姻を「象徴的あるいは超俗的」に捉える市民からの反発が大きいという。例えば，ケンタッキー州の郡書記官が，キリスト教の教えに反するとして，同性のカップルに婚姻許可状の発給を拒否した結果，収監された事件[34]や，同性婚とは直接の関係はないが，フロリダ州の同性愛者向けのナイトクラブで，同性愛嫌悪を公言する男性が，銃を乱射し50人を死亡させた事件[35]は記憶に新しい。また，州による反LGBT法の策定が議論されるなど，アメリカ合衆国においても，一部の市民の同性愛嫌悪の情は，依然として根深いようである。

その一方で，アメリカ合衆国では，全土で同性婚を認容し，州によってはドメスティック・パートナーシップ制度も有するなど，同性のカップルに対する法的保護は，40年前とは比較にならないほどに進展したといってよいだろう。我々にとって，同性婚の認容はもちろん注目に値する事柄であるが，親密なあるいは親密ではない事実上のカップルを保護する多様な政策も，優れた試みとして参考になるだろう。

---

33) Padilla, *Domestic Partners Registry*（http://www.sos.ca.gov/registries/domestic-partners-registry/）.

34) 2015年9月4日付朝日新聞夕刊2頁。

35) 2016年6月13日付朝日新聞夕刊1頁。

第1章　諸外国のパートナーシップ制度

【資料6：RB関係登録の申請書】

REGISTRATION OF RECIPROCAL BENEFICIARY RELATIONSHIP
STATE OF HAWAII

Please print or type legibly

REGISTRANT ONE:

Name (Last, First, Middle)　　　　　　　　　　　　　　Date of Birth (Month, Day Year)

Address (Street)　　　　　　　　　　　　　　City　　　State　　　Zip Code

Email Address　　　　　　　　　　　　　　Phone Number

REGISTRANT TWO:

Name (Last, First, Middle)　　　　　　　　　　　　　　Date of Birth (Month, Day Year)

Address (Street)　　　　　　　　　　　　　　City　　　State　　　Zip Code

Email Address　　　　　　　　　　　　　　Phone Number

WE, THE UNDERSIGNED, DECLARE OUR INTENT TO ENTER INTO A RECIPROCAL BENEFICIARY RELATIONSHIP. ACCORDINGLY, WE WISH TO REGISTER OUR RECIPROCAL BENEFICIARY RELATIONSHIP WITH THE STATE OF HAWAIʻI PURSUANT TO HAWAIʻI REVISED STATUTES, CHAPTER 572C, AND ATTEST TO THE FOLLOWING:

(1) Each of the parties is at least eighteen years old;
(2) Neither of the parties is married nor a party to another reciprocal beneficiary relationship;
(3) The parties are legally prohibited from marrying one another under chapter 572 (HRS); and
(4) Consent of either party to the reciprocal beneficiary relationship has not been obtained by force, duress, or fraud.

WE AFFIRM/SWEAR THAT WE BOTH MEET THE ABOVE REQUIREMENTS OF A VALID RECIPROCAL BENEFICIARY RELATIONSHIP. WE HEREBY REQUEST THAT THE DIRECTOR OF HEALTH ISSUE US A CERTIFICATE OF RECIPROCAL BENEFICIARY RELATIONSHIP.

REGISTRANT ONE:　　　　　　　　　　　　　*REGISTRANT TWO:*

　　　　　Signature　　　　　　　　　　　　　　　Signature

SUBSCRIBED AND SWORN TO BEFORE ME　　　　**SUBSCRIBED AND SWORN TO BEFORE ME**

this _____ day of _____, 20 _____　　　this _____ day of _____, 20 _____

　　　　　Notary Public　　　　　　　　　　　　Notary Public

My commission expires: _____　　　My commission expires: _____

MAIL $8.00 MONEY ORDER OR CERTIFIED CHECK PAYABLE TO **STATE DIRECTOR OF FINANCE** AND THIS COMPLETED REGISTRATION OF RECIPROCAL BENFICIARY RELATIONSHIP FORM WITH SELF-ADDRESSESD, LEGAL SIZED, STAMPED ENVELOPE TO:

**RBR OFFICE
P.O. Box 591
Honolulu, Hawaii 96809-0591**

RBR 1.0 11/2011

第6　アメリカ合衆国

【資料７：シビル・ユニオン許可状発給の申請書】

Your civil union record is vital.
Be sure the information you give is complete and accurate.
PLEASE PRINT – USE BLACK INK

CIVIL UNION LICENSE APPLICATION
TO BE FILLED OUT BY COUPLE MAKING APPLICATION

STATE OF HAWAI'I • DEPARTMENT OF HEALTH
OFFICE OF HEALTH STATUS MONITORING
LICENSE NO.

PARTNER A

Zip Code

| 1a. FIRST NAME OF PARTNER A | b. MIDDLE NAME | c. LAST NAME | 1d. SOCIAL SECURITY NO. | 2. DATE OF BIRTH (Month, Day, Year) |

| 3. USUAL RESIDENCE: a. STREET ADDRESS | CITY | b. COUNTY | c. STATE OR FOREIGN COUNTRY | 4. PLACE OF BIRTH: *City & State/Country |

| 5. FATHER: a. FULL NAME – FIRST, MIDDLE, LAST | b. STATE OR FOREIGN COUNTRY OF BIRTH* | c. Living?* Yes, No, Refused, or Unknown |

| 6. MOTHER: a. FULL NAME – FIRST, MIDDLE, MAIDEN NAME | b. STATE OR FOREIGN COUNTRY OF BIRTH* | c. Living?* Yes, No, Refused, or Unknown |

PARTNER B

Zip Code

| 7a. FIRST NAME OF PARTNER B | b. MIDDLE NAME | c. LAST NAME | 7d. SOCIAL SECURITY NO. | 8. DATE OF BIRTH (Month, Day, Year) |

| 9. USUAL RESIDENCE: a. STREET ADDRESS | CITY | b. COUNTY | c. STATE OR FOREIGN COUNTRY | 10. PLACE OF BIRTH: *City & State/Country |

| 11. FATHER: a. FULL NAME – FIRST, MIDDLE, LAST | b. STATE OR FOREIGN COUNTRY OF BIRTH* | c. Living?* Yes, No, Refused, or Unknown |

| 12. MOTHER: a. FULL NAME – FIRST, MIDDLE, MAIDEN NAME | b. STATE OR FOREIGN COUNTRY OF BIRTH* | c. Living?* Yes, No, Refused, or Unknown |

Blood relationship of PARTNER A to PARTNER B:

In what county do you plan to have CIVIL UNION (If there is no middle name, enter a dash)
(Honolulu, Hawai'i Maui, or Kaua'i County)

When do you plan to be solemnized?

Name of Civil Union Performer (Commissioned by the State of Hawai'i)

DO YOU WANT YOUR NAMES PRINTED OR POSTED ELECTRONICALLY IN THE NEWSPAPER?
☐ YES ☐ NO

FORWARDING ADDRESS:
(After Civil Union)

HOME/CELL PHONE NUMBER:　WORK PHONE NUMBER:

E-MAIL ADDRESS:

PARTNER A DECLARED MIDDLE NAME(S) AFTER CIVIL UNION (If there is no middle name, enter a dash)　PARTNER B DECLARED MIDDLE NAME(S) AFTER CIVIL UNION (If there is no middle name, enter a dash)

PARTNER A DECLARED LAST NAME AFTER CIVIL UNION　PARTNER B DECLARED LAST NAME AFTER CIVIL UNION

CONFIDENTIAL INFORMATION – PLEASE COMPLETE

SUPPLEMENTARY DATA	NO. OF THIS MARRIAGE/ OTHER LEGAL UNION/RBR	IF PREVIOUSLY MARRIED, IN OTHER LEGALLY RECOGNIZED UNION OR IN RBR, LAST MARRIAGE/CIVIL UNION/RBR ENDED:			OCCUPATION*	RACE*	EDUCATION*: Specify Highest Grade Completed	SEX
	FIRST, SECOND, ETC. (SPECIFY)	BY DEATH, DIVORCE, DISSOLUTION, ANNULMENT OR TERMINATION (Specify)	DATE ENDED MONTH / YEAR	PLACE ENDED (COUNTY & STATE)				
PARTNER A	21.	22a.	22b.	22c.	23.	24.	25.	26.
PARTNER B	27.	28a.	28b.	28c.	29.	30.	31.	32.

CERTIFICATION – SIGN BEFORE CIVIL UNION AGENT

We, the undersigned, certify that the information given in this application is true and correct to the best of our knowledge and belief.

✍ ....　　✍ ....
FULL SIGNATURE OF PROSPECTIVE PARTNER A　　FULL SIGNATURE OF PROSPECTIVE PARTNER B

Sworn and subscribed to before me this ...... day of ...., 20......

....　　..
CIVIL UNION LICENSE AGENT　　JUDICIAL DISTRICT, STATE OF HAWAI'I

ITEMS INDICATED WITH * ARE OPTIONAL, BUT DO NOT LEAVE THESE ITEMS BLANK; ENTER REFUSED　　INTENTIONAL FALSIFICATION IS A CRIME

FOR OFFICE USE ONLY

PARTNER A:
SIGHTED: _____
#: _____
NAME ✓? Yes　No
DOB ✓? Yes　No
Previous Marriage(s) or Legally Recognized Union(s):

PARTNER B:
SIGHTED: _____
#: _____
NAME ✓? Yes　No
DOB ✓? Yes　No
Previous Marriage(s) or Legally Recognized Union(s):

OHSM-11

133

第1章　諸外国のパートナーシップ制度

【資料8：婚姻許可状発給の申請書】

STATE OF HAWAI'I • DEPARTMENT OF HEALTH
OFFICE OF HEALTH STATUS MONITORING

MARRIAGE LICENSE APPLICATION
TO BE FILLED OUT BY COUPLE MAKING APPLICATION
(Please read instructions on reverse side of this form)

Your marriage record is vital.
Be sure the information you give is complete and accurate.
PLEASE PRINT – USE BLACK INK

LICENSE NO.

APPLICANT I

1a. FIRST NAME OF APPLICANT I | 1b. MIDDLE NAME | 1c. LAST NAME | 1d. SOCIAL SECURITY NO. | 2. DATE OF BIRTH (Month, Day, Year)

3. USUAL RESIDENCE: a. STREET ADDRESS | CITY | b. COUNTY | c. STATE OR FOREIGN COUNTRY | 4. PLACE OF BIRTH: *City & State/Country

Zip Code

☐ Groom ☐ Bride ☐ Spouse

5. FATHER: a. FULL NAME – FIRST, MIDDLE, LAST | b. STATE OR FOREIGN COUNTRY OF BIRTH* | c. Living?* Yes, No, Refused, or Unknown

6. MOTHER: a. FULL NAME – FIRST, MIDDLE, MAIDEN NAME | b. STATE OR FOREIGN COUNTRY OF BIRTH* | c. Living?* Yes, No, Refused, or Unknown

APPLICANT II

7a. FIRST NAME OF APPLICANT II | 7b. MIDDLE NAME | 7c. LAST NAME | 7d. SOCIAL SECURITY NO. | 8. DATE OF BIRTH (Month, Day, Year)

9. USUAL RESIDENCE: a. STREET ADDRESS | CITY | b. COUNTY | c. STATE OR FOREIGN COUNTRY | 10. PLACE OF BIRTH: *City & State/Country

Zip Code

☐ Groom ☐ Bride ☐ Spouse

11. FATHER: a. FULL NAME – FIRST, MIDDLE, LAST | b. STATE OR FOREIGN COUNTRY OF BIRTH* | c. Living?* Yes, No, Refused, or Unknown

12. MOTHER: a. FULL NAME – FIRST, MIDDLE, MAIDEN NAME | b. STATE OR FOREIGN COUNTRY OF BIRTH* | c. Living?* Yes, No, Refused, or Unknown

Blood relationship of Applicant I to Applicant II: (After Marriage)

In what county do you plan to be married? (Honolulu, Hawai'i Maui, or Kaua'i County)

When do you plan to be married?

Name of Marriage Performer (Commissioned by the State of Hawai'i)

FORWARDING ADDRESS: (After Marriage)

DO YOU WANT YOUR NAMES PRINTED OR POSTED ELECTRONICALLY IN THE NEWSPAPER? ☐ YES ☐ NO

E-MAIL ADDRESS:

HOME/CELL PHONE NUMBER: | WORK PHONE NUMBER:

CONFIDENTIAL INFORMATION – PLEASE COMPLETE

SUPPLEMENTARY DATA	NO. OF THIS MARRIAGE/OTHER LEGAL UNION FIRST, SECOND, ETC. (SPECIFY)	CURRENTLY IN CIVIL UNION OR OTHER LEGALLY RECOGNIZED UNION WITH SAME PARTNER?	IF PREVIOUSLY MARRIED OR IN OTHER LEGALLY RECOGNIZED UNION, LAST MARRIAGE/OTHER LEGAL UNION ENDED:			RACE*	OCCUPATION*	EDUCATION* – Specify Highest Grade Completed	SEX
			BY DEATH, DIVORCE, DISSOLUTION, ANNULMENT OR TERMINATION (specify)	DATE ENDED MONTH YEAR	PLACE ENDED (COUNTY & STATE)				
APPLICANT I	21a.	21b.	22a.	22b.	22c.	23.	24.	25.	26.
APPLICANT II	27a.	27b.	28a.	28b.	28c.	29.	30.	31.	32.

CERTIFICATION – SIGN BEFORE MARRIAGE AGENT

We, the undersigned, certify that the information given in this application is true and correct to the best of our knowledge and belief.

FULL SIGNATURE OF APPLICANT I

FULL SIGNATURE OF APPLICANT II

FOR OFFICE USE ONLY

APPLICANT I:
SIGHTED:
#:
NAME ✓? Yes No
DOB ✓? Yes No
AGE: _____ Sex: M F
Previous Marriage(s)/Legal Union(s):

APPLICANT II:
SIGHTED:
#:
NAME ✓? Yes No
DOB ✓? Yes No
AGE: _____ Sex: M F
Previous Marriage(s)/Legal Union(s):

Sworn and subscribed to before me this _____ day of _____ 20___

MARRIAGE LICENSE AGENT | JUDICIAL DISTRICT, STATE OF HAWAI'I

OHSM-1

ITEMS INDICATED WITH * ARE OPTIONAL, BUT DO NOT LEAVE THESE ITEMS BLANK, ENTER REFUSED | INTENTIONAL FALSIFICATION IS A CRIME

134

第7　国際人権法

第7

国際人権法

谷口　洋幸

1　はじめに

　国際人権法は，世界人権宣言以降に成立した様々な人権条約などの規範文書と，人権保障を実現するための履行監視システムによって形成される。これまで，人種，女性，子ども，拷問，移住労働者，障がい者などの個別課題に取り組んできた。その歴史は，「すべての人間」が，「生まれながらにして自由であり，かつ，尊厳及び権利において平等」（世界人権宣言1条）であることを実現する過程であった。国際人権法は，国家間の約束たる国際法の一分野であり，そこには国家が果たすべき義務が明確に示されている。1990年代以降，そして2011年の国連人権理事会決議を1つの到達点として，国際人権法のテーマに「性的指向・性自認（SOGI）」の人権が加わった。以後，国連人権高等弁務官による調査研究報告書の公表，公式パネル討議の開催，ウェブサイト「Free and Equal」の開設，さらには独立専門家の任命など，国連を中心にSOGIは現代の主要人権課題の1つとなっている[1]。

　国連の動きを後押ししたのが，2006年に採択されたジョグジャカルタ原則[2]である。既存の国際人権法が，性的指向や性自認にかかわらず，すべて

1）詳細は，谷口洋幸「国連と性的指向・性自認」国連研究16号123-140頁（2015）。

2）正式名称を「性的指向・性自認に関連する国際人権法の適用に関する原則」という。同原則は国連の公式文書ではなく，国連の特別報告者や人権条約機関の委員など，国際人権法の専門家らが集まって作成した私的文書である。"The Yogyakarta Principles: Principles on the Application of International Human Rights Law in relation to Sexual Orientation and Gender Identity," launched on 26 March 2007 at the United Nations Human Rights Council, available at www.yogyakartaprinciples.org.

135

の人に適用されうることを29の権利カタログとして明示し，国家に課された種々の義務を定式化したものである。この原則は，国際人権法の実務家や専門家によって採択されたものであり，国連の公式文書でない。にもかかわらず，国連人権高等弁務官事務所をはじめとする国連の人権施策において活用されている。さて，ジョグジャカルタ原則には１つの特徴がある。自由権規約をはじめとするほとんどの人権条約には，通常，「婚姻する権利（right to marry）」が規定される。しかし，ジョグジャカルタ原則にはこの権利が含まれていない[3]。国際人権法の「適用」をまとめた原則が，特定の権利を省略しているのである。この省略は何を意味しているのか。日本国内では，日本国憲法の実体規定（憲法24条・13条・14条）と「同性婚」の関係については，様々な議論が展開されている[4]。また，2015年７月には，「同性婚」が認められていない現状について，日弁連への人権救済申立ても行われた[5]。この点，国際人権法の領域には「同性婚」に関する豊富な判例がある。その展開を踏まえた上での権利の省略である。

「同性婚」に直接関係する国際人権法の実体規定には，「婚姻する権利」（自由権規約23条，ヨーロッパ人権条約12条など），「家族生活の尊重を受ける権利」（自由権規約17条，ヨーロッパ人権条約８条など）がある。さらに，同性同士であるがゆえに法的保障を得られないことは，「差別の禁止」（自由権規約26条，ヨーロッパ人権条約14条など）とも抵触しうる。以下に，国際人権法の視点からみた「同性婚」の位置づけを検討する。

2 「同性婚」とは何か

ところで，「同性婚」という言葉は何を表しているか。日本語圏内で「同

---

3 ）O'Flaherty, Michael and John Fisher, 2008, "Sexual Orientation, Gender Identity and International Human Rights Law: Contextualising the Yogyakarta Principles," Human Rights Law Review 8：224.

4 ）例えば，齊藤笑美子「家族と憲法」憲法問題21号108-118頁（2010），中里見博『「同性愛」と憲法」三成美保編著『同性愛をめぐる歴史と法』70-113頁（明石書店，2015）。

5 ）同性婚人権救済弁護団編『同性婚 だれもが自由に結婚する権利』（明石書店，2016）

性婚」が話題になってから久しいが,「同性婚」と表現される内実は一定ではない。「同性婚」の意味内容については,様々な基準から類型化が試みられているが[6],国家の制度としての「同性婚」は次の3つに分類されることが多い。

1 事実上の「同性婚」

1つ目は,婚姻と同じような共同生活を営む異性同士の関係性に,婚姻法を準用する形で展開してきた事実婚の保護を基礎におく。婚姻という形式を選択せずとも,婚姻に準ずる生活をしているのであれば,そこで生じる不利益や必要な法的保護は似通ってくる。その必要性を満たすために,異性同士を前提に積み上げられてきた法実践である。この点,同性同士でも婚姻と同じような共同生活を営む実態があり,一定の法的保護の要請は,異性同士と大差ない。そこで,事実婚の法的保護を同性同士にも拡大する形,いわば事実上の「同性婚」の保護(de facto marriage)が,国家の制度の枠内に取り込まれることとなった。スウェーデンのサンボ法やフランスのコンキュビナージュ規定などがその代表例である。相手の性別を問わず,必要なところに必要なだけ,個別に法律上の保護を与える考え方である。

2 狭義の「同性婚」

2つ目の新しい制度の構築は,同性同士の関係性に婚姻とは異なる新しい形での法的保護を付与する形である。これは,狭い意味での同性婚(same-sex marriage)といわれる。制度の内容は,子どもに関係する部分を除いて婚姻とほぼ同等である。1989年にデンマークで施行された登録パートナーシップ制度やドイツの生活パートナー関係法,イギリスの市民パートナーシップ法などが代表例である。フランスの民事連帯契約(パクス)は,同じく新しい制度を構築したものだが,民事上の身分ではなく2人の合意内容の

---

6) 例えば,鳥澤孝之「諸外国の同性婚制度等の動向」調査と情報798号1-12頁(2013)。渡邉泰彦「同性パートナーシップの法的課題と立法モデル」家族<社会と法>27号34-48頁(2011)。

第1章　諸外国のパートナーシップ制度

登録である点や，異性同士も利用可能な点に特徴がある。いずれも既存の婚姻ではない新しい法制度であり，同性同士での利用が可能である。先に述べた事実婚的保護は個別事例での対応となるため安定性を欠く。そこで，国家による恒常的な制度が構築されたものである。

3　平等な婚姻

　3つ目の形は，2001年のオランダから始まった。婚姻を「性別にかかわらず2人の間で結ばれる法的な関係性」（傍点筆者）などと再定義し，異性同士だけでなく同性同士でも婚姻を可能とする「同性婚」である。正確には，同性婚が認められたのではなく，同性にも等しく婚姻（marriage）が認められたことになる。同性同士が婚姻できる点では広い意味で「同性婚」だが，2つ目の形と区別するために，平等な婚姻（equal marriage，又は婚姻平等（marriage equality））という言葉も用いられる。人権や平等の視点から，狭義の同性婚それ自体も差別的と捉え，婚姻を同性同士にも開放したものである。人種，階級，国籍などに基づく婚姻制限を撤廃してきた歴史に，性別ないし性的指向に基づく婚姻制限の撤廃が加わったことになる[7]。この時点で，それまでの婚姻は「異性婚」（different-sex marriage）という意味を与えられる。平等な婚姻成立以後の「婚姻」は，成立前と同じではない。

　このように「同性婚」に関する制度は，事実婚，同性婚，婚姻という3つの段階をたどってきた。もちろん，すべての国が同じような段階を経てきたわけではなく，当該国の歴史や伝統，立法や司法の関係性など，各国はそれぞれに大きな特徴をもつ。それらの特徴については，本書に所収されている各国の法状況に関する説明をご覧いただくとして，本稿ではこれらの3つの段階を国際人権法の解釈実践から位置づけていく。

7）もっとも，婚姻には親族関係や年齢，人数などの制限事由も残されている。いずれこれらの婚姻制限も，再考を迫られる時期がくるものと思われる。

第 7　国際人権法

3 「婚姻」を認めないことは国際人権法違反か ─「婚姻する権利」をめぐって

国際人権法には「婚姻する権利」の規定がある。「婚姻」の枠内に同性同士の関係性を含めることは，国家に課せられた義務といえるか。本人の意に反する婚姻や人種，民族，国籍に基づく婚姻の制限，障害や出自を理由とする断種手術などの歴史を踏まえ，国際人権法は，国家が保障すべき人権の1つとして「婚姻する権利」を規定した[8]。この権利には特徴が2つある。1つは，「男女」という文言が使われていること，もう1つは，国内法の裁量が明記されていることである。

1　「男女」とは誰か

まず，「男女」という文言は，文言解釈レベルで同性同士の関係性と衝突する。例えば，自由権規約委員会は，ニュージーランドにおける女性同士の関係性への婚姻証明書の発給拒否について，婚姻する権利を侵害していないと判断した（ジョスリン事件）[9]。また，オーストリアにおける婚姻締結能力の確認手続拒否について[10]，ヨーロッパ人権裁判所も，「12条の文言［＝男女（men and women）］の選択は，意図的なものと考えるべき（para.55）」との理由から，婚姻する権利の侵害を否定した（シャルク・コップ事件）。この判断は条約採択時（1950年代）には，そもそも婚姻は「異性のパートナー同士の結合という伝統的な意味において，疑いなく理解されていた（para.55）」ため，婚姻する権利から同性同士の婚姻を国家の義務として位置

---

8) See. Council of Europe, 1975-1985, Collected edition of the "Travaux Preparatoires" of the European Convention on Human Rights, 2, Martinus Nijhoff, p.54. ヨーロッパ人権条約12条，自由権規約23条など。

9) Joslin v. New Zealand, Views of 17 July 2002, Human Rights Committee (HRCm), U.N. Doc. CCPR/C/75/D/902/1999.

10) Schalk and Kopf v. Austria, Judgment of 24 June 2010, ECHR, Reports 2010. 本件については，渡邉泰彦「ヨーロッパ人権条約における同性婚と登録パートナーシップ」産大法学47巻1号51-100頁（2013）が詳しい。

139

第1章　諸外国のパートナーシップ制度

づけることは困難，との解釈によるものであった。

　そのほかに，かつて，性別変更ができなかったため，結果的に意中の相手と婚姻できなかった事例において，婚姻する権利の侵害が認定されたことがある（グッドウィン事件）[11]。しかし，性別変更後には異性同士の事案であったため，同性同士に婚姻平等を義務づけうる論理にはならない。実際，性別変更前の婚姻が変更後に継続できないことは，婚姻する権利の侵害には当たらないと判断された事件がある（パリー事件）[12]。古くは，性別変更後の同性同士の婚姻不許可について条約機関が申立てを却下した例もある（エリクソン事件）[13]。ただし，女性差別撤廃条約やEU基本権憲章のように「男女」という文言をもたない規定方法の場合，このような文言解釈レベルでの権利侵害の否定は成り立たなくなる。というのも，EU基本権憲章は，各国で「同性婚」の導入が増加している最中に起草されたため，むしろ意図的に「男女」の文言を排除したからである。

2　国内法の裁量

　では，「男女」という文言を意図的に排除する傾向は，婚姻する権利から直接的に婚姻平等の義務を導き出す解釈へとつながるか。ここに国際法の重要な論点がある。それを考える基準となるのが，婚姻する権利にみられるもうひとつの特徴，すなわち，国内法の裁量の明記である。例えばヨーロッパ人権条約12条は，「婚姻をすることができる年齢の男女は，権利の行使を規制する国内法に従って，婚姻をしかつ家族を形成する権利を有する。」（傍点筆者）と規定する。「男女」の限定句を排除したEU基本権憲章9条も，「…

11）Goodwin v. U.K., Judgment of 11 July 2002, European Court of Human Rights（ECHR）, Reports 2002-VI.

12）Parry v. U.K., Decision of 28 November 2006, ECHR, Reports 2006-XV. 性別変更の条件に性別変更申請前の離婚や性別変更許可時の自動解消が規定される例は多い。「同性婚」の法制化に伴い，当該条件は削除される方向にある。渡邉泰彦「憲法と婚姻保護」同志社法学60巻7号333-376頁（2009）。日本の特例法の非婚要件も，この視点から再検討が必要である。

13）Eriksson and Goldschmidt v. Sweden, Decision of 9 November 1989, European Commission of Human Rights, available at HUDOC（http://hudoc.echr.coe.int/）.

140

この権利の行使を規制する国内法に従って保障される」（傍点筆者）と規定する。このように国内法の裁量を明示した文言は，他の権利規定にはみられない特徴であり，婚姻や家族形成の法制度について，国家の裁量の余地（margin of appreciation）が広く認められていることを示している。ただし，あらゆる制限が国家の裁量に委ねられているわけではない。例えばグッドウィン事件において，ヨーロッパ人権裁判所は「手術済みのトランスセクシュアルが，法律上，現状の性別からみて異性の者と婚姻できることをもって，婚姻する権利を侵害されていない，と主張することは表層的（artificial）である（para.101）」と一蹴する。「申立人は女性として生活しており，男性と関係性をもち，男性との婚姻しか望んでいない。申立人はその可能性を閉ざされている。したがって，申立人の婚姻する権利はその本質（very essence）を侵害されている（para.101）」との判断であった。

3　婚姻の「本質」とは

　そこで問われるのは，そもそも婚姻する権利の「本質」とは何かという点である。グッドウィン事件では，自分の望む相手方と婚姻できないことが「本質」を侵害していると判断された。この論理から，相手方が同性であることを理由に婚姻できないことも，権利の「本質」を侵害していると判断される期待も高まっていた。しかしながら，シャルク・コップ事件でその可能性は閉ざされる。裁判所は，「婚姻には，それぞれの社会において大きく異なる根深い社会的・文化的含意がある」（para.62）ため，性自認からみて同性と婚姻できないことは，権利の「本質」を侵害しないと判断したのである。パリー事件のように，婚姻を継続したまま性別変更ができないことが12条違反でないとの判断も合わせて考えると，グッドウィン事件は，性自認からみて異性の相手方であったからこそ，「本質」が侵害されていたと判断されたことがわかる[14]。したがって，現時点では，少なくとも国際人権法上，国家は，婚姻平等という意味での「同性婚」を導入する義務を負っていな

---

14) 谷口洋幸「国際人権法における異性愛の規範化」ジェンダーと法1号147-148頁（2004）。

い[15]。ジョグジャカルタ原則があえて「婚姻する権利」を省略したのも，この解釈の範疇に位置づけられる[16]。

4 同性同士の関係性は国際人権法の対象外か ―「家族生活の尊重を受ける権利」をめぐって

　国際人権法上，国家は同性同士の関係性に婚姻を認める義務がないということは，国家は同性同士の関係性を無視していても良いのだろうか。そこで検討すべきは，「家族生活の尊重を受ける権利」（right to respect for family life）である。この権利は，「私生活（private life, privacy）」とともに，国家の不介入を義務づける典型的な自由権の１つである。ただし，国家に義務づけられるのは，介入しないこと（消極的義務）だけではない。もし家族としての生活が効果的に尊重されていなければ，国家は立法・行政・司法その他の適切な措置を通じて，実質的な尊重を確保しなければならない（積極的義務）。

1 「家族」とは何か

　かつては，同性同士の関係性は私的な事柄であり，子どもが関係している事例以外では，そもそも「家族（family）」の概念には入らないと解釈されてきた[17]。しかし，2012年，ヨーロッパ人権裁判所はシャルク・コップ事件において，同性同士の関係性も，異性のそれと同じく「家族」に該当するものであり，同様の保護が求められるとの理解を示した。各国の国内法やEU法の変化を指摘しつつ，「安定した事実上のパートナーシップのもとで同棲生活を送っている同性カップルの申立人らの関係性は，同じ状況にある異性カップルの関係性と全く同じように，「家族生活」の概念に当てはまる

---

15) あくまで国際人権法上の解釈における論理的帰結であり，婚姻平等の憲法上の義務づけは別途の考察する必要である。例えば，齊藤・前掲注４）112-113頁を参照。

16) O'Flaherty and Fisher・前掲注３）。

17) 谷口・前掲注14) 144-145頁。

（para.94）」と明示した。

　そもそも「家族」の概念は，その対象を国際的に統一することが極めて難しい。それは，各国にはそれぞれの社会的背景があり，かつ，時代とともに変化していくためである[18]。そのような限界を踏まえつつ，国際人権法は多様化する家族の実態にあわせた人権保障を推進してきた。家族生活を尊重する国家の義務には，先述のように，恣意的な介入を禁止する消極的義務だけでなく，効果的な尊重を求める積極的義務も含まれる。国際人権法にいう家族の概念に同性同士の関係性が含まれるならば，刑事罰や意図的な排除が許されないのはもとより，立法等を通じた明示的な保障措置が求められることとなる。前述のとおり，婚姻平等の法制化は，「婚姻する権利」に基づいて国家に義務づけられてはいない。では，狭義の同性婚は「家族生活の尊重を受ける権利」から義務づけられているといえるか。

2　「同性婚」は「家族」か

　2015年7月，ヨーロッパ人権裁判所はこの問いの答えを出した（オリアリ事件）[19]。1990年代から各国で狭義の同性婚が制度化され，2000年代からは婚姻平等へと移行していく中，イタリアは国家の制度としての「同性婚」をもたずにいた。ただし，国内にある8,000の自治体のうち，115の自治体が渋谷区のパートナーシップ証明書のような制度を導入しており，国家レベルでも，同棲生活に関係する契約が一定の保護を受けていた。また，憲法裁判所も，いくつかの事例で同性同士の関係性の法的保障の必要性を判示していた。つまりイタリアでは，同性同士の事実婚的保護がなされていたのである。ところが，ヨーロッパ人権裁判所は，「現在利用できる保護の内容は，安定的な関係性にあるカップルにとって不可欠なニーズを提供できていない点において内容的に不十分」であり，「同棲という事実や司法府の態度に左右される点において，…十分な安定性も欠いている」と否定的評価を下した（para.172）。さらに，婚姻できない状況では，「シビル・ユニオンや登録パー

18）See. HRCm, CCPR General Comment 16, 8 April 1988.

19）Oliari and others v. Italy, Judgment of 21 July 2015, ECHR, available at HUDOC.

143

第1章　諸外国のパートナーシップ制度

トナーシップの関係に入る選択肢を得るだけの特別の利益」があり，それこそが「最適な手段」であるという。その法的効果の強弱にかかわらず，制度による保障は「本質的な価値をもつもの」であり，「同性カップルを正統とする感覚へと導いていく」という重要な意味ももっている（para.174）。このような論理のもと，裁判所は当時のイタリアの法状況が「家族生活の尊重を受ける権利」を侵害していると断じた。

　イタリア政府は，社会の意識が成熟していないことなども理由として挙げていたが，裁判所は，いずれの主張も申立人の権利を制限するに足るだけの社会全体の利益を立証していないとして退けた。世界的の潮流からみても，国家の制度としての「同性婚」を導入しないことには，高いレベルの立証が求められることとなる。その結果，婚姻平等の実現は国家の裁量の範囲内だが，事実婚の保護は内容や安定性が不十分であるため，狭義の同性婚の法制化は「家族生活の尊重を受ける権利」から導き出される国家の義務である，との判断が示された。

5　異性同士と同性同士の法制度上の差異は差別に当たるか―「差別の禁止」をめぐって

　国際人権法は，差別が禁止される項目のひとつに「性」を規定しており，今日まで，性的指向（sexual orientation）もその概念の中に含まれると解釈してきた。例えば，異性同士には適用されないソドミー行為の処罰（トゥーネン事件）[20]や異性同士よりも高く設定された性行為の合意年齢（L及びV事件）[21]，個人の性的指向のみを理由とする公的な職場からの解雇（スミス及びグレディ事件）[22]や離婚後の親権・監護権の否定（ダ・シウヴァ事件）[23]などが，

---

20) Toonen v. Australia, Views of 31 March 1994, HRCm, U.N. Doc. CCPR/C/50/D/488/1992.

21) L. and V. v. Austria, Judgment of 9 January 2003, ECHR, Reports 2003-I.

22) Smith and Grady v. U.K., Judgment of 27 September 1999, ECHR, Reports 1999-VI.

23) Da Silva v. Portugal, Judgment of 21 December 1999, ECHR, Reports 1999-IX.

性的指向に基づく差別と認定されてきた。スミス・グレディ事件では，性的指向が個人のアイデンティティに深くかかわる認識である以上，それに基づく差異ある処遇には，「人種，出自又は皮膚の色」に基づく差別と同じく，特に重大な理由（particularly weighty reason）が示されなければならないとの基準を示した。

1　事実婚との差別

「同性婚」に関係する差別として，これまで，事実婚の法的保護が異性同士の関係性に限定されていることが争われてきた。例えば，集合住宅の賃借人であった者が死亡した場合に，同性であることを理由に賃貸借権を承継できなかった事例がある（カルナー事件）[24]。この事例では，伝統的意味における家族を保護する目的と，承継の可能性を完全に排除する手段が不均衡であるとして，差別が認定された。また，遺族年金の受給資格についても，異性同士の事実婚に支給されている場合には，性的指向のみを理由として不支給とすることは合理的・客観的理由がなく，差別となる（ヤング事件，X対コロンビア事件）[25]。さらに，受刑者とそのパートナーの面会についても，性的指向に基づく差別なく許可を与えることが求められている（ジラルド事件）[26]。これらの解釈を経て，国際人権法は，事実婚的保護を同性同士の関係性にも等しく適用することを各国に求めている[27]。

---

24) Karner v. Austria, Judgment of 24 July 2003, ECHR, Reports 2003-IX.

25) Young v. Australia, Views of 6 August 2003, HRCm, U.N. Doc. CCPR/C/78/D/941/2000；X v. Columbia, Views of 30 March 2007, HRCm, U.N. Doc. CCPR/C/89/D/1361/2005. See also, Maruko v. Versorgungsanstalt der deutchen Bühnen, Judgment of 1 April 2008, European Court of Justice, Case C-267/06, E.C.R. I -1757.

26) Giraldo v. Colombia, Decision of 4 May 1999, Inter-American Commission on Human Rights, OEA/Ser.L/V/II.106.

27) See. United Nations High Commissioner for Human Rights, 2015, "Discrimination and violence against individuals based on their sexual orientation and gender identity", U.N. Doc. A/HRC/29/23, paras.67, 68, 79(h).

第1章　諸外国のパートナーシップ制度

2　狭義の同性婚との差別

　狭義の同性婚に関する差別事例として，1つの興味深い判断がある。ギリシャで成立したシビル・ユニオン法は，その利用対象を異性同士の関係性に限定していた。これが性的指向に基づく差別にあたる，という判断である（ヴァリアナトス事件）[28]。ヨーロッパ人権裁判所は，同性同士の関係性が「家族生活」であることを確認した上で[29]，国家の制度がもつ意味に着目した。「婚姻の代替手段として公的に承認された［シビル・ユニオン］は，その法的効果の強弱がいかなるものであれ，申立人にとって本質的な価値（intrinsic value）をもつ」。私的な契約関係ではなく，「国家によって公的に承認された関係性において財産・扶養・相続に関する事項を規制する意味をもつ」（para.81）。先述のオリアリ事件と同様，制度による保障がもつ実際上の利益以上の効果に着目した判断である。

　対するギリシャ政府は，シビル・ユニオンを異性どうしに限定する理由として，婚外子やシングルの親に特別の保護を与えることによって，「伝統的な意味における婚姻や家族の制度」を強化する目的があると主張した。これに対し，裁判所は性的指向のように「国家の裁量の余地が狭い事柄については，…達成すべき目的のために採用された手段が適切（suitable）であるだけでは十分でな」く，「採用される手段が必要（necessary）であること」が示さなければならないという（para.85）。婚姻関係の外で生まれる子どもの保護はもちろん必要だが，それは同性同士の関係性をシビル・ユニオンから排除しなくても達成できる。そもそも，異性同士であれば，子どもの有無にかかわらずシビル・ユニオンを利用可能であり，同性同士を排除することとの整合性がない。ゆえに性的指向に基づく差別に該当する，という解釈であった。したがって，仮に，婚姻とは別の形で事実婚の法的保護に包括的な

---

28) Vallianatos and others v. Greece, Judgment of 7 November 2013, ECHR, Reports 2003.

29) 家族生活については，これまで同棲生活を営んでいることが前提条件とされてきたが，本件では仕事上の理由等で同居していない申立人らも家族の概念に含まれることが認められている。

第7 国際人権法

新しい制度を導入する場合，それを異性同士に限定することは，性的指向に基づく差別となる。狭義の同性婚が「家族生活の尊重を受ける権利」から導き出される国家の積極的義務であることに加えて，仮に婚姻にかわる新たな法制度が異性間に限定されていれば，その制度も国際人権法上，許されないことになる。

6 おわりに─国際人権法の使い方

立憲主義に基づいて制定された日本国憲法は，国家権力の暴走を食い止める目的から，多くの国の憲法を同じく「人権」に関連する規定を置いている。しかし，日本国憲法の規定は極めて短い言葉で書かれており，権利の制約も「公共の福祉」というあいまいな表現でとどめられている。対して，国家の義務の範囲を明確化する歴史を経てきた国際人権法は，権利内容や制約の態様が明記されているだけでなく，具体的事例に基づく解釈実践も蓄積されている。したがって，国際法の「誠実な遵守」（国際法98条2項）に基づいて，国際人権法の規定やその解釈適用実践である国際判例は，憲法の解釈するための指針として用いることができる。諸外国の立法を学ぶことと同時に，国際人権法に基づく国家の義務としての「同性婚」という視点も忘れてはならない。

第2章

自治体における
同性パートナーシップ
制度の導入

第2章　自治体における同性パートナーシップ制度の導入

第1

「（仮称）渋谷区多様性社会推進条例制定検討会」での論点

大川　育子

　2015年11月5日より，渋谷区ではパートナーシップ証明書の発行が，そして，世田谷区においてパートナーシップ宣誓書受領証の発行が始まった。同日に同様の制度をスタートさせた両区であったが，各区の特徴として，渋谷区の制度がそれぞれの市区町村単位で個別に制定できる「条例」によるのに対し，世田谷区の制度は各地方公共団体の長等が定めることができるが，法規性のない「要綱」によるという違いがある。

　渋谷区では，2015年3月31日に「渋谷区男女平等及び多様性を尊重する社会を推進する条例」が可決成立した。一項目としてパートナーシップ証明書の発行を定めたこの条例は，どのようにして出来上がったのか。そこで本稿では，条例成立前の動きとして，筆者が一委員として関わってきた「（仮称）渋谷区多様性社会推進条例制定検討会」について，2014年7月から2015年1月の約半年間，計9回にわたり交わされてきた議論の内容を述べていくこととする。

1　（仮称）渋谷区多様性社会推進条例制定検討会の設置

1　経緯

　渋谷区における，パートナーシップ証明書の発行への動きは，2012年6月8日，長谷部健区議（当時）による議会質問から始まった。それまでLGBT当事者と親交があり，彼ら・彼女らの苦悩を実際に聞いてきた長谷部区議は，議会の場でLGBTの問題について取り上げ，渋谷区でパートナーとしての証

150

明書の発行ができないか，質問・提案を行った。

　その1年後の2013年の6月の議会で，岡田マリ区議が長谷部区議の質問に触れながら，LGBT当事者をめぐる環境や諸外国の動き等を取り上げ，パートナーシップ証明書の発行や，セクシュアル・マイノリティの人々の支援を求めた。これに対し桑原敏武区長（当時）は，「議員御提案のパートナー証明の発行につきましては，国内法や国際法などの関係を考え合わせるとき，制約も大きく，検討すべき課題が多くあると思いますけれども，今後，専門家の御意見等も聞きながら前向きに検討してまいりたいと思います」と回答した。

　2014年6月，岡田区議の再度の提案に対し，桑原区長は，「来るべきグローバル時代におきまして，男女平等にとどまらず，文化や宗教，言語の違う外国人など，多様なアイデンティティーを受け入れ，1人1人の主体性が生かされる社会でなくてはなりません。そのためには，性同一性障害の方々も含め，多様性を受け入れられ，全ての国民の人間性が尊重され，差別のないまちづくりが進められることが必要であると考え，このたび検討会を設置することにいたしたものでございます。」と回答した。また，パートナーシップ証明書についても，「法制上の制約等もございますので，多様性社会を推進するこの検討会において，さらなる検討を進めてまいりたいと存じます。」とのことであった。

　このような議会での答申を経て，2014年7月17日，桑原区長が，（仮称）渋谷区多様性社会推進条例の制定に関する事項について，幅広い視点で協議及び検討するため，「（仮称）渋谷区多様性社会推進条例制定検討会」（以下，検討会という）を設置するとした。

2　検討内容

　検討内容としては，次の各号に掲げる事項について協議及び検討するとされた。

　①　条例の制定を図るための調査・研究に関すること。

　②　条例に関する課題整理と立案に関すること。

第 2 章　自治体における同性パートナーシップ制度の導入

③　その他条例の制定のため必要があると認める事項。

また，構成員等については，複数の人に客観的に考えてもらう必要があるとのことから，区職員及び専門家により構成することが定まった。

2 検討会の動き

1　検討会の方針 (第1回)

(1)　構成

2014年7月28日，第1回目の検討会が開かれた。メンバーは，学識経験者の学者が委員長に就任し，子ども総合支援センター長が副委員長に就任し，渋谷区総務部長，同総務課長，同住民戸籍課長，学者，人権擁護委員（弁護士），しぶや男女共同参画をすすめる会代表で構成された。

この検討会の位置づけとしては，（仮）渋谷区多様性社会推進条例制定に関する事項について，幅広い視点で協議及び検討することが目的とされ，条例制定権・予算決定権等は持たないとされた。検討会は，条例の前文，骨子について各委員が案を出し合いながら区職員担当者に報告して，区職員担当者が条文化した案について協議する形式で繰り返し行っていくこととなった。そして，検討会での協議と案の作成を繰り返して出来上がったものを最終的に条例案として，区長や議会に報告することとされた。

(2)　共通認識の必要性

検討会においてまず必要だったのは，委員の共通認識である。今後の進め方として，まずは委員ら自身が，LGBTについてどの程度理解をしているかを把握し，共通の知識をもって進めていこうという話になった。

実際，集まった委員らのLGBTに関しての知識はまだ浅いものであった。そこで，LGBTという用語そのものから議論された。法務省の人権に関するホームページによると，LGBTという用語は使用されていない。それにもかかわらず，条例においてLGBTと表記するのは適しているのか。議論の中では，国の用語でいうと，「性的指向等」を使うのが良いのではないかという

152

意見も出た。

また，LGBTについて理解するためには，当事者の「困り感」を知る必要があるのではないかと言う意見が出た。そこで，当事者にとって何が問題であるか，また何に困っているのかを，実際に当事者に来てもらい話を聞くことに決めた。

条例の制定に向けて歩み始めた検討会は，委員ら自身がLGBTについてまだ知らないことが多いなかで，マイノリティにやさしい条例づくりが必要であるということで意見が一致した。

2　検討すべき問題の抽出（第2回〜第4回）

(1)　参考人の聴き取り

参考人の1人としてまず，区議会でパートナーシップ条例を実際に提案したことがある岡田区議の話を聞こうということになった（前述参照）。岡田区議はこの検討会で，2012年の調査では，人口の5.2％がLGBTとの統計もあるが，顕在化していないため，パートナーであっても，普通の夫婦が享受できる結婚祝い・手当，入院の付き添い，お墓の管理などができない状態にあることを問題として取り上げた。そこで，パートナーシップ証明があれば，例えば，区民住宅の入居の際に証明があれば入居できるなど，一部サービスが受けられるようになると考え，行政から，LGBTの立場，地位向上を図ってほしいとのことであった。

また，LGBT当事者の杉山文野氏と松中権氏の話を聞いた。検討会の委員でもある杉山氏は，幼い頃から自分の性別が女性であることに違和感を覚えながら，高校まで女子高に通っていた。自分が性同一性障害であることがわかってからは，次第に周りにも打ち明けられるようになり，大学・大学院の卒業後には，性同一性障害者である自らの生い立ちや思いを綴った『ダブルハッピネス』（講談社，2006）を出版した。現在は飲食店を営業しつつ，講演やTVの司会等をしているという。

松中氏は，子どもの頃から男性に好意を持ちながら，TV等でのゲイに対する誹謗中傷，からかいがあったため，ひたすら自分の性的指向を隠して過

153

ごしていた。しかし大学時代，オーストラリアへ留学して初めて生きやすさ
を感じ，今ではNPO「グット・エイジング・エールズ」を立ち上げ，孤立
しがちな高齢者たちの場やシェアハウス作りをしているという。

　2人は，子ども時代から抱えていた思いを打ち明けてくれた。自己肯定が
できず，未来を描けなかった。周りから普通にみられるように自分を監視し
ていた。また，現状として日本には制度がないため，婚姻，手術の立会いや
住宅ローン組み等ができず，当たり前なサービスが受けられない。このよう
な苦悩を抱えながら生きてきた当事者にとっての思いは，LGBTとは，すぐ
隣に居る存在だとわかってほしい，そして「男がこう」「女とはこう」では
なく，「自分は自分であること」を受け入れられる社会になってほしいとい
うことであった。

　ほかにも，男女共同参画に1975年頃から関わってきた初田總子氏（しぶや
男女共同参画をすすめる会）からは，これまで作ろうと活動してきた男女平等
条例について話を聞いた。

(2)　「多様性」─条例のキーワード

　参考人の話を聞くたびに，委員らの理解は深まっていった。LGBT当事者
と女性運動をしてきた人の双方の意見を汲み，「多様性」に寛容な社会をポ
ジティブに捉えていきたいという意見が出た。

　そこで，条例の対象範囲として，男女平等・LGBTなど，性を切り口とし
た課題を主柱とし，障害者，外国人などにも触れていくことになった。

　また，条例の名称候補としては，以下の3つに絞られた。

① 　渋谷区多様性社会推進条例

② 　渋谷区の男女平等と多様性を推進する条例

③ 　渋谷区男女平等・多様性を尊重する社会を推進する条例

　各委員が，どの名称が良いか検討し，事務局に報告することになった。

(3)　課題の整理

　パートナーシップ証明書を発行するとなった場合，何を根拠に同性のカッ

第1　「（仮称）渋谷区多様性社会推進条例制定検討会」での論点

プルとして認めるのかが課題となる。パートナーシップを認定するのは，法的な課題があるのではないか，また，証明を出す際，法的な妥当性を判断するのが難しいのではという意見があった。権利との関係があるため，詐称もありうるのではないかとの意見も出た。パートナーシップの認定及び証明書の発行ついては，法的な面も含め検討を続けていく必要があった。

　また，例えば文京区など，差別的な取扱いを禁止している条例[1]もあることから，差別的不当な取扱いに対しての罰則について話し合った。禁止するということは，違反した場合の罰則が必要ではないか。しかし，罰則を設けるよりも，LGBTの人々が普通にサービスを受けることができるようになることが先決ではないか。そのためには，条例で具体的に何が変わるのか規定することが大事ではないか。また，罰則とは反対に，表彰制度を設けるのも良いのではないか。委員らが様々な意見を出し合い，外国人の条を除き，事業者の責務，禁止事項，拠点施設，推進体制を加えるということになった。

3　条例内容の検討（第5回・第6回）

(1)　条例の骨子

　2014年11月18日，第5回目の検討会の際には，前文については概ね決まった。これまで各委員が毎回案を出し合い，検討を繰り返しながら進めてきて，前文の内容としては，今回の条例が渋谷というまちでなぜ必要であるのか，条例を制定する意義について触れることとした。

　定義についての確認は，条文の中で複数回出て来る場合のみ定めればよいのではないかということになった。原案にある性的指向・性同一性障害のほかに，性的少数者を定義に入れることになった。

　区の責務として，啓発を例示的に入れるかどうかについても話し合われた。

---

1 ）文京区男女平等参画推進条例では第7条第1項で，「何人も，配偶者からの暴力等，セクシュアル・ハラスメント，性別に起因する差別的な取扱い（性的指向又は性的自認に起因する差別的な取扱いを含む。）その他の性別に起因する人権侵害を行ってはならない」と定めている（http://www.city.bunkyo.lg.jp/var/rev0/0108/7720/danjyo-suishinn jyourei.pdf）。

155

第2章　自治体における同性パートナーシップ制度の導入

特に今回の条例のキーワードとしている「多様性」について，区として啓発を意図的にするべきであるという意見があった。

拠点施設については，拠点となる施設を確保することとし，その場所は特定しないことになった。

また，推進体制については，区民や事業者による苦情や相談に対応するために，その受皿としての苦情処理と相談窓口の条を加えることも視野に入れた。窓口を設けるだけでなく，苦情や相談等を受けた結果の対応として，指導・勧告に関する規定まで載せるほうがよいのではとの意見が出た。

男女共同参画の観点から，男女平等を掲げた「しぶや男女共同参画をすすめる会」の条例案についても議論しながら，今回の条例が，男女のみではなく性的少数者を含むものであること，そして，「多様性」とは，性の多様性であることを確認した。

(2)　パートナーシップ証明について

ア　実効力の担保

当事者の方から聞いた「困り感」に対し，区としてどんな支援ができるかを考えるにあたり，対象となる人の条件（双方区民，片方区民等）や区で取り組める範囲等，明示する必要があった。当事者が抱える「困り感」のなかでも大きな問題が，区営住宅の入居及び入院時の保証人・手術の同意等の場面である。しかし，たとえ証明書を出したとしても，民間に対しての強制力はないので，配慮をお願いすることしかできないのではないか。そこで，医師会や不動産境界等などの協議も視野に入れていった方がよいとの話になった。

イ　婚姻との比較

婚姻による効力を確認し，パートナーシップ証明に反映できる点について議論した。パートナーシップ証明書によって婚姻と同程度の権利を得るために，婚姻と同じ覚悟をした上，あえてハードルを高くすることに意義があるのではないかという意見が出た。そのハードルとして議論にあがったのが，任意後見である。生涯にわたり助け合っていくという覚悟をもった当事者双

第1 「(仮称) 渋谷区多様性社会推進条例制定検討会」での論点

方が，互いに任意後見人となることにより，認知能力の低下等のようないざというときに，生活・療養看護・財産に関する諸事務を委託することができる。このさらなる覚悟の表れがパートナーとして認める根拠の1つになるのではないかと考えられ，この議論は，最終的に「合意契約公正証書」と「任意後見契約公正証書」の双方を必要と定めた要件へと結びついている。

4 最終案の決定と区長報告 (第7回〜第9回)

(1) 専門家の意見聴取

第7回目の議事の前に，この検討会の役割が再度確認された。審議会ではなく，条例制定に向けての調査・研究・課題整理をする場であるため，最終的には，区長に答申するのではなく，「報告」するものとなることを委員全員で確認した。

条例案については，東京都立大学名誉教授の兼子先生から法令文としての文言に対する諸注意，弁護士の中谷先生からは，個々の条文に対し，もう少し詳しい説明を入れた方が良いとの意見をいただいた。意見の中には，画期的な条例であるが，時期尚早との感もいただいた。しかし，今回の条例の意義を見直し，困っている当事者がいる現状を鑑みるとこの条例の制定は必要なものであり，区長報告まで進めることとした。

(2) 罰則規定

これまで詳細な検討を続けてきたが，最終的な論点となったのが罰則規定についてである。議論のなかでは，罰則の1つとして，区民や事業者名の公表が必要ではないかという意見が出た。罰則規定を設けるかについては，以前の検討会でも論点としてあがっていたが，これからスタートするのだから，運用しながら考えていく方がよく，最初から過料というのは厳しすぎるのではないかということから，やはり過料は難しいという結論に至った。そこで，区民や事業者に対する苦情や相談に対し，区が指導や勧告をして，それを受けたうえで従わなかった場合に，従わなかった区民や事業者名を公表するという，罰則の一環のようなかたちをとることを考えた。この場合の公表は悪

157

第2章　自治体における同性パートナーシップ制度の導入

い意味での公表に当たるが，いい意味での公表としても，以前にも議論にあがった顕彰を取り入れることとした。

⑶　区長報告

2015年1月9日の第8回目には，条例案名を「渋谷区男女平等及び多様性を尊重する社会を推進する条例（案)」で決定した。報告書案については逐条検討され，2015年1月20日，第9回の検討会にて，区長へ報告した。

3 検討会のその後

これまで検討を重ねて出来上がった条例案を区長に報告した後，2015年3月の区議会で条例案が提出された。そして，3月31日に「渋谷区男女平等及び多様性を尊重する社会を推進する条例」として可決成立し，条例の具体的な施行方法等の検討については，「渋谷区男女平等・多様性社会推進会議」に委ねられることになったのである。

第**2**

渋谷区男女平等・多様性社会推進会議での議論から

中川　重徳

1　はじめに

　2015年2月，東京都渋谷区と世田谷区が，同性パートナーシップ制度を実施する方針を相次いで明らかにした。

　渋谷区では，2014年7月，桑原敏武区長（当時）が「（仮称）渋谷区多様性社会推進条例制定検討会」を設置し，2015年1月までに9回の会議を開催してパートナーシップ証明制度を含む条例案を策定する作業が行われていた。世田谷区でも，上川あや区議が議会での質問や区内のLGBT当事者との連携に取り組み，保坂展人区長が調査と検討を約束していた。2015年3月31日，渋谷区議会で「渋谷区男女平等及び多様性を尊重する社会を推進する条例」が成立し，世田谷区議会でも，7月29日に「世田谷区パートナーシップの宣誓の取扱いに関する要綱案」が報告された。それから両区は仲良く11月5日にそれぞれの制度をスタートさせたのである。

　その後，同様の取組が，三重県伊賀市（2016年4月），宝塚市（同年6月），那覇市（同年7月）で実施され，札幌市も，市民と弁護士らからの要望を受けて制度の導入を検討中と報じられている。

　これらの制度は，日本で初めて行政が同性カップルの存在を認めて積極的に支援しようとするものであり，画期的なものであった。しかし，LGBT当事者や同性カップルが直面する困難と不平等の切実さや，世界的には既に20数か国で同性間の婚姻が可能となり，G7構成国を見ても，同性カップルの婚姻もパートナーシップ制度も持たない国は，2015年2月の時点でイタリアと日本だけ，その後2016年にイタリアでシビル・ユニオン法が成立したため，

第 2 章　自治体における同性パートナーシップ制度の導入

現在では，唯一日本だけとなった世界の趨勢に照らせば，むしろ遅すぎた第
一歩でもあった。

2 区内外からの声

　渋谷区と世田谷区の動きは，それまで日本の社会では広く論じられること
がなかったLGBTや同性カップルへの社会の対応について，様々な議論が提
起される呼び水となった。渋谷区が 2 月12日に条例案の提出を発表すると，
このことが「同性カップルに『結婚相当』証明書」との見出しで報道され[1]，
SNSでは当事者からの歓迎の声が多く発せられた。舛添要一東京都知事（当
時）も，「現実の生活の場での差別や偏見をなくすことにつながる」として，
両区の動きを積極的に評価する発言をした[2]。

　他方，自民党内などからは，同性カップルを「婚姻相当」とするパート
ナーシップ証明の制度は，国の婚姻制度と抵触するのではないか，自治体の
条例制定権を逸脱するものではないか，等の発言がなされた。さらに国会で
は，憲法改正を求める趣旨に立って憲法第24条と同性婚の関係を問う質問が
なされ，安倍晋三首相は「現行憲法の下では同性カップルに婚姻の成立を認
めることは想定されていない」と答弁した[3]。また，渋谷区内では，「同性
愛者が集まってくる」等の内容のビラが各戸に配布されたり，渋谷区が宮下
公園からホームレスの人々を排除したことに関連して「人権の二重基準」と
する批判もあった。

　それでも，毎日新聞が 3 月中旬に実施した世論調査では，同性婚に対して
「賛成」44％，「反対」39％という好意的な結果が示され[4]，同月17日には，
国会内で超党派の「LGBTに関する課題を考える議員連盟」が発足する等の

---

1 ）2015年 2 月12日付朝日新聞夕刊 1 頁
2 ）2015年 2 月17日定例記者会見
3 ）2015年 2 月18日の参議院本会議における松田公太議員の質問に対する答弁（同日付官
　　報号外第189回国会参議院会議録第 7 号25頁以下）
4 ）2015年 3 月16日付毎日新聞朝刊 2 頁

160

関連する動きが続き，渋谷区の桑原区長（当時）は，「当事者が孤立している現実がある」「人権の問題である」と強調して条例の成立を訴えた。

このように，世間では様々な声があがるなかで，渋谷区はどのようにして制度の開始へと向かっていったのか。本稿では，これら渋谷区の同性パートナーシップ証明をめぐって区の内外から提起された論点に触れつつ，特に，2015年3月末の条例成立から11月の制度の実施に至るまでの間に，「渋谷区男女平等・多様性社会推進会議」（以下，推進会議という）の場でどのような論点についてどのような議論がなされたのかについてできる限り具体的に紹介し，あらためて検討を加えたい。

③ 憲法第24条及び第94条との関係

条例に対する批判的意見や一部報道の中に，「憲法第24条が同性婚を禁止している」との解釈を前提にするものがあった。

これまで我が国では同性婚が社会の現実問題として十分に認識されず，憲法解釈学においても議論自体が乏しい中で，憲法第24条第1項の「両性の合意のみに基づいて」という文言から同性婚が禁止されているとする解釈論が散見された。上記の議論もこのような状況を反映したものである。

しかし，憲法第24条第1項は，文言上同性婚を直接禁止していない。また，その趣旨は，家制度に立つ明治民法のもとで婚姻の自由が大きく制約された反省から婚姻への干渉を排除するところにあり，婚姻を男女に限定する趣旨を読み取ることは困難である。

むしろ，憲法学の通説は，憲法第13条が，自己決定権の一つとして家族形成の自由や婚姻の自由を憲法上の権利（基本的人権）として保障していると解しており[5]，相手が同性であるというだけでこれらの権利を否定する理由は見出しがたい[6]。条例はこれらの権利の保障に沿うものであり，その意味

5）芦部信喜『憲法学Ⅱ人権総論』392頁（有斐閣，1994），高橋和之『立憲主義と日本国憲法（第3版）』145頁（有斐閣，2013）ほか。

6）同性婚人権救済弁護団編『同性婚 だれもが自由に結婚する権利』（明石書店，2016）

でも，上記議論は首肯しがたいものであった。

　また，渋谷区条例に関し「同性パートナーを婚姻相当と認める」といった説明がなされた点をとらえ，婚姻に関係する制度を創設することは自治体の条例制定権を逸脱し，憲法第94条に違反するとの議論もあった。

　しかし，地方自治体には，各自治体の特性と方針に基づいて多様な条例を制定する権利がある。条例は上位法令に反することはできないが，その可否の判断は，対象事項と文言の機械的な対比ではなく，双方の趣旨，目的，内容，効果を比較して，矛盾抵触があるかどうかで判断される[7]。渋谷区条例による同性パートナーシップ証明の制度が婚姻とは全く別の制度であることは明らかであるから，憲法第94条に違反すると解する余地は存在しなかった[8)9]。

4　条例第14条の定める推進会議

　渋谷区の条例は，男女の人権の尊重（条例3条）と性的少数者の人権の尊重（条例4条）を2つの柱とし，それぞれについて，実現し維持すべき事項を定め（条例3条・4条），区・区民・事業者の責務（条例5～7条）と差別の禁止（条例8条）を明記し，区の行う施策として，行動計画策定（条例9条）とともに「パートナーシップ証明」の発行を規定する（条例10条・11条）。

　もっとも，パートナーシップ証明については，「区長は，第4条に規定する理念（性的少数者の人権尊重）に基づき，公序良俗に反しない限りにおいて，パートナーシップに関する証明（以下「パートナーシップ証明」という。）

7）最大判昭和50.9.10刑集29巻8号489頁

8）2015年3月25日開催の自民党「家族の絆を守る特命委員会」の場で，法務省側は「同性間のパートナーシップを禁ずる法制になっていないので，（条例案は）法律上の問題があるとはいえない」と説明し（2015年3月26日付朝日新聞朝刊4頁），上川法相（当時）も4月7日の会見で婚姻法制との矛盾・抵触はないとの見解を表明している（2015年4月7日法務大臣閣議後記者会見）。

9）憲法第24条と第94条と渋谷区条例の関係については，LGBT支援法律家ネットワーク有志が2015年3月の時点で本稿と同趣旨の声明を発表している。

をすることができる」と規定するほか（条例10条１項），原則として２種類の公正証書を要すると定めるのみで（条例10条２項），「申請手続その他必要な事項」は区規則に委ねている（条例10条３項）。

また，条例は，区長の附属機関として推進会議を設置することを定め，推進会議は区長からの諮問に応じ，また，必要があると認めた事項につき，意見を述べ，区長が条例第15条第３項に基づく是正勧告をする時は推進会議の意見を聴取することが必要とされている（条例14条・15条３項）。

さらに，区議会で条例が成立する際には，以下のとおりの付帯決議が付された。

① 男女平等・多様性社会推進行動計画の策定に当たっては，区民と事業者に対して，講演，説明会等を開き，条例の理念を徹底するよう努められたい。

② 「診断後」，「治療中」である性別変更前の性同一性障害者へは特段の配慮を講じるよう努められたい。

③ パートナーシップ証明発行の区規則策定に当たっては，運用前に少なくとも２回以上，委員会に報告するよう努められたい。

④ パートナーシップ証明発行の区規則においては，丁寧に，公平に，かつ厳格に運用するよう努められたい。

⑤ 相談及び苦情への対応に当たっての関係者名等の公表は避けるよう努められたい。

⑥ 男女平等と多様性を尊重する社会を推進するための拠点施設については，渋谷女性センター・アイリスの運営委員会を継続するとともに体制を拡充し，これまでの女性団体等の活動が後退することのないよう努められたい。

条例の成立後，その第14条に基づき推進会議が発足した。2015年４月20日の第１回会議において，桑原敏武区長（当時）が「パートナーシップ証明のあり方について」諮問した。

第2章　自治体における同性パートナーシップ制度の導入

[5] 最大の論点は証明書発行のハードル

1　2種類の公正証書と費用の問題

渋谷区条例10条2項本文は，区長がパートナーシップ証明を行うために，以下2点を確認することを求める。

① 当事者双方が相互に相手方を任意後見受任者の一人とする任意後見契約に係る公正証書を作成し，その登記を行っていること，

② 共同生活を営むにあたり，当事者間において，区規則で定める事項についての合意契約が公正証書により交わされていること。

他方，同項のただし書は，「区長が特に理由があると認めるときは，この限りでない」とも定める。

そこで，2種類の公正証書を要求する条例上の原則をどう考えるか，また，「特に理由がある」とはどのような場合であり，要件はどうなるのか。これが，制度を具体化する上で最大の論点であった。

もともと渋谷区条例は，2014年7月から2015年1月にかけ9回にわたり開催された「(仮称)渋谷区多様性社会推進条例制定検討会」で原案が作成された。公正証書2種類を求める手法も，検討会の議論の中から生まれたものである。その趣旨は，「パートナーシップ証明はいいかげんな気持ちで申請されたり発行されたりするものではない」との問題意識から，2人の関係の真摯性を担保することが必要と考えられ，任意後見契約と共同生活合意契約公正証書という既存の制度によって「病めるとき」また「健やかなるとき」双方についての確かな約束を確認することが考えられたのである[10]。

しかし，現実に上記2種類の公正証書を作成するとなれば，任意後見契約2通分で約5万円（登記のための登録免許税，登記嘱託費用含む），共同生活合意契約公正証書は，内容や料金の算定方法（公証人手数料令9条，23条参照）によって約1万4000円から3万円程度，すなわち合計で6万5000円から8万

---

10) 木下毅彦「地方公共団体の取組」法律のひろば69巻7号28頁（2016），エスムラルダ・KIRA『同性パートナーシップ証明，はじまりました』51頁（ポット出版，2015），本書第2章第1参照。

164

円の費用がかかる。作成に当たり弁護士，司法書士，行政書士等の援助を受けれれば，さらにその費用を負担せねばならない。当初いわば歓迎一色と言ってもよかった当事者からも，条例の内容が知られるにしたがって，「男女の婚姻に比べてあまりに高額ではないか」「それならもっと強い法的効力を要求すべきだ」等の声があがったのも無理からぬことであった[11]。

2　羅針盤を求めて

　2015年2月まで，条例の検討作業は基本的にクローズドで行われてきたが，諸外国でも例のないような高いハードルの問題を解決しようとすれば，当事者と専門家の関与がより一層必要とされた。

　そこで推進会議は，議論のスタートに当たって，早くからアメリカを中心に同性パートナーシップ制度を調査・研究してきた早稲田大学の棚村政行教授を招いて勉強会を持つこととした。以下は，推進会議での棚村教授の教示に基づく。

　パートナーシップ制度には，理念型として，婚姻に近い効果を与える「婚姻モデル」と，そのような効果は追及しない「契約型」(当事者が個別の遺言や契約で可能な範囲で個別に効果を積み上げる)の2通りがありうる。当事者にすれば婚姻モデルがいいように見えるが，現実の政治過程を考えた場合，財政上の措置や上位の自治体，国の権限との調整を要し，反対派の反発も強くなって，相応の政治的力量がなければ実現が困難となる。他方，契約モデルでも，カップル当事者間の約束により絆が深まり，社会的認知・承認の効果はある。さらにそのような制度が実施され利用されることによって社会の偏見をなくしていく効果は変わらない。

　渋谷区の場合，既に成立した条例を具体化する作業であったが，パートナーシップ証明が婚姻類似の強い法的効力を付与されるわけではないことは明白であり，基本的に契約モデルの制度と理解され，規則制定に当たっては，基本的に契約モデルにひきつけて条例を解釈・具体化することが望ましい，

---

11)　筆者らも，2つの公正証書が必要とされることが明らかになった段階で，要件を緩和する必要があるとの意見を伝えた。

第2章　自治体における同性パートナーシップ制度の導入

というものであった。

　この理に基づけば，すべての場合に，渋谷区条例に第10条第2項本則どおり2つの公正証書を要求することは，契約モデルであるはずのパートナーシップ証明に過大なハードルを設けられていることになり，制度設計に混乱が生じることは否めないことであった。

　棚村教授の明解な整理によって，推進会議はその後の議論の羅針盤を得た。第10条第2項ただし書についても，契約型にひきつけ，広く解釈すべきことが明らかになった。

　また，棚村教授からは，関係解消時の処理等，技術的な問題についてもアメリカの例を参考に実践的な助言をいただくことができた。

3　事実実験公正証書等による方法の検討

　推進会議は，7月1日の第2回会議で，規則原案の検討担当者として筆者を含めた弁護士3名の委員をあてることを決定し，その後，事務方を交え精力的に検討作業が行われた。

　筆者は，渋谷区の制度が契約モデルであるとの解釈に立って，カップル両名が公証人の面前で「宣言書」に署名し公証人より私署証書としての認証を得る，又は，同様に「宣言書」を作成しそれを事実実験公正証書（公証人法35条）とし，公証人の認証を受けた「宣言書」や，「宣言書」の作成を記録した事実実験公正証書が提出された場合には，第10条第2項ただし書の「特別の理由がある」ものと解するとの提案を行った。この方法は，従前，主に医療の場で同性パートナーの立場を主張すること等を目的として，同性カップルの依頼により実務家が作成してきたものであり，費用も私署証書の認証であれば5500円，事実実験公正証書の場合も1万1000円程度で済むのである。

　しかし，これについては，検討チームの中でも，条例上の本則と離れすぎるのではないかとの懸念が出され，合意となるには至らず，7月27日の第3回推進会議では，事務方としても，2種類の公正証書という原則のみでスタートするしかないのではとの意見が示される状態であった。

166

第2　渋谷区男女平等・多様性社会推進会議での議論から

6 推進会議の決断

1　渋谷区の制度に対する当事者の声

　推進会議の杉山文野委員が，それまで十分とは言えなかった当事者の声を検討作業に反映させるべく，インターネットを用いたアンケートを行った。このアンケートに対しては，回答期間が2015年8月7日から19日まで（次回推進会議期日の前日）という短期間であったにもかかわらず，603名からの回答があり，多くの人々が渋谷区の動向に注目していることが明らかとなった。

　回答では，圧倒的多数の者が公正証書作成費用は「高い」としていた。自由回答欄でも，「このニュースを見た時涙がとまらなかった」等多くの当事者が渋谷区の試みを大きな一歩と評価しつつ，「条件が厳格すぎる」「本当に必要としている人が利用しづらい」等と不公平感や不満を述べる声も多くあった。

　また，共同生活に関する合意契約公正証書の作成費用について，それまでは公証人により費用の算定方法にばらつきが見られたが（例えば，個々の条項を別個独立の法律行為と考えるか，共同生活の合意に対する従たる法律行為と考えるかによって異なる），今後は一律に一個つまり1万4000円程度の費用とする旨の意向が示された。

2　条例の原則と例外規定の活用

　こうして開催された8月20日の第4回会議では，まず，杉山委員が前述のアンケートの結果を当事者の声として紹介した後，現に共同生活をしている女性当事者のカップルから制度のあり方についてヒアリングを行った。2人は，彼女らの元に遊びに来た友人が「あなたたち，全然男女とかわらないよね」としみじみ述べたとのエピソードを交えて制度実現への期待を語った。

　この日の推進会議の議論は，これら当事者の声の余韻のもとに議論が行われた。本稿筆者は，①平成12年の成年後見制度発足時に，一律に配偶者を後見人としていた民法旧第840条が廃止されており，もしパートナーシップ証明発行の要件として，全ての場合にお互いを任意後見受任者とする任意後見

167

契約を求めるならば，この民法改正の趣旨と矛盾する考えを証明書を出すか出さないかの基準とするものであり，国の法律の趣旨に反すること，②あまりに高額な費用負担が常に必要とされることは，区議会付帯決議が求める「公平性」に反すること，③同性カップルの不平等な扱いは国際人権機関も指摘する人権の問題であること，条例の前文にあるとおり，渋谷区の制度も人権問題として考えており，1人でも多くの者が利用できる制度にしてスタートすべきであるとの意見を述べた。杉山委員は，アンケートから紹介した当事者の声を生かした当事者の利用しやすい制度の実現を強く訴えた。

　結局この日の会議も最終的な結論には至ることはなかったが，推進会議メンバー一同が，区の事務方を含め，当事者の期待にこたえる方策を見出そうという共通の気持ちに立ったのは間違いない。

　8月20日の推進会議の後，改めて区議会での審議の経過を検証した結果，区議会における条例審議の段階でも，「任意後見契約の公正証書につきましては（中略）若いカップルにとっては作成が困難な場合も考えられる」「そのため，ただし書の規定を設け，公正証書が2点用意できない場合も，それにかわるもので柔軟に対応しようとするもの」と答弁し，ただし書を使って配慮すべきことが言及されていることが確認され[12]，最終的に，財産の形成過程であって受任者の権限を決められないという理由を記載することによって広く例外を認めることとなった（規則5条1項3号）。

7 年齢・住所等に関する規則の検討

1　年齢・住所

　このほかに，渋谷区の場合，①申請時点で渋谷区に在住し住民票があること（申請時は同居してなくてもよい），②20歳以上であること，③相手方以外に配偶者やパートナーがいないこと，④二人が近親者でないことが定められている（規則3条）。

---

12) 2015年3月2日の第3回区議会定例会における桑原区長の答弁

168

諸外国には，当該自治体以外の居住者に対しても証明書を発行する例もあるが，今回の渋谷区の制度については，初の試みということもあり，双方とも渋谷区に住民登録があることを求めることとした。ただし，同性カップルが賃貸物件を探す際の困難が指摘されていることに鑑み，申請の時点では同居を求めないこととなった。また，当然のことながら制度についての問い合わせや相談は，渋谷区に住民票がなくとも可能となっている。将来的には，カップルの片方が渋谷区に在住している場合や，住居を有しないが勤務先が渋谷区にあるという形で渋谷区とつながりを有する場合についても検討されることが期待される。

2　近親者の扱い

推進会議では，制度の対象外とされる「近親者」の意義について議論があった。

明治時代にできた我が国の現行民法では，近親者間の婚姻についてかなり広範な制限がなされている。すなわち，養子縁組をした者同士は，たとえ離縁した後も婚姻できず（民法736条。初めから婚姻が無効と言えれば可能），おじとめいなどの三親等傍系血族も一律に婚姻ができない（民法734条）。

しかし，これらの点については，国によっても扱いが異なるうえ，日本の最高裁も，おじとめいの関係にある者が，地域社会からも公認の状態で事実上の夫婦として40年以上連れ添ったという事案で，民法上の婚姻はできなくとも遺族年金の受給権については，「反倫理性，反公益性が婚姻法秩序維持等の観点から問題とする必要がない程度に著しく低（く）」，「事実上婚姻関係と同様の事情にある者」と言ってよい場合があることを認めている[13]。自治体の同性パートナーシップ制度についても，婚姻とは別の制度であることに着目して柔軟な扱いがありうるはずである。しかし，広く区民の理解を得られる形で議論を進めるという点からは，多面的で丁寧な議論が求められ，現実にはその時間的余裕がなかったため，養子縁組解消の場合については，

---

13)　最一小判平成19.3.8民集61巻 2 号518頁

第 2 章　自治体における同性パートナーシップ制度の導入

パートナーシップ証明の制度を利用できることとし，おじとめいなど，その他の近親者の扱いについては，将来的に，判例や社会通念の動向をふまえ検討していくこととし，将来の検討課題として区長の諮問に対する推進会議の報告[14]に明記することとなった。

3　関係終了時の扱い等

技術的な問題としては，関係が破たんした時，一方のみの届出で解消できるかが問題となった。

この点については，仮に双方の合意を要求しても，それは実体の無い登録が残る結果となるだけという観点から，当事者の一方のみによる解消届を認める制度となった（規則10条 3 項）。

8　さいごに

自治体の証明書は，現状では，当該行政の及ぶ範囲の人しか利用できず，効力も法律上の婚姻と比べて限られており，「同性婚」と呼べるものではない。当事者にとってみれば，同性間の婚姻が認められないことが，国による最大の「差別」であることにかわりはない。

しかし，制度と行政が少しずつ変わる過程で，ますます多くの人々に，多様な性のあり方を持つ人々が当たり前に社会に暮らし，様々な困難に直面していることが可視化され，人々の意識と法制度を変えてゆく契機となることが期待される。

---

14)　渋谷区男女平等・多様性社会推進会議「男女平等と多様性を尊重する社会の推進に係る重要事項について【中間報告】」(2015年10月)

170

第3　パートナーシップ公正証書について

第**3**

パートナーシップ公正証書について

寺尾　洋

1　パートナーシップに関する公正証書

1　公正証書とは

(1)　公証人と公正証書

　公正証書は，全国に約300箇所ある公証役場（「公証人役場」ともいう）の公証人が作成する公文書である。以前は，金銭消費貸借関係の公正証書が多かったが，近頃では高齢化社会を反映して遺言や任意後見契約の作成件数が伸びてきている。

　公証人は，裁判官，検察官等の法律関係の仕事を長年にわたり行ってきた者から法務大臣が任命する公務員であり，全国で約500名いる。公証役場を利用したい方は，住んでいる所に関係なく，どこの公証役場に行っても公正証書を作ることができる。全国の公証役場の所在地等については，日本公証人連合会のホームページ（「公証人」というキーワードで検索できる）に掲載されているので参考にされたい。

(2)　公正証書の種類

　公正証書には，法律行為についての公正証書と，その他の私権に関する事実についての公正証書の2種類がある（公証人法1条1号）。前者は，売買，消費貸借等の契約や遺言等の単独行為を公正証書にするものであり，後者は，事実実験公正証書と呼ばれ，公証人が実際に見聞したことをそのまま証書に記載するものである。事実実験公正証書は，特許権や著作権侵害に関する事実を対象とするものが代表的であるが，尊厳死宣言等，依頼者が公証人の面

171

第2章　自治体における同性パートナーシップ制度の導入

前で述べたことを録取するものもある。

2　パートナーシップと公正証書

(1)　パートナーシップ契約公正証書とパートナーシップ宣言公正証書

　同性間で作成されるパートナーシップに関する公正証書も，その内容から上記の2種類がある。同性婚等のパートナーシップについて，お互いの合意，すなわち契約により，民法上婚姻について認められている同居，扶助，協力義務（民法752条），生活費の分担義務（民法760条），共同生活中に取得した財産の帰属関係（民法762条）等について，これを合意によって確認し，合意内容に応じた効果を発生させるために作成するのが，パートナーシップ契約公正証書である。これに対して，その公正証書により，直ちに何らかの具体的な権利義務を発生させるのではなく，お互いが真摯なパートナーシップの関係にあること等を公証人の面前で宣言し，公証人がそれを録取して作成するものは，事実実験公正証書の一種であり，パートナーシップ宣言公正証書と呼ばれる。この後者の公正証書は，公証人の面前で2人がパートナーである旨誓約したという事実を公証することに意義がある。

(2)　パートナーシップ公正証書の問題点

　公証人は，法令に違反した事項や無効な法律行為について公正証書を作成することはできない（公証人法26条）。パートナーシップ公正証書については，基本的に両性の合意に基づいて成立するとされる憲法及び民法上の婚姻制度に照らし，同性の関係を婚姻と同等ないしそれに近づけるような内容が，法令ないし公序良俗に違反する疑いがある等の理由から，その作成に消極的な考え方がないわけではない。しかし，後に述べるように，渋谷区の条例に基づくパートナーシップ契約公正証書について，全国の公証人が加入する日本公証人連合会が，2015年10月に，公正証書の文例案を全国の公証人宛に配布しており，それと同様の内容の本稿末尾に掲げた「パートナーシップ合意契約公正証書」の記載例については，公正証書作成を否定する考え方は現在ではほとんどないと思われる。

172

(3) 公正証書作成の手続と費用

　公正証書を作成するには，近くにある公証役場に直接赴くか，電話やメールをして，必要書類等を問い合わせた上で，公正証書作成の予約を取り，その日時に公証役場に当事者又は代理人が赴いて作成するのが一般的な手順である。作成に必要な書類等としては，公正証書の内容に関するもの（作成してほしい内容のメモなど），当事者の本人確認資料（運転免許証，パスポート，マイナンバーカード，印鑑証明書などのうち1点）がある。また，公正証書作成の費用は，パートナーシップ契約の場合とパートナーシップ宣言の場合とで算定方法が異なっている。契約公正証書の場合は，内容に含まれる法律行為の価額によって手数料額が決まる。パートナーシップ契約の場合は，具体的な財産のやりとりを含まないので，法律行為の価額が算定できないのが通常と思われる。この場合は，基本的な手数料は1万1000円になる。そのほかに，当事者に渡す公正証書の正本の費用として，用紙1枚につき250円が必要であり，4枚であれば1通1000円になる。パートナーシップ宣言公正証書の場合は，時間制になっており，作成に要した時間（陳述録取の時間と証書作成自体に要した時間の合計）が1時間につき1万1000円（正本費用は契約公正証書の場合と同じ）になる。

② 渋谷区条例によるパートナーシップ公正証書

1　渋谷区条例と公証人会の対応

　2015年3月31日に「渋谷区男女平等及び多様性を尊重する社会を推進する条例」（以下，条例という）が制定された。この条例は同年4月1日から施行されたが，その中で目玉ともいうべき「パートナーシップ証明」についての規定（条例10条・11条）は，例外として，同条例施行規則（以下，規則という）の制定を待って1年以内に施行することとされた。日本公証人連合会では，上記の条例が制定されたころから，パートナーシップ証明の取得に必要とされる公正証書について，部内での検討を始めていた。筆者は，その検討に関与した一人であり，また，同年10月末に規則が制定されるまでの間，公

173

証人会側の窓口として，渋谷区の担当者や，渋谷区男女共同・多様性社会推進会議の委員の方と面談するなどした。そのような経過を経て，日本公証人連合会では，規則制定前にパートナーシップ証明の取得に必要な公正証書の文例案を作成し，全国の公証人に配布した。また，この文例案は，渋谷区パートナーシップ証明の広報用のパンフレットにも掲載されている。

2　パートナーシップ証明取得に必要な公正証書
(1)　原則として必要とされる公正証書

　渋谷区において，条例によるパートナーシップ証明を行う場合に必要とされる公正証書は，任意後見契約公正証書（条例10条2項1号）とパートナーシップ合意契約公正証書（条例10条2項2号）である。このうち任意後見契約公正証書は，パートナー関係にある者が相互に任意後見受任者（パートナーの判断能力が不十分になった場合に，その後見人になる人）になる必要があるので，内容の異なる公正証書を2通作成しなければならない。また，任意後見契約公正証書を作成すると，公証人の嘱託によって東京法務局に任意後見契約の登記がされる（公証人法57条ノ3，後見登記等に関する法律5条）。この登記がされていることも要件とされている（条例10条2項1号）。パートナーシップ証明取得に任意後見契約公正証書の作成と登記が必要とされたのは，任意後見の制度が現行法の下でパートナー関係とリンクさせ得る唯一の法制度であり，登記によって両者に繋がりがあることが公に証明される利点があると考えられたことによると思われる。

(2)　任意後見契約公正証書作成についての問題点

　しかし，他方で，実状としては高齢者が将来の判断能力低下に備えて締結することが多い任意後見契約の制度を，若いパートナー関係を含めたパートナーシップ証明取得に常に必要とすることは，やや現実的でないようにも考えられる。また，任意後見契約公正証書の作成と登記に必要な費用負担の問題もある。任意後見契約公正証書の作成と登記の費用は，標準的な内容のもので2万円程度であり，パートナーシップ証明の場合は相互に作成する必要

があるから4万円程度になる。なお，公正証書作成費用は，前記のとおり正本等の用紙の枚数によっても違ってくるので，内容により上記金額は増減する。

(3)　パートナーシップ合意契約公正証書のみによる証明

ア　渋谷区の条例・規則による特例

渋谷区の条例では，区長が特に理由があると認めるときは，前記各公正証書の作成について例外を認める規定がある（条例10条2項ただし書）。同規定に基づいて，規則は，次のいずれかの場合に該当し，かつ，パートナーシップ合意契約公正証書に後記する合意事項を記載することにより，任意後見契約公正証書の作成・登記を不要とすることにしている（規則5条1項）。

① 　パートナー以外を受任者とする任意後見契約を締結しているか，締結しようとしており，パートナーがこれに合意しているとき。

② 　性同一性障害者で，性別の取扱いの変更の審判を受けた後，婚姻することを当事者間で合意しているとき。

③ 　生活又は財産の形成過程であり，任意後見受任者に委託する事務の代理権の範囲を特定することが困難であるとき。

④ 　上記以外で区長が合理的な理由があると認めるとき。

イ　特例の広汎な適用

上記アの特例のうち，注目すべき点は③である。これは既に述べた任意後見契約公正証書作成についての問題点を考慮して認められたものと思われるが，この特例が規定されたことにより，特に若いパートナー関係の場合は，比較的容易にこの特例の適用が受けられるようになった。

ウ　パートナーシップ合意契約公正証書に盛り込むべき事項

特例事項に該当する場合に，任意後見契約公正証書の作成・登記を不要とするには，次の事項がパートナーシップ合意契約公正証書に記載されている必要がある（規則5条2項）。

① 　パートナーの一方の身体能力又は判断能力が低下したときは，他方のパートナーは，相手方の生活，療養看護及び財産の管理に関する事務を

第2章　自治体における同性パートナーシップ制度の導入

　　可能な限り援助し，相手方の意思を尊重し，かつ，その心身の状態及び
　　生活の状況に配慮すること。
　②　必要が生じたときは，速やかに任意後見契約公正証書を作成すること。
　このような規定が設けられたのは，条例で任意後見契約公正証書の作成・
登記を本則としている以上，例外を認める場合にも，任意後見契約に近い身
上配慮義務を課し，必要が生じたときは正式に任意後見契約を締結させるこ
とにしたものである。

(4)　パートナーシップ合意契約公正証書の内容

ア　必須の合意事項（規則4条）

　公正証書に必ず記載されなければならない合意事項は，次の2点である。
　①　両名が愛情と信頼に基づく真摯な関係であること。
　②　両名が同居し，共同生活において互いに責任を持って協力し，及びそ
　　の共同生活に必要な費用を分担する義務を負うこと。
　なお，特例を利用する場合にはそのほかに上記(3)ウの合意事項を記載する
ことが必要となる。

イ　任意に記載する合意事項

　この公正証書には，アのほかに合意しておきたい事項を記載することがで
きる。例えば，次のような事項が挙げられる。
　①　療養看護に関する委任
　　　パートナー関係の場合，法的には親族関係にないことから，入院時の
　　面会，付添看護や，手術の同意等に支障を来すことがある。これらのこ
　　とを委任契約として予め合意しておくことで，支障がないようにしよう
　　とするものである。
　②　財産関係に関する取決め
　　　婚姻関係にある場合には，民法に婚姻中の財産関係（民法762条）や離
　　婚時の財産分与（民法768条）の規定がある。これと同様のことをお互い
　　の合意によって定めることができる。

176

第3　パートナーシップ公正証書について

③　日常家事債務に関する責任

民法では，夫婦の一方が日常の家事に関して第三者と法律行為をした場合，他の一方が連帯責任を負う旨を定めており（民法761条），これには相互の代理権が含まれると解されている。これと同様の効果を合意で生じさせるものである。

④　契約の終了事由

パートナーシップ契約は，両当事者の合意によって終了させることができる（契約の合意解除）。また，当事者は契約の解除事由を定めることができるため，一方が契約に違反するなどして，関係を継続し難い事由があるときには，他方が一方的に契約を解除できることを合意するものである。

⑤　関係破綻の慰謝料

パートナー関係が破綻した場合に，責任がある当事者の慰謝料支払について定めておくものである。

(5)　パートナーシップ合意契約公正証書の記載例

最後に，渋谷区条例によるパートナーシップ証明を取得するための公正証書で，前記特例を利用した場合の記載例を掲げる。なお，下記のうち，第5条以下の条項は，既に述べた任意の記載事項の例であり，当事者の希望により記載し，適宜その内容を変更してもよい。

【記載例】

パートナーシップ合意契約公正証書

本公証人は，○○○○（以下「甲」という。）及び○○○○（以下「乙」という。）の嘱託により，次の法律行為等に関する陳述を録取し，この証書を作成する。

第1条　甲及び乙は，渋谷区男女平等及び多様性を尊重する社会を推進する条

177

例に基づく「パートナーシップ証明」の取得に当たり，両名の共同生活に関し，以下のとおり合意する。

第2条　甲及び乙は，愛情と信頼に基づく真摯な関係にあることを確認する。

第3条　甲及び乙は，同居し，共同生活において互いに責任を持って協力し，及びその共同生活に必要な費用を分担する義務を負うものとする。

第4条　甲及び乙は，両名が生活又は財産の形成過程であり，任意後見受任者に委託する事務の代理権の範囲を特定することが困難である事由があるところ，甲乙のいずれか一方の身体能力又は判断能力が低下したときは，他方は一方の生活，療養看護及び財産の管理に関する事務を可能な限り援助し，一方の意思を尊重し，かつ，その心身の状態及び生活の状況を配慮すること，並びに甲乙間で必要が生じたときは速やかに，任意後見契約に係る公正証書を作成することを合意した。

　　　……………………以下の条項は任意の記載事項の例である………………………

第5条　（療養看護に関する委任）
　1　甲及び乙は，そのいずれか一方が負傷又は罹患し，病院において治療又は手術を受ける場合，他方に対して，治療等の場面に立ち会い，本人と共に，又は本人に代わって，医師らから，症状や治療の方針・見通し等に関する説明を受けることを予め委任する。
　2　前項の場合に加え，負傷又は罹患した本人は，その通院・入院・手術時及び危篤時において，他方に対し，入院時の付添い，面会謝絶時の面会，手術同意書への署名等を含む通常親族に与えられる権利の行使につき，本人の最近親の親族に優先する権利を付与する。

第6条　（財産関係）
　1　甲及び乙が，本契約時までにそれぞれが有する財産は，各自の固有財産とする。
　2　甲又は乙が，それぞれの親族から譲り受け，又は相続した財産は，各自の固有財産とする。
　3　前二項に記載した以外の，甲乙の共同生活の期間中に取得した財産は，

別異の合意がない限り，両名の共有に属するものとする。

4　共同生活に要する生活費は，原則として甲乙が平等に負担する。ただし，各人の収入が著しく相違する場合は，その収入に応じて公平に分担するように双方で協議する。

第7条（財産関係の清算）

　　甲及び乙は，将来本契約が解消された場合においては，共同生活中に形成された共有財産については，均等の割合で分割するものとする。ただし，甲乙間で協議の上，別異の合意をしたときはその合意に従う。

第8条（日常家事債務に関する責任）

　　甲乙の一方が日常の家事に関して第三者と法律行為をしたときは，他の一方は，これによって生じた債務について，第三者に対し連帯して責任を負う。

第9条（本契約の終了事由）

1　甲及び乙は，合意により本契約を終了させることができる。

2　甲又は乙は，他方が本契約条項に違反した場合その他本契約を継続し難い事由がある場合は，相手方に対する意思表示により，本契約を解除することができる。

第10条（慰謝料）

　　本契約の終了につき責任のある当事者は，相手方に対し，別途，慰謝料の支払義務を負うものとする。

第11条（別途協議）

　　本契約に関し，本公正証書に記載のない事項及び本契約の解釈について疑義のある事項については，甲及び乙は，互いに誠意をもって協議し，解決を図るものとする。

第2章　自治体における同性パートナーシップ制度の導入

第4

世田谷区における
同性パートナーシップの取組について

上川　あや

1 制度施行前の世田谷区における性的マイノリティに対する取組状況

1　はじめに

　2003年4月，私は性同一性障害を公表のうえ，戸籍の性別とは異なる「女性」として世田谷区議会議員選挙に立候補し，大きな話題となるなか，72名の立候補者中，6位で当選した。以来，性的マイノリティの当事者であることを公にした初めての議員として性的マイノリティへの差別解消，支援に積極的に取り組んできた。

　当選後，初の定例区議会では，区の行政書式から不要な性別欄を削除する提案を行った。当時，区の行政書式には，性別欄のあるものが300件存在したが，それぞれ性別欄の要否が再検討された結果，171の書式で削除が可能と判断され，翌2004年1月までに，その全てが削除された。その中には印鑑登録証明のように条例改正を必要とする文書も含まれていたが，当選の2か月半後，衆参両院の全会一致をもって性同一性障害特例法が成立したこともあり，区議会内に反対の声はなく，全会一致で条例改正された。この一連の事務改善を手始めに，区の性的マイノリティ支援の取組は始まった。

2　性的マイノリティに対する施策展開の基盤

　私が初当選した当時，性的マイノリティに関する区の担当部署は全く定まっていなかった。さらに言えば，性的マイノリティが区の施策対象になるとの認識すら薄かった。当時，既に東京23区の約半数の区には，「人権」と

180

名のつく課が設置されていたが，世田谷区に同様の部署はなかった。全区市町村が行う人権擁護委員の委嘱事務等も，区の組織規則では，なぜか保健福祉部の事務に位置づけられていた。

2006年9月，「区における性的少数者の所管部はどこか」という私からの質問通告に，庁内の議論は膠着した。総務部，生活文化部，政策経営部の3つの部が候補に挙がったが，議会の開会を目前にしても，その結論は出なかった。3部が相互に「うちの所掌範囲ではない」と押し付け合っていたことが，その背景にあった。

結局，私から区の男女共同参画事業を所管してきた生活文化部長に電話を入れ，所管部を引き受けてもらったが，「人権」を所管する部がなければ前例のない人権課題の登場に，区は途端に機能不全を起こす。それが図らずも露呈された一件であった。私を含む，区議会複数会派からの要望を区が聞き入れて，人権・男女共同参画担当課という人権専門部署が区政に誕生したのは，2013年4月のことであった。

3　世田谷区男女共同参画プラン

区で，性的マイノリティへ支援を進めてゆく基盤を求め，私が着目したのが，2007年3月に策定された「世田谷区男女共同参画プラン」であった。同プランは，その名の通り，区の男女共同参画事業の基本理念，計画の方向性や推進体制，具体的な取組内容等を明らかにするもので，2007年3月から2017年3月までの10年を計画年度とした。そこに私の求めた「性的少数者への理解促進」が施策として明記された。

この「性的少数者」という言葉は，素案段階では「性同一性障害等への理解促進」とされていた。つまり性同一性障害以外にも「何か」を含む表現ではあるのだが，それが何であるかは判然としなかった。性同一性障害以外にも，従来，行政の施策の想定外とされ，困難を抱えてきた性的少数者は多く存在することが明らかであるのに，どこまで施策対象となるのか分からない玉虫色の表現を，私は問題視した。

例えば，性器や性腺，性染色体の特徴が男女に典型的なそれと異なったり，

181

性器・性腺・性染色体が不一致であるなどするインターセックス（2009年に小児内分泌学会が，はじめて呼称を統一した性分化疾患）がある。一説には2000人に１人いる，ともされてきた。最低限の検査もなく，ずさんに性別判定が行われたり，世の性別二元論に見合うよう医療上，不必要な手術が行われるケースが問題視されてきた。また，いずれの性別に惹かれるかという方向性を「性指向」又は「性的指向」というが，性的少数者の中で最も多くを占めるのは，この性的指向が同性あるいは男女の両方に向かう人たち，すなわち一般的に言う同性愛者や両性愛者である。これらも人口の数％に上るとされる。性同一性障害と同様に，社会の無知，偏見から生きづらさを抱えてきた現実がある。

　つまり，人口90万人に迫る世田谷区にも潜在的にはこうした人々が万の単位で存在していると考えられた。にもかかわらず，ふだんその存在が見えづらいのは，誤解や偏見の根強さから声が上げづらいことの証左であると言ってよい。

　「男女共同参画プラン」策定の目的は，性に起因する差別や偏見をなくしていくことにあるはずである。ならば異性愛とは異なる性的指向を持つ人々等も，まさに典型的な男女のありように当てはまらないという理由で差別を受け続けてきた人々であり，同プランがその存在を無視するのはおかしい。区の素案の「等」の表現はあまりにも曖昧に過ぎる。当然，明記する必要がある――そう私は主張し，「性同一性障害等」は「性的少数者」という言葉へと改められ，

　「※性的少数者　性同一性障害，性的指向が同性または両性に向く人，インターセックスなど社会全体からみると少数である人々。無理解や差別，偏見に苦しんでいる現状がある。」

　という注記とともに明記されることとなった。

　また，主な施策展開も，その担当部署とともに明記された。「性的少数者を理解する講座やセミナー等の開催」を生活文化部と区の外郭団体である世田谷文化財団で，「区立学校教員を対象とした人権教育推進にかかわる研修及び管理職研修の実施」を教育委員会の教育指導課で実施してゆくと明記さ

182

れた。

　さらに，社会情勢の変化等を踏まえた2012年の時点修正で施策が追記，強化された。具体的には，私が2011年9月の議会で求めた，性的マイノリティに対する区の相談窓口の明示が，後記の通り2012年8月に実現したのに合わせ「精神保健相談」（担当：5支所の健康づくり課）及び「教育相談」（担当：教育相談・特別支援教育課）が明記された。加えて従来，外部から専門家を招き実施されてきた性的マイノリティに関する職員研修も，区の自前の人材で行えるようになったとして「職員に対する研修の実施」（担当：世田谷保健所健康推進課）が明記された。

4　区職員を対象とした研修会等の実施

　行政が，その実務を円滑に改善していくためには，各業務に携わる区職員が性的少数者の抱える問題について正しく理解，認識していることが欠かせない。

　2003年10月，区の男女共同参画施策を所管する生活文化部の主催で，全部全課職員を対象に研修会「性同一性障害について正しく理解するために」が開かれた。

　その後も，特別区共同の職員研修の仕組みが見直され，任命権者である各区に職層研修が移されたのを機に，2007年以降，区で実施する研修でも性的マイノリティを取り上げるようになった。研修担当課で企画・実施する採用時研修，係長研修，総括係長研修に人権研修が組み込まれ，それぞれの中で性的マイノリティが重要課題に位置づけられた。

　また，2011年9月の区議会で，私が性同一性障害に限らず，性的少数者全般について行政の相談窓口の明示を求めたのを機に，区保健所を主管部に職員の相談対応能力を高める研修会が開かれるようになった。2014年には，区の自殺対策事業でも性的マイノリティに特化した研修会が開かれた。2016年11月には，後述する同性パートナーシップの事務の開始に対応して同事務を主管する生活文化部人権・男女共同参画課と健康推進課，研修担当課の共催で，全部全課の職員を対象に同性パートナーシップ制度の周知と性的マイノ

183

リティに対する相談対応力，接遇能力向上に向けた研修会が開かれた。

5　一般区民に向けた啓発講座等の開催

　職員研修と並び重要視してきたのが，区民の理解を醸成する啓発講座等の開催である。

　初めての啓発事業は，2004年3月，ドキュメンタリー映画の上映＆トークの形式で行われた。その後は上記の男女共同参画プランに基づき，2009年からは毎年度，区立男女共同参画センター「らぷらす」の主催講座として，あるいは区内で活動する性的関係団体と区の協働企画事業として「セクシュアル・マイノリティ理解講座」が開かれてきた。同性パートナーシップの検討が本格化した2015年度からは，その発展形として世田谷区で活動する3つのLGBT団体と区との協働で計6回，6か月間にわたる連続講座が開かれた。区では今後も当事者の居場所づくり事業と併せ，高頻度での講座開催を続ける方針である。

6　相談窓口の明確化

　前記の通り，2011年9月，私から区議会で性的少数者に対する相談窓口の明示を求めた。幼少期，思春期の性同一性障害と同性愛，両性愛との判別は難しく，専門家による研究でも性同一性障害と診断される子の多くが成人後，性同一性障害の症状をもたず，同性愛，両性愛の傾向をもつようになるとの報告もあることから，性同一性障害に限定せず，性的マイノリティ全般について相談窓口を明示するよう求め，区，区教委も同意した（これが上記の職員研修会につながった）。

　これらの議論を経て，2012年6月以降，区立小中学校では全児童・生徒を対象に「性のなやみ（こころやからだ）」にも応じると明記した電話相談カードが毎年度，配布されるようになった（相談窓口は世田谷教育相談室）。同年8月には，区の公式ホームページ上に，区，区教委の性的少数者の相談窓口を案内するウェブページが開かれた（相談窓口は5支所の健康づくり課，4か所の教育相談室，及び「せたがや子ども・子育てテレフォン」）。2014年10月から

は，区のDV電話相談でも同性間の相談を受けることが明示された。

7　区の最上位計画にも「性的マイノリティ」

　2013年に「世田谷区基本構想（2013～2032）」が策定・条例化されると，性的マイノリティの区政上の位置づけも大きく前進した。自治体の基本構想は，いわば〈自治体の憲法〉。2011年の地方自治法改正まで，議会の議決を経て定めることが区市町村に義務付けられてきた。

　区は，同法の改正後も，新たな基本構想を議会の議決を経て定めることとし，その冒頭，基本理念の一つに「多様性の尊重」を謳った。そして「多様性」には，性的指向，性同一性障害等の性的マイノリティも含まれるとの見解を，区は私の議会質問に対し明らかにした。

　さらに，基本構想を踏まえ，翌年，策定された区の最上位計画「世田谷区基本計画（2014～2023）」にも私の求めた性的マイノリティへの配慮が明記された。具体的には「女性や子ども，高齢者，障害者，外国人，性的マイノリティなどを理由に差別されることなく，多様性を認め合い，人権への理解を深めるため，人権意識の啓発や理解の促進を推進します」の一文が挿入された。

　同計画は，今後10年間の区の行政運営の最上位計画，基本指針である。行政各分野の個別計画・方針は，全てこの「世田谷区基本計画」のもとに束ねられる。このことにより性的マイノリティを差別しないことは全部門に関わる視点となった。区が総体として「多様性の尊重」を謳い「性的マイノリティを差別しない」と表明した意義は大きい。このことが後の同性パートナーシップ制度策定の礎となった。

8　世田谷区教育委員会の取組

　区長部局の各部署と並び，私が性的マイノリティへの理解，配慮を求めてきた先が，区教育委員会である。性的マイノリティは，特に若年層で自殺念慮や不登校割合が高いことが知られる。いじめや不登校，自殺等を予防し社会の無知，偏見を変えてゆくうえで，教育の果たす役割は極めて重要である。

185

(1)　教職員の対応力強化

　性的マイノリティに配慮した学校運営，教育を進めてゆくうえで，まず基盤となるのが，教職員の正しい理解である。このため研修の充実を繰り返し求めてきた。区教育委員会では，初任者研修，教員の十年目研修，各学校の校長，人権教育担当者等を対象とした人権教育で性的少数者の課題をきちんと取り上げるようになった。また管理職を対象とした人権教育研修会でも性同一性障害や性的指向を理由とする差別について取り上げ，校内研修会等でも東京都教育委員会発行の人権教育プログラムなどを活用しつつ，教員（特に養護教諭）に理解の定着を図ってきた。

　加えて2015年5月には，区立の全教育機関（幼稚園，小中学校）の長を対象に性的マイノリティの理解と具体的対応に即した研修会も実施し，本人の意向に沿う，現場対応を促した。同性パートナーシップ制度施行後の2016年度からは，東京都教育委員会が作成する人権教育の手引書「人権教育プログラム」でも，性同一性障害者，性的指向が新たに独立した課題として取り上げられるようになり，同年8月には，全区立学校から教員を集め，性的少数者の理解につながる学習教材づくりを含めた研修会も実施した。

(2)　児童・生徒の実態把握

　2010年2月，埼玉県内の性同一性障害をもつ小学校2年生男子に対し，女子としての登校が認められたとする報道がなされて以降，教育現場における実態把握は進展してきた。同年，埼玉県では独自に県内の公立校で調査を実施し，心と体の性別が一致しない在校児童・生徒からの深刻な相談がほかにも十数件あったと報じられた。また同時期に，山形，高知の両教育委員会も本格的な調査に乗り出した。同年夏には島根県でも県内全ての小中学校，高等学校，特別支援学校を調査し，当事者と見られる生徒が7校で9名確認された。

　私はこれらの報道に先んじて，2009年から調査の必要性を区議会で論じてきた。その結果，2010年から世田谷での調査が始まった。しかし当初の調査は意に反し，性同一性障害のみに焦点を当てた，一部区立校の教員のみのサ

ンプル調査であった。その後，性的指向も含めた性的マイノリティ全体の調査が，全区立学校を対象に必要であると繰り返し求めた結果，2011年5月，区教育委員会は，性同一性障害等及びDVに関する教育上の課題を併せ検討する組織として，大学教授，臨床心理士，小中学校校長などからなる「人権教育推進委員会」を設置。同委員会のもと区立学校の全教員を対象に聞き取り調査を行う方向で，その手法等の検討作業を進めた。

2013年，国が初めて全国の国公私立の各学校に対し，「学校における性同一性障害に係る対応に関する状況調査」を行うと，区教育委員会では同調査と並行して，身体的性，性同一性，性的指向の3類型に整理した性的マイノリティ全般の調査を，全区立学校を対象に実施した。教育委員会がその傘下の全校を対象に，性的マイノリティ全般の相談状況を調査したのは，おそらく全国初と思われる。前記の国の調査は同年のみの単発の調査であったが，区教育委員会では同調査を今後とも毎年度，継続してゆく方針である。

(3) 区立学校における教育実践

性の多様性を，学校教育でどう扱うかも重要である。区教育委員会では学校教育を通して，子どもたちの発達段階に応じて，性的少数者を含めた人権課題について取り上げ，正しい理解を深めてゆくことは豊かな人間性を育む上で大変重要なことだと位置づけている。

前記の「人権教育推進委員会」のもと，区教委で性的少数者に関わる教材等を作成し，各学校で指導が進められるよう取組の強化を図ってきた。

その結果，特に都教育委員会の「人権尊重教育推進校」である区立中学校で3学年を通じて行われた教育実践は画期的なものとなった。同校では学習指導要領に基づき，その発展的内容として性の多様性に関わる内容を関連各教科で取り上げることとした。1年生では保健体育で，2年生では家庭科で，3年生では社会の授業でこれらの課題を扱い，さらに全学年で，その2か月後の道徳の授業でも性の多様性を含めた人権教育を実施した。その結果，近隣の同規模の中学と比較しても，はっきりと性的マイノリティへの嫌悪が和らぐ効果が確認された。区教育委員会では同校の取組を今後とも継続して実

施していくとともに，すぐれた実践例として各学校にも広めてゆく方針である。さらに2016年6月の私の議会質問に対し区教委は，全区立学校にある人権教育の全体計画に性的マイノリティを位置づけ，意図的，計画的に指導を進めてゆくことを約束した。

2 世田谷区同性パートナーシップ制度策定の要望書提出まで

1 取組の契機—兵庫県宝塚市での講演

基本計画のスタートを前にした2014年2月，兵庫県宝塚市の中川智子市長より私のもとに電話が入った。かつて衆議院議員を務めた中川市長とは2002年の暮れ，性別変更を可能とする立法を求め，ロビー活動をする中で知り合った。以来，十数年の付き合いである。市長は私に，市の職員を対象に性的マイノリティについての講演を要望した。そこには市長の「市で同性カップルを認めたい」との思いが込められていると聞き，心が躍った。同性カップルの承認は，私自身，長年，温めてきたテーマであったからだ。これまで一議員の立場でその実現は困難と考えてきたが，市長のリーダーシップの下でなら可能かもしれない。私で役立てるのなら，ぜひ協力したいと考え，一も二もなく引き受けた。

様々な課題はあるものの，同性愛者の抱える困難を大括りにすれば，「尊厳の回復（無理解，偏見の解消）」と「同性カップルの承認」の2つが最も根源的な課題解決の方向性になるのではないか——私はかねてよりそう考えてきた。

同性カップルをどのようにしたら行政に認めさせることができるのか，どのようにすれば施策に位置づけることが可能か。そのことは常に私の頭にある課題であった。

5月13日，宝塚市役所で行われた講演は「議会研修会」に位置づけられ，対象者は同市の市議会議員と市職員であった。そこでは市長のリクエストを意識し，自身の生い立ちや体験，性同一性障害と同性愛の概念の違い，社会

に根強い偏見と，いじめや自殺念慮率の高さ，世田谷区における取組，さらに同性パートナーシップをめぐる国内外の状況と，その必要性についても話した。

　講演後の市長との懇談でも同性カップルの話題で盛り上がり，私がこれまで考えてきた同性カップル公認のヒントについても話した。既存の行政実務には，人と人とを結び付け，捉えなおすスキルが少なからず含まれる。それらをうまく組み合わせれば，世間的にも行政的にも，〈それならカップルだね〉，というストーリーが描けるのではないか。そのような話をした。

　同市の市庁舎は，有名建築家，村野藤吾氏の作品として知られる。1階の瀟洒な市民ホールをカップル認定のセレモニー会場にしたら素敵じゃないですか，などという提案までした。

　だが，他所の市でこのような後押しをしておいて，自分の街でこのことに取り組まないというのはどうなのだろう？ 宝塚からの帰路，世田谷でやらないのは悔しいな，との思いが去来した。

2　政策実現の最大の壁─当事者の沈黙

　ではなぜ，政治家である私が動かずにきたのか。

　理由はいたってシンプルである。それを求める当事者の存在が，国内では全く見えずにきたからだ。いるかいないか分からないでは，行政は制度をつくれない。

　同性カップルが自分たちの関係性を公に認めて欲しいと願っていたとしても，それが「要望」や「訴え」のかたちで示されなければ，行政には気づけない。しかしそうした「要望」や「訴え」が，人口規模，都内最大の自治体，世田谷区に，過去，寄せられた形跡があるのかといえば全くない。他の自治体に同性カップルが婚姻届を出しにきたという話も聞かない。聞いたことがあるとすれば，海外からの同性婚をめぐる報道のみである。これでは遠い海の向こうの話でしかない。

　同性カップルの婚姻をめぐっては，近年，近隣の台湾，韓国，中国でも裁判が起こされているが，日本で同種の行政訴訟は認められておらず，国家賠

償訴訟に訴えた例もない。戸籍法に基づき，不服申立はできるが，それをしたという話も聞かない。これで行政が本気で取り組む基盤があるかといえば，答えはノーである。この状況下，議会であえて質問しても，よい答弁には決してならず，マイナスの答弁は弊害にしかならない。私がこの問題をうかつには取り上げられないと考えていたのはそのためだった。こうした状況下，中川市長との再会の日は訪れたのである。

3 区長応接室でのプレゼン

帰京後，はじめから諦めるのではなく，まずは行政のトップであり，政治家でもある区長から前向きな答弁を得ることで，行政職員を動かす足がかりを得たいと考えた。通常の区の課長とのやりとりから始まるボトムアップの答弁では「検討」の2文字を含む，前向きな答弁を得ることは期待できそうもなかった。

様々な資料を整え，9月の議会を控えた2014年8月25日，区長応接室で区長，生活文化部長らと面談，交渉した。このときのプレゼンの資料は下記のようなものであった。

【プレゼン資料】（抜粋）

> ・アメリカやフランス，イギリスでの同性婚の合法化の新聞記事[1]
> ・同性婚を認める世界の17か国，アメリカの19州の地図（当時）
> 　—同性婚承認の流れを時系列で示した。
> ・婚姻によらない同性カップルの権利保障の類型
> 　—多くの国の議会でパートナーシップ法等が成立していることを時系列で示した。
> ・アメリカの市，郡が運営する「登録ドメスティック・パートナー」制度[2]
> 　—自治体レベルでの承認制度を列挙した。国のみが取り組む主体ではないことが読み取れる。

1）アメリカにつき，2013年6月27日付東京新聞朝刊9頁，フランスにつき，2013年2月13日付東京新聞夕刊2頁，イギリスにつき，2014年3月30日付静岡新聞朝刊4頁参照。
2）City and Country Domestic Partner Registries／Human Rights Campaign（2013/6/12）

> ・ドイツのハンブルク市における，いわゆる「ハンブルク婚」に関する資料
> ・青森市で婚姻届を出した女性カップルが，憲法第24条第1項を理由に不受理
>   とされた事案に関する新聞記事[3]
> ・千葉県流山市の「恋届」[4]
>   —期間限定のシティープロモーション企画。柔軟な発想で「想い」の「届出
>   事務」を実現した。
> ・渋谷区，豊島区，横須賀市の議会での関連する質疑とその答弁

　一連の資料の中でも，特に参考になる事例として取り上げたのが，ドイツのハンブルク市が1999年から始めた，同性パートナーシップの登録制度，いわゆる「ハンブルク婚」であった。これは州法に基づく制度であり，該当の行政区地内でしか適用されない。登録しても，何の法的義務も権利も発生しないとされた。しかし，そうした地方の承認の動きが後押しとなって，2001年にはドイツで「生活パートナーシップ法」が成立。官庁に登録した同性カップルに，結婚に準じた保護が認められるようになった。

　いわば，象徴的価値を生むのみの制度ではあるが，これまで「いないもの」とされてきた同性カップルに手続を設け，公に認めた意義は大きい。その存在を，まず認めるところからしか権利回復の議論はできないからだ。こうした名義的な届出制度であれば，区でも十分応用可能であるはずだと主張し，検討を求めた。

　他の自治体議会での同性カップル承認をめぐるやり取りも紹介した。先の見通せない答弁を示し「もっとよい答弁を」と区長に求めると「こういう答弁はしませんよ」が返答であった。区長自身の言葉で答弁してもらえる約束を取り付け，翌月，質問通告を提出した。

4　議会質問

　2014年9月18日，世田谷区議会の本会議で，私は次のように問いかけた。
「（前略）第一に，同性愛者が家族を持つ権利，その社会的承認や諸権利の

3）2014年6月6日付東奥日報朝刊21頁参照。
4）2014年2月16日付東京新聞朝刊（千葉中央）24頁参照。

191

平等を区長はどのように捉えるでしょうか。彼らは婚姻に伴う全ての権利，保護を生涯剥奪されてしかるべき市民なのでしょうか。第二に，区としてできることがあるはずです。欧米では，多くの自治体が独自に同性パートナーの登録認証制度を運営し，市内の病院，刑務所での面会権，学校に通う子の情報を同性カップルの両親で得る権利を認める等，さまざまな便宜を図っています。区でも第一歩として同性間パートナーシップの名義的な届け出を受け付ける等，できる方策を検証，検討していただけないでしょうか。あわせて区長の見解を問います」。

これに対し区長は，そうした海外の動向は必ず日本国内の制度の見直しにつながるだろうとの認識を示し「同性間のパートナーシップをめぐり社会的に認知され，差別のない社会を実現していくことを目指したい」とした。続けて，「同性間パートナーシップの名義的な届け出を受け付ける制度」についても次のように答弁した。

「基本構想，さらに具体的にセクシュアルマイノリティの差別の解消ということをうたった基本計画の内容を具体的に実現するために，自治体としてどのような取り組みが必要なのかという観点から，所管部には国内外の自治体の取り組み事例などを調査，参照して，研究，検討するように指示し，対策を立てていきたいと考えております」。

区議会の答弁で多用される「検討」の2文字は，仮に実現できなかった場合でも，その責任を回避できるよう選ばれる表現で，一般の語感でいえば「取り組む」に近い表現である。この答弁で「指示」を受けた所管部がどう動くのか，が次の焦点となった。

5　担当部の動き

翌月，性的マイノリティ支援の所管部である生活文化部は，予定していた区民意識調査（『男女共同参画に関する区民意識・実態調査（平成26年度）』）に性的マイノリティに関する質問項目を初めて加えた。その結果，「あなたは，性的マイノリティの方々の人権を守る啓発や施策について，必要だと思いますか」との問いに，70.0％の区民が「必要だと思う」と答えた。「必要ない」

は4.3％だった。この調査結果は，後に同性パートナーシップを承認するに至るまで，区長が繰り返し述べる制度の必要性の論拠となった。

しかし区長から検討を「指示」された所管部でのその後の検討は，捗々しいものとはならなかった。担当者が注目したのは，私がモデルとして説明した「ハンブルク婚」でなく，それに続けて，より柔軟な発想を求め「興味深い取組」として紹介した千葉県流山市の「恋届」であった。

「恋届」は流山市が若者の恋愛を描いた映画のロケ地に選ばれたことを記念した企画で，2014年2月14日のバレンタインデーから5月30日までを実施期間とした。市で特設したサイトから自分と恋人，又は恋人にしたい人の名前，告白予定日などを入力することで誰でも「受付印」の押された「恋届」が印刷できた。また同市の窓口に「恋届」を持参することで「受付印」も押された。しかし当然のことながら法的効力はなく，市も「あくまで想いを受け付ける取組」だとした。この取組はメディアでも報道され，期間中，全国から1万3241件の届出があり，市の窓口で受付印を得た人も385人に上った。

区の担当者が当初，考えたのはこの応用だった。ただし一面を「思いを受け止める」面とし，もう一面を人権施策のアンケートにしたいという。そうすることで取組の主目的はあくまで人権のアンケートであると説明できる。これなら庁内の了解もぎりぎり得られるのではないか，というのが担当者の見立てであった。同性カップルの存在を認める「ハンブルク婚」方式ではなく「思い」を受け止める「恋届」方式でいきたい。しかも主目的は人権のアンケートといえる書面で……。私が求めた施策とかけ離れた内容に不服ではあったが，パートナーシップの承認に近づく「ステップ」としてなら容認できる——そう伝えた数日後，このアイデアですら庁内の了解は得られなかったと知らされた。組織の理解不足を思い知らされた。その後も区からアイデアは全く出てこなかった。

6　世田谷ドメスティック・パートナーシップ・レジストリーの誕生

この状態から，どのようにパートナーシップ制度への「本気」を行政から引き出すことができるのか。私はその打開策に，区長と区の幹部に直接，区

第2章　自治体における同性パートナーシップ制度の導入

内に同居する同性カップルに対面してもらおうと考えた。

　組織を構成するのは「人」である。同性カップルの実在，その必死に訴える姿，切実な声に触れて初めて長年の「当事者不在」は埋められる。根拠を持たない偏見，警戒心の類も実際の対話から氷解し，その証言から事態の切実さ，深刻さも理解されるに違いない。人権尊重を基調とする行政において，取り組むべき課題は多いとハッキリ自覚できたとき，組織の中に意欲や使命感も生まれるのではないかと期待した。

　とはいえ現状で，同性のカップルがその関係性を証明する術は極めて限られる。社会的に理解の薄い現状では，同性カップルが目前に現れたところで，俄かにカップルだと信じてもらうことさえ難しい。だとすると貴重な証言の信ぴょう性すら危うくなってしまう。

　そこで，私は住民票等ですっきりと「同居」が証明できるカップルを探そうと考えた。2014年秋から，性的マイノリティ当事者の友人たちに呼びかけて，区長，区幹部に会ってもらえそうな区内に同居する同性カップルを探し始めた。4組のカップルと繋がった2015年1月，相互の連絡が円滑になるようメーリングリストを開設。同月末には私の事務所に初めて20代から50代のメンバー，約10名が集まり勉強会を開いた。これが「世田谷ドメスティック・パートナーシップ・レジストリー」（以下，レジストリーという）の始まりである。

　私の呼びかけに当初，半信半疑で集まった区民の方々であったが，勉強会を重ね交流が深まると，課題認識の共有に時間はかからなかった。メンバーには公務員同士のカップル，お互い連れ子のいるカップル，欧米で婚姻届を出したカップル……。様々なカップルが含まれたが，抱える悩みや不安は共通していたからだ。

　家を探すとき，不動産会社や家主に理解してもらえず苦労を強いられた。大切なパートナーが倒れて入院しても「家族ではない」との理由で集中治療室に入れなかった。診察室で病状の説明すら受けられない……。互いの体験を語り話し合うなかで，これは当事者だけの問題ではなく，広く，理解に乏しい社会の問題だとの理解が深まっていった。

第4　世田谷区における同性パートナーシップの取組について

　また勉強会では，私から請願権と行政の守秘義務の説明を繰り返した。請
願権は，国や地方議会，行政機関などに対し文書で要望を提出する権利をい
う。国籍，年齢に関係なく万人に認められる。たとえ外国籍の子ども一人の
提出でも認められる。文書の提出を受けた官公庁はこれを受理し誠実に処理
するよう請願法で義務付けられており，受取の拒否はできない。憲法は「か
かる請願をしたためにいかなる差別待遇も受けない」と定めている――など
と説明すると，今まで遠く感じられてきた政治や行政がぐっと近づくよう
だった。

　加えて，地方公務員法は「職務上知り得た秘密を漏らしてはならない」と
定めている。違反者は，懲役又は罰金にも処せられると説明することで，行
政にアクセスし，セクシュアリティを明かすことへの抵抗感，不信感が和ら
いでいった。いずれも参政権に関わる重要情報だが，多くの市民はこうした
詳細を知らない。漠然と行政に声を届けたところで真面に聞いてもらえるの
だろうか，どこまで個人のプライバシーは守られるのか……と不信感，不安
感を抱えていることが多いのではないか。

　レジストリーでは3月上旬までに区に要望書を提出する方針を固め，文案
を練ることにした。3月上旬をリミットとしたのは，4月に区長選，区議選
を控えていたためであった。選挙と議会の予算審議の準備で，私自身の余力
は失われつつあったが，区内に拠点を置くレズビアンと性的マイノリティ女
性のためのNPO法人「coLLabo」の協力も加わり意欲を高めたメンバーが，
それを十分に補い支えてくれた。このように活動が活発化，具体化する中で
驚くニュースがもたらされた。

　2月9日，渋谷区の関係者からパートナーシップ証明書の発行を含む，条
例案を準備中であると知らされたのだ。3日後には記者会見も予定されてい
るという。水面下，静かに進めてきたレジストリーの活動であったが，渋谷
区の動きが明らかになれば，同性カップルの「公認」は海外でも報じられる
大ニュースになるだろう。その是非の論議も湧き上がるに違いない。来るべ
き変化の潮流にしっかりとした舵取りの必要性を意識した。

195

7 レジストリーの存在，活動を明らかに

　2月12日，渋谷区は記者会見を開き，平成27年度渋谷区当初予算案の概要を発表した。平成27年度の主な事業の筆頭に「男女平等・多様性社会の推進―パートナーシップ証明―」を掲げ，「性別による役割分担意識の変革，LGBTなど性的少数者に対する理解への取り組み，同性パートナーシップを結婚に相当する関係と認め，証明を行うことなどを盛り込んだ条例を制定し，施策を総合的・計画的に推進します」[5] とした。

　予期した通り，この発表は極めて大きく報じられた。東京から遠く離れた関西でも，新聞の1面のトップを飾るほどだった。この日，私は早速，区長に連絡を取り，区内に「現に同居する」同性カップル10組20人と要望書を準備していると伝え，直接，その受け取りを求めて承諾を得た。同時に，レジストリーのメーリングリストにも渋谷区の動きを「一自治体の突飛な動き」に見せてしまうのは得策ではないと説明し，メンバーのプライバシーを除き，その活動をオープンにしていこうと提案し，実行した。

　私がツイッターで「世田谷区でも検討中。後に続きますよ」とレジストリーの活動を報告すると情報拡散のリツイートは1500回以上に上った。メディアもこれにすばやく反応した。取材依頼が次々と舞い込み，その週末以降，世田谷での要望書提出の動きが，渋谷区の動きと絡めてたびたび報じられるようになった。

　2月15日には，区内の公共施設で性的マイノリティ当事者のための成人式「LGBT成人式」が開かれた。これは性別に合わせた服装が一般的な自治体主催の成人式では性的マイノリティの人が参加しにくいことから，東京のNPO法人「ReBit」が2012年から始めたもので，都内では毎年，世田谷区立の施設を会場にした。区と区教委が後援名義を出し区長，教育長も来賓として挨拶をしてきた。

　その席上，区長が，渋谷区が同性カップルに結婚相当の関係を認める条例を目指すことについて触れ「世田谷区としても具体的に何ができるか答えを

5）https://www.city.shibuya.tokyo.jp/data/zaisei/yosan/pdf/yosan27_gaiyo_n.pdf

出すべく準備している」と述べると，これがその夜のネットニュースになった。翌日には新聞紙面でも報じられた。

区長は新聞社の取材に，「（結婚に相当するという）証明書を出すだけならすぐにできるが，どういう形が望ましいか担当課に早急な準備を指示した」と語り，同性パートナーシップを保障する方策を検討する考えを示した。これを機に区のパートナーシップ制度，検討の機運も息を吹き返した。

8　要望書の提出

区長室と私との調整で，3月5日の夕刻，区役所本庁舎の庁議室で区長，幹部とレジストリーのメンバーとで面談することが決まった。主要新聞社には私から取材要請を入れた。区民当事者の勇気ある要請行動を「密室での出来事」で終わらせず「地域に実在するニーズ」として可視化するべきだと考えた。新制度の立ち上げには区民の理解も重要だったからだ。区の関連所管の幹部にも私から同席を要請した。新制度の創設，既存制度の改善には彼らの理解，協力が欠かせない。実務者の意識を変えるためにこそレジストリーを立ち上げたのだ。

ある幹部は，私の要請に間髪いれず「お会いします」と快諾した。しかし続く一言は「でも，そういうカップルは長続きしないんじゃないですか」であった。来庁を予定しているカップルで最長の交際期間の方は，23年間，区内に同居している男性公務員同士のカップルの方で，2番目に長い方は，フランス法で婚姻している国際カップルで，21年間，同居している方だと伝えると，驚き，感心した様子だった。また，ある幹部は「戸籍も住民票も国がガチガチに決めているんですよ。区でできることなんて何もないんです。どうしても会わなければなりませんか」と同席を渋り不快感を露わにした。「その住民記録に自分たちが含まれず困っているという区民の方々が見えるんです。それなのに担当の課長が会わないというのはどういう了見なのですか。既存の事務に彼らが合わないことは分かっています。でもだからこそ何ができるかを考えることも所管課の仕事ではないのですか」と反問すると「議員が「どうしても」とおっしゃるなら同席します」と憮然とした。同性

197

をパートナーとする区民をあまりに軽視した対応に「「どうしても」と議員が頭を下げなければ、区民と会えないような方なら来ていただかなくても結構です。区民の皆さんに失礼です」と打ち切った。しかし直後、その上司に相談すると「必ず同席させます」が部長の答えだった。

結局、区からは、区長を筆頭に総務部長、地域行政部長、生活文化部長、区長室長、人権・男女共同参画担当課長、地域窓口調整課長、広報課長の幹部7人が出席した。当時、30人ほどにメンバーが増えていたレジストリーからは、私を含め都合のついた17人が出席した。

面談では冒頭、レジストリーのメンバーから住民票と納税証明書を提示した。区民、納税者からの要望であること、メンバーの多くが現に同居している同性カップルであることを、まずしっかり認識してもらうところから対話をスタートさせなければならないと考えてのアイデアだった。

そして肝心な要望のプレゼンテーションは、メンバーの実名、住所を連ねた要望書「同性カップルを含む『パートナーシップの公的承認』に関する要望書」に沿って行った。標題を「同性カップルを含む」としたのは、事実婚の男女を含め、既存の枠組みから外れた、様々な「家族」を包含する制度こそ、今、求められているものだと皆で話し合った結果であった。

要望事項には、

① 世田谷区でも、同性同士で生活する者も家族として扱う、「パートナーシップの登録認証制度」等を創設運用などをし、その存在を公に認める方策をとって頂きたい。

② 区が、婚姻や事実婚などの関係にある異性カップルを「家族」という単位として行っている各種サービスや事務にはどのようなものがあるのか、具体的に洗い出してほしい。また、そのうちのどれが同性カップルにも拡大可能か提示してほしい。

の2つを並べた。

さらに次ページ以降、3ページにわたって同性のパートナーと日常生活を送る上での困難、理不尽な体験、性的マイノリティであるがゆえに抱えてきた不安や葛藤等をレジストリーのメンバーから手記を集め、まとめた。それ

ぞれの内容は，それを記した当人から話した。とつとつと語られた同性カップルの理不尽な体験，各人の切実な思いに，居並ぶ当事者メンバーの胸も詰まるようだった。区の幹部も始終，考え込む様子で事態の深刻さが伝わったようだった。

　では，どのような困難，体験，メッセージが要望書に綴られていたのか。ここに，その一部を紹介したい（【資料9】参照。一部を抜粋した。また読みやすく筆者が改変した部分がある）。

　同様の困難を抱えている人は，潜在的にはどの地域にもいる。支援策の検討の参考としていだければ幸いである。

【資料9：同性カップルを含む「パートナーシップの公的承認」に関する要望書】

> 　アパートを借りようとした時，不動産屋に男同士には貸さないけど，管理費を倍払えば大家にかけあってやると言われ，6年間払い続けた。おかしいことをおかしいと言えず，悔しい思いをしました。
> 　警察官に巡回連絡カードを出した時，宗教とかしてるの？としつこく聞かれ，この時も嫌な思いをしました。
>
> （同居23年の40・50代男性カップル）

> 　以前，パートナーが倒れて入院し，病室にすんなり入れずとても悲しい思いをしました。
> 　パートナーが意識不明の状態で，すぐに手術が必要だったとしても，私は手術同意のサインをすることができず，肉親の方が来るまで待たねばならない。いざという時，家族として扱ってもらえないことが，将来の一番の不安です。
>
> （30代女性）

> 　お互い異性と離婚した後，子連れで一緒に暮らすようになり10年。子どもがいじめにあわないよう，周囲には親戚と言っています。同性愛者を見たことがないと思っている方も多いと思いますが，本当はこのように身近なところに存在しているのです。そして「家族について」という根源的な部分で嘘をついたり隠し事をすることで，日々心をすり減らしています。
>
> （同居10年の40代女性カップル）

第2章　自治体における同性パートナーシップ制度の導入

> みなさんにおうかがいしたい。私たちは劣る人間なのでしょうか。なぜ笑いや，嘲笑の対象となるのでしょうか。ゲイやレズビアンという生き方を自分で選んだわけではありません。自分の恋の対象を変えられるものなら変えたかったです。変えて楽に生きたい。何度もそう思いました。
>
> （50代男性）

　面談の最後に，区長は「話をしっかりと受け止め，区長の判断でできる範囲を絞って，できるだけ早く皆さんの要望に応えたい」と発言。各要望事項の検討を約束した。

　直後の記者会見でも区長は，レジストリーが求めたパートナーシップの登録認証制度等の創設等について「区長の裁量内で出来ることに絞り具体化したい」と表明した。

　この日の要望書手交の場面（レジストリーのメンバーの7人も撮影に応じた）や，直後の区長の記者会見の内容は，その夜のテレビニュースでも，翌朝の新聞紙面にも取り上げられた。

　徹底して区民当事者のリアリティ，ニーズを可視化しようとしたこの日の要望書提出が，区がパートナーシップ制度の構築に取り組む直接的な動機になった。

3　要綱の策定

1　庁内検討プロジェクトチームの発足

　2015年4月1日，区は，政策経営部，地域行政部，総務部，生活文化部の4部13人の職員で構成される同性パートナーシップに関する検討プロジェクトチームを発足させた。法令や他制度との関係を精査し，区内の同性カップルに区が承認を与える場合の書類のあり方や，区営住宅の入居要件の見直し等について区長裁量で行えるのか，あるいは法改正や条例改正を要するのか等について検討し，3か月後を目途に一定の結論を出すとした。しかし，実際に法令等に照らし精査を始めると，区長権限でできることの限界が多く見

200

えてきたようであった。その結果，同性カップルの思いを受け止め，書面を発行する等の支援に優先して取り組み，その他の支援策については次年度以降，議論が本格化する次期男女共同参画プランの検討の中に性的マイノリティ当事者を含めた部会等を設け，より丁寧に議論してゆくこととした。

2 条例か，要綱か

関連条例を制定する方向で議論を進めてきた渋谷区に対し，世田谷区は要綱での成立を目指した。なぜ世田谷区は条例ではないのか，要綱とは何かとの問いも多かった。そもそも要綱とは，地方自治体において行政運営の指針や行政活動の取扱いの基準を定める内部的規範であり，議会の議決を要する条例と異なり，区長の裁量の範囲内で定めることができるものである。区長は，「パートナーシップを認めることは区長の裁量で出来ると判断した」「区長権限で時間かけずにできることをする」と会見等で繰り返し述べてきた。私もこれを歓迎した。渋谷区に比べても，保守系議員の割合が高い世田谷区の状況では，いきなり条例化を狙うより，行政実務によって実現を図る方が安全かつスムーズと考えられたからである。制度の実効性を高める条例化を，今後，考えてゆくにしても，要綱に基づく制度とその利用者をもつことは有力な議論の基盤になると考えられた。

3 試案

2015年2月の時点で既に，どのようにすればパートナーシップを認められるかについて，私は以下のような試案を区側に提出していた。参考までに紹介する。

① 両人とも，20歳以上であること
② 他に配偶者がないこと
③ 区内に住み，「同一世帯」をなしていること
④ 生計同一であること
⑤ パートナーシップの申立て

「20歳以上であること」については，各種身分証明書から確認できる。「配

偶者がないこと」については，区市町村が発行する独身証明書で確認できる。「区内に住むこと」及び「同一世帯であること」であることは「同居人」の記載のある住民票から確認できる。「生計統一であること」は届書に申立て欄をつけることで確認できる。区の軽自動車税減免申請書にも「生計同一」の申立て欄があるが，その確認は同欄の「はい」か「いいえ」に丸をつけてもらうだけである。最後のパートナーシップについても新たに申立て欄を設ければよい。このようにすることで，「両人が成人であり（①），区内に同一世帯を為し（②），同一の生計のもと（③），互いに支えあうパートナーと認め合って暮らしている（④）」と確認，証明することができる。いずれも既存の事務の延長線上で，新たな事務はパートナーシップの申立てのみとなる。以上の事実を重ねて証明する書類に「（家庭的）パートナーシップ証明」と名付ける。同登録には有効期限を設け，例えば毎年度末に更新を必要とすることでパートナーシップの意志の継続を確認する。更新手続が取られなければ，記録は抹消される。これなら条例化は不必要なのではないかと提案した。

　また，私のもとには男女の事実婚カップルなどからも「私たちの関係性も証明する書類として欲しい」などの要望が寄せられていた。いわゆる事実婚の男女も含め「家庭的パートナーシップ証明」（異性愛，同性愛ともに利用可）などとするほうが，多様な家庭的支えあいを認め，応援する取組となってよいのではと提案をした。

　この案は区長をはじめ幹部職員にも説明して了承いただいたつもりでいたのだが，後に区側が出してきた要綱案は，異なるものであった。

4　要綱案の調整

　2015年6月18日，区から初めて要綱案が示された。

　しかし，その内容はレジストリーが期待したものとも，後に議会に報告される要綱案とも異なっていた。現在の世田谷区の制度は，同性カップルが自分たちは同性カップルであることを，区長に対し宣誓し，宣誓書の写しと証明書代わりとなる宣誓書受領証の交付を受ける制度である。宣誓は，宣誓しようとする同性カップルが区職員の面前でパートナーシップ宣誓書に記入し，

これを当該職員に提出することによって行う（要綱3条1項）。職員は収受印を表示した宣誓書の写しとパートナーシップ宣誓書受領証を添付し，当該カップルに交付する（要綱4条）。

　しかし，当初の案は，同性カップルが自分たちは同性カップルであることを区長に対し「宣言」する制度であった。そのため要綱の名称案も「世田谷区パートナーシップ宣言に関する要綱」であった。また収受印を表示した宣言書の写しの交付は予定していたが，受領証の交付は考えられていなかった。その代わり「宣言者のお二人へ」で始まる区長名の手紙が用意されていた。文面は「世田谷区は，基本計画において，「女性や子ども，高齢者，障害者，外国人，性的マイノリティなどを理由に差別されることなく，多様性を認め合い，人権への理解を深めるため，人権意識の啓発や理解の促進」をすることとしています。こうした「多様性の尊重」という理念に則り，パートナーとなられたお二人の意思を尊重し，パートナーシップ宣言書を受け取ります。これからの人生を，お二人で力を合わせ乗り越えていかれることを期待しています。」であった。

(1)　「宣言」による手続から「宣誓」による手続へ

　この案の提示にレジストリー内には失望が広がった。レジストリーが求めたのは区という公的機関からのパートナーシップの認定である。ところが区から示された案は当事者自身による「宣言」であり真逆に見えた。しかも手紙の文面は「これからの人生を，二人で力を合わせ乗り越えていかれることを期待しています」で結ばれていた。様々な困難があることを区に訴え，支援を求めた当事者に，これはないという反応だった。

　加えて，同性愛者の多くが自身のセクシュアリティを周囲に口にできず，異性愛者を装わざるを得ない状況のもとで暮らしている。ところが区はその手続部分にセクシュアリティに関わる「宣言」を持ってきた。「宣言」による手続は公職選挙法や国籍法にも見られ，実務としておかしくないのであろうが当事者の印象は最悪だ。通常，「宣言」は個人，団体，国家等がその立場，意見，方針などを外部に広く表明することを意味する。これではセク

203

シュアリティの告白,「カムアウト」を行政が強いる手続にさえ映る。この点でも評価は散々だった。そこで私から「宣言」による手続を「宣誓」に替えるよう提案し受け入れられた。宣誓による手続は選挙事務にもある。届出が真実であることを区長に誓う「宣誓」の方が,その手続に真正性が感じられ,交付書面の信頼性も高まると思われた。加えて「宣誓」は生涯の愛を誓いあう欧米の結婚式も想起させる。その点でも当事者の心証はよいと考えた。

また要綱の名称も「世田谷区パートナーシップの宣誓に関する要綱(案)」に「取扱い」の一語を加え「世田谷区パートナーシップの宣誓の取扱いに関する要綱」にするよう求め了承された。「パートナーシップ宣誓に関する要綱」では主たる行為者がカップルであるとの印象が強くなり公の「お墨付き」感が薄れてしまう。「取扱い」と一語入れることで行政実務である点が強調できた。「取扱い」の語は「性同一性障害者の戸籍の性別の取扱いの特例に関する法律」から着想を得たものだった。

(2) 受領証も交付へ

「宣言者のお二人へ」の手紙は証明書類にするよう改めて求めた。順を追って「パートナーシップ登録証明書」,「パートナーシップ届受理証明書」,「パートナーシップ届受理証」等,いくつもの提案をしたが,条例に基づく事務でない以上,権利・義務を想起させる表現は使えないと区は慎重で「パートナーシップ宣誓書受領証」とすることで落ち着いた。手紙の文面にあった「お二人で力を合わせ乗り越えていかれることを期待しています」の言葉も「ご多幸を願います」にするよう提案し受け入れられた。さらに末尾には区長の考えた「おふたりが世田谷区でいきいきと活躍されることを期待いたします」の言葉が添えられた。

こうして最終的な受領証の文面は「ここにおふたりが,『世田谷区パートナーシップの宣誓の取扱いに関する要綱』に基づき,『パートナーシップの宣誓』をされたことを証します。これからの人生をお互いに支えあい歩まれる,お二人のご多幸を願います。区は,世田谷区基本構想で,個人の尊厳を尊重し,多様性を認め合い,自分らしく暮らせる地域社会を築くことをめざ

しています。また，世田谷区基本計画では，人権の尊重として，性的マイノリティなどを理由に差別されることのないよう，人権意識の啓発や理解の促進をうたっています。今後とも，おふたりが世田谷区でいきいきと活躍されることを期待いたします」と温かなものになった。

一方でレジストリー側が譲ったところもあった。当初，レジストリーは性別を問わないパートナーシップ制度の構築を求めていた。ところが示された案は対象者を同性間に限定していた。しかし行政が同性でも「カップル」であると公式に認め，それを定義し，制度をつくることは極めて画期的である。渋谷区の制度にもない「同性カップル」の明文化であることから，あえて反対せず受け入れることにした。宣誓書の保存期間10年も，逆に10年間の文書保存を区が約束したことにもなると肯定的に評価した。

5　議会報告―要綱案を公表

7月29日，ようやく「世田谷区パートナーシップの宣誓の取扱いに関する要綱案」が世田谷区議会に報告された。その骨格は前記の通り，同性カップルが自分たちは同性カップルであることを区長に対し宣誓し，宣誓書の写しと宣誓書受領証の交付を受けるものである。要綱は「同性カップル」を，互いを人生のパートナーとして生活を共にしている，または共にすることを約した2人と定義（要綱2条1項）。区長に対する宣誓は，区職員の面前において住所，氏名及び日付を自ら記入したパートナーシップ宣誓書を当該区職員に提出することにより行うとした。その上で要綱案は宣誓できる条件を，

①　双方が20歳以上であること（要綱3条1項1号）
②　双方が区内に住所を有すること，又は一方が区内に住所を有し，かつ他の一方が区内への転入を予定していること（要綱3条1項2号）

の2つに絞った。区長が受領証等交付のハードルをできるだけ下げるよう指示しており，公正証書等の提示を必要としない，ごくシンプルな要件に落ちついた。

一方で，パートナーシップの宣誓をしようとする同性カップルの共にする生活が公序良俗に反すると認めるときは，区長は宣誓書の受領を行わない

第 2 章　自治体における同性パートナーシップ制度の導入

（要綱 3 条 4 項）との縛りもかけた。

　宣誓書の保存期間は10年。ただし，パートナーシップの宣誓をした同性カップルの双方が当該宣誓書の破棄を希望するときは，これを破棄すると定め（要綱 5 条），2015年11月を目途に事業を実施したいと報告した。

　これに対し委員から明確に反対する意見は上がらなかった。むしろ更なる実効性の担保を求める声が上がった。この報告は新聞紙面を賑わせたが，制度の創設そのものに批判的な報道は全くなく，一部新聞では当日夕刊のトップ記事となった。

　議会への報告という最大の山を越えた後も，要綱案を改善する努力は続けられた。区が議会に報告した受領証案には宛名がなかったが，証明書として機能するよう宛名の挿入を私から求め了承された。さらに信用性が増すよう偽造防止用紙の採用も議会で提案し採用された。加えてデザインも「もらってうれしいものにしたい」とレジストリーのメンバーで考えたものが区民とのコラボレーションとして採用された。

　10月23日，区長は「パートナーシップ宣誓書の受付及び受領証の交付を11月 5 日より始める」と記者会見で公表した。そして11月 1 日からパートナーシップ宣誓書の受付が，11月 5 日から宣誓書の写しと受領証の交付が開始されたのである。これまでに，38組の同性カップルが宣誓書受領証の交付を受けた（2016年10月現在）。

4 今後の課題

1　要綱・要領の見直し

　制度の運用が開始されて以降も，制度改善の努力は続けられている。制度の開始以前から私が問題だと感じていたのは，世田谷区の制度は，よもや嘘をついて利用する人はいるまいという性善説に偏り，審査が甘いことであった。提出書類等は特になく，二人そろって来庁し，身分証を提示の上，宣誓書を提出し，簡単なヒアリングに応じれば，その説明を了とし手続は終了する。つまり適格性の有無を厳格にチェックする制度設計にはなく，ヒアリン

グに基づく審査の記録も区には残されていなかった。加えて，

① 「公序良俗に反する」要件が不明瞭

② 当事者が区内転居，区外転居した場合の扱いが不明瞭

③ 当事者が死亡した場合の扱いが不明瞭

④ 宣誓書の写し，受領証の再交付の要件が知らされていない

などの課題も残されていた。それぞれ制度の信頼性に関わる課題であると指摘し，私より改善を求めてきた。

①から③については，要綱の下の世田谷区パートナーシップの宣誓の取扱いに関する事務処理要領（第3章第2【資料13】参照）に加筆・修正することで，④については，要綱に要件を追記し，再交付の申し出の書式を追加することで，また適格性の審査を明確化し，その記録を残すことについては，カップル双方から署名を得ることを必要とするチェックリスト「パートナーシップの宣誓にあたっての確認書」（第3章第2【資料14】参照）を新たにつくり，その提出を義務化することで改善することになり，2016年4月1日から施行された。

2 実効性の担保

制度が始まる以前から，区から交布される受領証が実際，社会にどのように受け止められるのかも，区が注視するべき課題だと私は捉えていた。交付されたカップルが，いざ受領証を示しても何の意味もない，使えないという事態になってしまっては，制度そのものの意味が問われる。そこで私は11月5日のスタート以前から，制度の信用性を損ねることがないよう，区長らに民間事業者への働きかけを求めていた。

例えば，渋谷区の条例が成立して以降，2つの携帯電話会社が，渋谷区が交付を予定しているパートナーシップ証明について，家族割適用の確認書類として認める意向を示していた。世田谷区の受領証も同様に確認書類となるのか，私から確認をとると，一方の社は可，残る一方の社は，「現在のところ該当しない」との返答だった。この事態を早速，区長らに説明し，改めて区から制度の説明をしてもらったところ，世田谷区の受領証も確認書類とし

第2章　自治体における同性パートナーシップ制度の導入

て認められることになった。

　また，レジストリーのメンバーが口をそろえて問題としていたのが，住ま
い探しの困難，医療機関の無理解であった。こちらも区議会で，区内関係団
体に働きかけるよう私から要望を出し，区内2つの医師会と不動産団体，宅
建団体に対し，区長，副区長から関係団体を訪問しての協力要請が図られた。

　また，区にはこれと並行して同性をパートナーとする区職員，区教委教職
員の処遇の改善するよう求めてきた。具体的には，私が2015年2月の議会で
提案した，①区のセクシュアル・ハラスメント禁止の内部規範に性的マイノ
リティへの揶揄，不愉快な発言もセクシュアル・ハラスメントに当たると明
確に位置づけること，②同性をパートナーとする職員の福利厚生を平等にす
ることの2つを軸に改善策が講じられた。

　2015年4月1日，区の「セクシュアル・ハラスメントに関する基本方針」
が改正され，性的マイノリティへの揶揄等が，セクハラの構成要素にあたる
と明記された。2016年1月1日には区教委でも同様の要綱改正が行われた。
また区の職員については，世田谷区職員互助会（会員数：約5800人）で，区
立学校教職員については世田谷区教職員互助会（会員数：約2400人）で規約
改正が行われ，2016年4月からは同性をパートナーとする区職員，区教委教
職員のそれぞれについて従来の結婚祝金と同額の祝金が給付されるように
なった。2016年6月には実際に区の職員から申請が出て，祝金が給付された。

　ほかにも，世田谷区で受領証の交付を受けた同性カップルが受領証を示し
たことをきっかけに，ある航空会社が家族向けのマイレージサービスを認め
た。現在では大手航空2社がいずれも同性カップルを家族向けサービスの対
象になると認めている。また，レジストリーのメンバーが大手クレジット会
社に問い合わせたところ，それまで認めてこなかった家族カードの発行対象
に，受領証をもつ同性カップルを含めることを認めた。加えて従来，二親等
以内の血族にしか死亡保険金の支払を認めてこなかった生命保険業界でも10
数社が同性カップルへの死亡保険金の支払を認めるようになり，うち複数社
が世田谷区の受領証も確認書類になるとしている。このように，区側の要請
に応えたというかたちではなく，自ら進んでサービスの対象，家族の範疇に

208

同性パートナーを含め，世田谷区の受領証をその確認書類として認める，という企業側の動きが加速しつつある。

3 区の夫婦向け，家族向けサービスの見直し

このほか，レジストリーが提出した要望書の2番目の要望事項，区の家族向けサービスの見直しについても検討が進められてきた。

2016年3月の予算審議では，区の福祉・医療サービスの案内にある「家族」の定義に，まず同性のパートナーが含まれるかどうかを質疑した。区立の医療機関，世田谷区保健センターのがん相談の案内のいう「家族」については，「御指摘の事業の案内表記を改善するとともに，患者本人が，同性パートナー同席での対面相談を希望される場合には，そのような形で御相談をお受けしてまいりたい」と答弁があった。その他の福祉，医療部門の相談についても「職員も同性パートナーは，家族と同様であるという認識を持っている」として「同性パートナーの方も家族同様，区の窓口で相談ができるということを，広報やホームページの記載を工夫してお伝えしてまいります」と答弁があった。現在，区の各種事業の相談部分については，区のホームページを含めた全体的な見直しに取り組んでいる。

この他，家族向けサービスの同性カップルへの開放についても，区では男女共同参画推進会議や同幹事会を通じた議論をはじめ，検討委員会作業部会にも庁内の関連所管課が出席し個別に検討を進めてきたとしており，関係する所管課と調整を図り，実現の範囲や手法について検討を続け，一定の段階で議会に報告するとしている（2016年第3回定例会の私の一般質問に対する区側答弁）。

以上，見てきたように，同性のパートナーを行政が認め，受領証を交付するという制度は，実は取組の第一歩に過ぎない。しかしこの制度をきっかけに，行政や社会がその存在を認識し，平等な制度の改革，平等な社会の実現に向けて進んでいくことは間違いない。今後も，世田谷区がその先達の一翼を担えるよう，取組を続けたい。

第2章　自治体における同性パートナーシップ制度の導入

第**5**

同性パートナーシップ制度の今後の課題

中川　重徳

1 はじめに

　2015年，東京都渋谷区と世田谷区でスタートした同性パートナーシップ制度は，その後，徐々にではあるが，他の自治体にも広がりつつある。両区の制度がスタートした2015年は，米国で同性婚を全州で可能とする最高裁判決が言い渡されたこともあり，マスメディアにおけるLGBTに関する報道が一気に増大した。自治体，企業，教育の場[1]などで徐々に進みつつあった動きも加速され，最近は，各分野の専門誌，専門職団体の機関誌が相次いでLGBT特集を組むなど，LGBT当事者の存在を前提とした学問や社会制度のあり方が志向されている。「異性愛が自然で同性愛は異常」という異性愛規範や「男は男らしく，女は女らしく」という性別役割規範が根強く存在する我が国で，少しづつではあるが，社会の共通認識が変化しつつあることの意義は大きい。

　本稿では，日本の自治体で始まった同性パートナーシップ制度について，今後の課題を検討したい。基本的視点として，制度の理念型と人権という2つの観点を提示し，そのうえで，制度の要件，効果，制度を広げてゆくための課題や同性婚との関係について検討する。

---

1 ）「性同一性障害に係る児童生徒に対するきめ細かな対応の実施等について」（文部科学省，2015年4月30日），「性同一性障害や性的指向・性自認に係る，児童生徒に対するきめ細かな対応等の実施について（教職員向け）」（文部科学省，2016年4月1日）

2 基本的視点

1 パートナーシップ制度の理念型—婚姻モデルか契約モデルか

自治体の同性パートナーシップ制度には，理念型として，婚姻同様に様々な効果を発生させる「婚姻モデル」と，より限定した効果を想定する「契約モデル」を考えることが有益であるが[2]，婚姻同様の効果を認めようとする婚姻モデルには，国や上位自治体の権限との関係，財政上の問題，反対世論との政治的力関係の問題があり，遅まきながら同性カップルの権利保障の第一歩を踏み出しつつある我が国の現状では，効果が限定的である反面で要件が緩やかとなる契約モデルが合理的と思われる。

同性パートナーシップ制度の今後の課題も，この基本的視点から出発することが有益である。

2 人権問題という視点

他方，同性パートナーシップ制度には，性的少数者が直面する困難や後述する「全般的人権侵害状況」を部分的にでも解消・緩和し，性的少数者に対する社会の理解を増進するという役割があり，パートナーシップ制度のあり方は，この人権の視点から不断に検証される必要がある。渋谷区条例の同性パートナーシップ制度も，同条例第4条の理念，すなわち「性的少数者の人権を尊重する社会の推進」のための制度として位置づけられている。男女共同参画社会基本法3条は「男女共同参画社会の形成は，（中略）男女の人権が尊重されることを旨として，行われなければならない。」旨定めるが，多様性社会の実現と性的少数者の人権についても妥当するはずである。

すなわち，憲法第13条は，個人の尊厳の原理に基づき，すべての人は個人として尊重され，幸福追求の権利を有することを定める。性的指向や性自認といった人間の性のあり方は，人格の根幹に関わることがらでありかつ多様である。個人が尊重されると言えるためには，各人それぞれに多様な性のあ

2）本書第2章第2参照。渋谷区男女平等・多様性社会推進会議「男女平等と多様性を尊重する社会の推進に係る重要事項について【中間報告】」1項（2015年10月）

第2章　自治体における同性パートナーシップ制度の導入

り方に即した生き方が保障され，性的指向や性自認によって差別されること
なく，平等に扱われることが必要である。

　ところが，日本社会の性的少数者は，法的社会的に存在が無視されたまま，
人生の早い時期から厳しい偏見や差別にさらされ，必要な支援を受けること
も困難な状況にある。

(1)　根強い偏見

　日本には，同性間の性的行為を処罰する法律こそ存在しないが[3]，人の性
的意識は異性に向かうのが当然とされ（異性愛主義），社会の多くの者は自分
が異性愛者であると意識することすらない。また，物腰や話し方・立ち居振
る舞いや服装等の性別表現，職場・家庭での分業役割に至る性別役割規範も
強固である。同性に性的関心を持つ者（レズビアン，ゲイ，バイセクシュアル
など），割り当てられた性別（多くの場合は身体の性）と性自認が適合せず，
別の性別への越境を望む者（トランスジェンダー）は社会の一員としては想
定されず，性的異常・逸脱と見なされる[4]。

　世界的には，同性愛を病理とする認識の見直しが1970年代に始まり，アメ
リカ精神医学会の「DSM」やWHOの「ICD」といった疾病分類の改訂が進
んだ[5]。しかし，日本では，1991年に同性愛者の公共施設の利用権をめぐっ

3）明治初期の1872年，司法省内で立案された「鶏姦条例」と呼ばれる処罰規定が太政官
　の認可を受け，翌1873年に太政官布告「改定律例」中の第266条に鶏姦処罰規定が設け
　られた。鶏姦とは肛門性交を指す言葉である。1882年の旧刑法ではこれらの処罰規定は
　廃止された。霞信彦「鶏姦規定をめぐる若干の考察」法学研究58巻1号1頁（1985）。
4）風間孝・河口和也『同性愛と異性愛』（岩波書店，2010）
5）1950年代以降の多くの実証的な研究の結果，性的指向としての同性愛そのものは精神
　障害と言えないことが専門家の共通認識となり，1973年，アメリカ精神医学会で『精神
　障害の分類と診断の手引』（DSM）から同性愛を削除する動きが始まった。米国心理学
　会もこの動きを支持し，1975年1月の同学会理事会で「同性愛そのものは，判断能力，
　安定性，信頼性及び一般的な社会的能力や職業能力における障害を意味しない。長きに
　わたり同性に向かう性的指向に結びつけられてきたスティグマを率先して取り除くこと
　を全ての精神保健専門家に促す」との決議を採択した。最終的には1986年のDSM-ⅢR
　で同性愛は完全に削除された。
　　WHOの『国際疾病分類』（ICD）でも，1988年のICD10草稿で「性的指向自体は障害

て「府中青年の家」訴訟が提起された時点でも，代表的な国語辞典である広辞苑では同性愛が「異常性欲の一種」と記載され[6]，文部省（当時）発行の指導書も，同性愛を「倒錯型性非行」に分類し，「健全な社会道徳に反し，性の秩序を乱す行為となりうる」「現代社会にあっても是認されうるものではない」等と記していた[7]。

これらは，府中青年の家訴訟の過程でいずれも改定され，同訴訟の第一審判決は，同性愛を異性愛と優劣のない形で定義し，脱病理の趨勢や当事者が直面する孤立等の問題にも言及した[8]。また，高裁判決は，「（東京）都教育委員会を含む行政当局としては，その職務を行うについて，少数者である同性愛者をも視野に入れた，肌理の細かな配慮が必要であり，同性愛者の権利，利益を十分に擁護することが要請されているものというべきであって，無関心であったり知識がないということは公権力の行使に当たる者として許されない」旨判示した[9]。

これらの判決から20年近くが経過した現在，インターネットやSNSの普及によって当事者が性的指向や性自認に関する情報を得たりお互いに知り合うことは容易となった。それでも，渋谷と世田谷の制度がスタートした直後の2015年11月，神奈川県海老名市の男性市議会議員（71歳）の「（同性愛者は）生物の根底を変える異常動物」というツイートをかわきりに，岐阜県の男性職員（30代），同県自民党政調会長で県議会議長も務めた男性議員（70代），さらには大阪弁護士会の男性弁護士までが連鎖的に同様の発言を行って大きな問題となった。今なお，性的少数者に対する固定観念や偏見といわれのな

(disorder) とみなされるべきではない」との注記がなされ，1990年採択・1992年発効のICD10でこの記述は正式に採用されている。日本政府は，1995年1月1日よりICD10を公式の疾病分類基準として採用した（平成6年10月12日付官報号外195号）。

6）広辞苑の記述は，府中青年の家の宿泊利用を拒否されたことに対する訴訟を提起した原告側団体が出版元の岩波書店に是正を申し入れ，1991年11月発行の第4版から「異常性欲の一種」との記述が削除された。

7）「生徒の問題行動に関する基礎資料—中学校・高等学校編—」（文部省，1979）。広辞苑と同様の経緯で1992年発行の第5刷から同性愛の項全体が削除された。

8）東京地判平成6.3.30判タ859号163頁

9）東京高判平成9.9.16判タ986号206頁

い嫌悪の情が空気のように遍在し，きっかけさえあれば表面化する現実を示す事件であった。

⑵　生きづらさ

日本の子どもたちは，生まれた直後から性的少数者に対する否定的な情報やまなざしがあふれる中で成長する。LGBTの当事者が自分のセクシュアリティが社会の多数派と異なることを意識するのは，人生のかなり早い時期であることが指摘されている。自分の性のあり方に気づいた当事者の若者たちは，当惑と孤立や自己否定に陥りやすい状況におかれる。また，学校教育の性教育は不十分なうえ，教科書には，「思春期になれば異性に関心を持つ」と記載され同性への関心は無視されている。さらに，当惑と孤立の中で男らしさ・女らしさからはずれる当事者は，容赦のないいじめにさらされる。しかも担任教師が「加害者」となることも少なくない。

そして，トランスジェンダーの人々は，学校や職場での制服，更衣室やトイレ，名簿や各種証明書を含む性別表記について，ことごとく性自認と相いれない扱いを強いられ，差別を恐れて自己の性自認に基づく社会生活を断念したり，逆に不合理なアウティングを強いられるなどの扱いを強いられている。

日本では，若者の自殺が大きな問題となっているが，異性愛男性と比較してゲイ・バイセクシュアル男性の自殺未遂リスクは約6倍であるとの報告がある[10]。マスコミ等を通じた情報量は増大しても，学校・職場・家庭は当事者にとって決して安全な場所ではないのである。

⑶　LGBTの存在を無視した法律と社会制度

日本には，性的指向や性自認を理由とした差別を禁止する法律がない。近時，ようやく国会で立法に向けた議論がなされているが，報道によれば，政権与党自民党は，理解増進のみを規定し差別が許されないことを明記しない

---

10) Hidaka Y., et al (2008) Attempted suicide and associated risk factors among youth in urban Japan. Social Psychiatry and Psychiatric Epidemiology. 43：752-757

第5　同性パートナーシップ制度の今後の課題

方針と伝えられている[11]。

　そして，同性カップルは婚姻から排除されているだけでなく，同性パートナーシップを公証し支援する法制が全く存在しないことは，国によるもっとも深刻な差別の1つと言うべきである。

　人が人を愛し，その結果生活をともにすることを望むのは，異性愛でも同性愛でも，トランスジェンダーでも同じである。ところが，現在の日本では，婚姻は，法律上異性の者としかできない。

　その結果，同性カップルは，相続（無遺言相続権，遺留分），税制（配偶者控除，相続税の軽減等），在留資格（日本人の配偶者という安定した在留資格を得る余地がない[12]）といった法的・経済的利益等で厳然と差別され，さらに，2人の関係が社会に公示され関係が深まるという社会的・心理的効果からも排除されている[13]。

(4)　全般的人権侵害

　このような状況に対しては，近時国際人権機関は繰り返し改善を求めている。

　すなわち，1990年代以降，国際人権法上も性的マイノリティの人権が注目され，同性カップルについては婚姻と同様の法的保護を提供することが「家族生活の尊重を受ける権利」に基づく国家の義務と理解されている。

　2008年，国際人権規約の履行状況を監視し審査する自由権規約委員会は，

---

11) 自民党の文書によれば，「理解が不十分な状態で差別を禁止のみが強調されるとかえって当事者を孤立させる」といった説明がなされているが，法律の禁止規範には，行為を事後的に処断する評価規範（裁判規範）としての役割だけでなくルールを明示して差別を未然に防止する行為規範としての役割があること，差別禁止規範は障害者差別禁止法，男女雇用機会均等法にあり，セクハラについても，許されない行為を明示することが第一歩とされること，オリンピック憲章でも性的指向による差別を禁止する条項が存在することなどに照らし，疑問である。

12) 例えば，スペイン国籍と日本国籍のカップルで，スペインでは同性婚が法制化され正式に婚姻しているのに，日本ではまったく他人としか扱われず，スペインでは夫婦である者たちが日本では不安定なビザに脅かされるという不合理が生じている。

13) これらの不利益と当事者の声については，同性婚人権救済弁護団編『同性婚 だれもが自由に結婚する権利』100頁以下（明石書店，2016）が詳しい。

215

第2章　自治体における同性パートナーシップ制度の導入

日本の公営住宅法や配偶者からの暴力の防止及び被害者の保護等に関する法律（以下，DV防止法という）などにおける事実婚の法的保護が同性カップルには適用されないことが差別禁止義務に違反するとして法改正等の措置を勧告し，2014年にも再度同様の勧告を発した。2013年には，社会権規約委員会も同性同士の関係に対して差別的法規定が存在することに懸念を表明した。

　また，国連加盟国の政府代表で組織される国連人権理事会も，2008年と2012年の2回にわたり，性的指向・性自認に基づく差別撤廃の措置を講じるよう勧告を発し，日本政府はいずれについても無条件で勧告を履行する旨誓約しているのである。

　以上，国際人権法の観点からも，パートナーシップ制度の今後を考える際に人権の観点が重要である。

3　待たれていた同性パートナーシップ制度

　1987年刊行の「別冊宝島64『女を愛する女たちの物語』」には，1981年10月と12月の2回にわたり実施されたレズビアンに対するアンケートの結果が詳しく紹介されている[14]。20代から30代の回答者の約20％前後の者が「同性の恋人又は友人」と生活していると回答し，「好きな人といっしょに暮らしたいという願望は，異性愛・同性愛を問わない」「対等の人間として関係を作っていくのに，異性と組むより，ずっと手間がかからない」といった声とともに，「男女のカップルとほとんど同じなのだから，法的保護もあって当然だ」「女と女の愛が社会にねじ曲げられることなく育ったなら壊れずにすんだ関係，心中しなくてよかったカップル，人格破壊を起こさなくてもすんだ心などがあったはずだ」といった社会の差別偏見に対する痛切な声も紹介されている。そして，法律専門家も，これら日本社会に生きる性的少数者の声に耳を傾けその生き方を承認する法律や制度の必要性を指摘していた[15]。

---

14) 同書151頁。アンケートは，レズビアンのグループ，雑誌の文通コーナー，レズビアン・バーなどを通じて実施され，あわせて234名から回答が寄せられている。

15) 二宮周平『事実婚の現代的課題』（日本評論社，1990），角田由紀子『性の法律学』（有斐閣，1991），棚村政行「同性愛者間の婚姻は法的に可能か」法セミ476号16頁（1994）

第5 同性パートナーシップ制度の今後の課題

1980年代には，エイズパニックの中で性的少数者に対する敵意と偏見が厳しくなる中で，当事者の中には，社会防衛的色彩の強い後天性免疫不全症候群の予防に関する法律（いわゆる，エイズ予防法）に反対する運動に参加する者もあり，1990年代になると，自らの性的指向・性自認を肯定的に受け入れ，様々なつながりを作り出しながら生きてゆこうとする人々が層として広がり，断続的にパレードが開催されるようになった。

また，90年代半ば以降，同性カップルが遺言や共同生活の合意書を公正証書として作成することも行われるようになり，その後，当事者らが自主的に同性カップルの結婚式を行ったり[16]，同性パートナーシップに関する書籍が複数刊行され，意識調査が行われる等した[17]。さらに，2003年には世田谷区で上川あやさんが性同一性障害の当事者であることをオープンにして区議会議員に当選した。同性パートナーシップ実現をめざす当事者団体も生まれ，2014年と2015年には実際に婚姻届を提出して受理を求める試みも行われている[18]。

トランスジェンダーの人々は，司法の場での闘いを経て，2003年，問題はありつつも「性別変更」に途を開く「性同一性障害者の性別の取扱いの特例に関する法律」を得た。このような，当事者による先駆的な取組が続けられ

---

16) 名古屋の当事者らは2001年以降，年一度のイベントで結婚式を行っている。

17) 赤杉康伸・土屋ゆき・筒井真樹子『同性パートナー』（社会批評社，2004），杉浦郁子・野宮亜紀・大江千束『パートナーシップ・生活と制度』（緑風出版，2007），永易至文『同性パートナー生活読本』（緑風出版，2009），同「季刊 にじ」1－7号（にじ書房，2002-2003），「同性間パートナーシップの法的保障に関する当事者ニーズ調査」（「血縁と婚姻を越えた関係に関する政策提言研究会」有志 ニーズ調査プロジェクト，2004）。

18) 2014年6月に青森市の女性カップルが婚姻届を提出したが不受理となり，青森市長名で「日本国憲法第24条第1項により受理しなかった」との不受理証明書が発行された（ウェブサイトTHE PAGE「青森の女性カップル 婚姻関係がないと制度上『生きづらい』」（2014/07/08），ウェブサイト青森市「市民の声」「同性の婚姻届の不受理事由について」（回答日：2014/06/23））。同じカップルが2015年6月に提出した際は「不適法」との理由であった。また，2015年4月，別の女性カップルが都内で提出した場合は「女性同士を当事者とする本件婚姻届は，不適法であるから，受理することはできない」と記された不受理証明書が交付された（一ノ瀬文香オフィシャルブログ「婚姻届に関して・同性婚」（2015/05/08））。

217

第2章　自治体における同性パートナーシップ制度の導入

る一方，社会全体としてみれば，これらの動きは未だ部分的・散発的なものにとどまり，国や行政に同性カップルを支援する法律や制度を提案させるまでには至らなかった。

2015年2月に顕在化した渋谷区と世田谷区の取組は，性的少数者の社会的認知を一気に加速させる動きであったが，同時に，長く当事者が強いられてきた全般的な人権侵害の状況と，困難の中で粘り強くバトンをつないできた当事者らの創意あふれる取組の中で評価することが不可欠である。

3 パートナーシップ制度の今後

1　要件について

(1)　異性カップル

現在まで同性パートナーシップ制度を導入した自治体は，全て法律上同性のカップルだけを対象としている。

しかし，憲法第13条は，すべて国民は個人として尊重されると規定し，様々なライフスタイルを等しく尊重することを求めている。この観点からは，異性でもこの制度を使えることが望ましい。

例えばフランスで1999年にできたパクス（民事連帯契約制度）は，異性でも同性でも使うことができる。パクスは，当初，婚姻や内縁の保護が認められない同性カップルを念頭に生まれた制度であるが，カップルの一方が死亡した時に住居の賃借権を相続できることや，税法・社会保障法上の保護があり，他方，法律婚の場合，協議離婚も裁判所で行わねばならないのに対して，パクスは双方が合意すれば即時に解消できるといった使いがってのよさから，異性のカップルにも広がり，現在では，異性カップルが圧倒的に多数となっている[19]。

---

19)　鳥澤孝之「諸外国の同性パートナーシップ制度」レファレンス711号34頁（2010），渡邉泰彦「同性パートナーシップの法的課題と立法モデル」家族〈社会と法〉27号34頁（2011），本書第1章第2参照。

218

第5 同性パートナーシップ制度の今後の課題

(2) 公正証書について

渋谷区の制度の特徴は，公正証書の作成が必要とされている点である（条例10条2項）。

渋谷区条例が公正証書を求めた趣旨は，2人の関係の真摯性を担保し証明書の信用性を高めるという点にあった[20]。条例案が検討された2014年の時点では，国内の自治体に先例はなく，逆に，2000年代初頭には各地の性教育や男女平等の施策が一部の人々から激しく攻撃された歴史もあることを考えると，関係の真摯性の確保に強く傾いた制度となったのも無理からぬところがある[21]。

他方，同性パートナーシップ制度が人権の問題であることに照らすと，あらゆる場合に2種類の公正証書を求めることは妥当とは思われない。既に任意後見契約を作成している場合に共同生活に関する合意公正証書は本当に必要なのか，遺言でも趣旨に合致するのではないかという疑問も生じる。条例制定後に設置された「推進会議」でこの要件を事実上緩和する形で制度の具体化が行われたことは第2章第2で述べたとおりである。

結局，渋谷区の経験が教えることは，行政が，当事者の声と経験，専門家の力と結びつくことの重要性である。2014年の検討会も条例案策定のために当事者からのヒアリングを行い，検討会の委員が問題の深刻さや施策の必要性を理解するうえで大きな役割を果たした。しかし，この段階で，さらに進んで，海外のパートナーシップ制度についての研究者の専門的知見，当事者と法律家が試みてきた公正証書活用の試みの経験，さらには，杉山文野委員が実施したアンケートやSNS等に現れた数万円というコストに対する率直な疑問が反映されていれば，渋谷区が経験したような回り道はいらなかった可能性がある。現実の政治過程の中でそのような検討方法が当時可能であったか

---

20) 木下毅彦「地方公共団体の取組」法律のひろば69巻7号28頁（2016），エスムラルダ・KIRA『同性パートナーシップ証明，はじまりました』51頁（ポット出版，2015），本書第2章第1参照。

21) 2015年3月，条例案が渋谷区議会で審議されている間に「条例が可決されれば渋谷に同性カップルが結集し，思いがけない混乱が予想され（る）」等と書かれた「家庭を守る渋谷の会」発行のチラシが区内で配布された。

219

第2章　自治体における同性パートナーシップ制度の導入

は容易には結論は出ない。しかし重要なことは，既に制度を実施している自治体を含め，今後，未知の問題に遭遇した際には，行政が当事者・研究者・法律家の声と知恵を生かす姿勢を持つか否かが鍵となるということである。

　さらに，2016年9月末時点で，渋谷区のパートナーシップ証明を得た全15組のうち，条例第10条第2項本文通り2種類の公正証書を作成して申請したカップルが8組，ただし書に基づき1種類で申請したカップルが7組という事実がある。同性カップルが，証明書の取得を思い立ち，自分たちの将来や日々の家事分担を含めて共同生活のあり方について話し合って公正証書を作成することは，それ自体意味のあることであり，対等な立場で話し合って家事分担を決める姿は，性別役割規範によりかかって家事・育児をわずかしか分担しない日本の異性愛男性には誠に耳の痛い話である。証明書の要件として公正証書を求めることは，行政がその書類の作成を促す役割を果たす。全体の申請数がまだ少ない現段階での評価は簡単ではないが，何らかの公正証書ないし公証人の作成する書類を求める発想自体は，評価すべきものではないだろうか。

(3)　近親者

　民法上，養子縁組をした者同士は，離縁した後であっても婚姻できない（民法736条）が，渋谷区も世田谷区も，養子と養親が縁組を解消した場合にはパートナーシップ制度の利用を認める。これは，いずれの制度も婚姻とは別個の制度であり，要件を緩和しても婚姻自体への影響が小さく，他方，同性カップルが婚姻から排除されているもとでの便法として養子縁組を行うことが多いという現実に配慮したものである。

　民法は，三親等傍系血族についても一律に婚姻禁止事由としているが（民法734条），諸外国の立法例にはかなりバリエーションがあること，最高裁が遺族年金の受給について「事実上婚姻関係と同様の事情にある者」と言い得る場合があることを認容している[22]ことに照らし，同性パートナーシップ

---

22) 最一小判平成19.3.8民集61巻2号518頁

制度の利用を認める余地があり，将来の検討課題である。

2　証明書や宣誓書受領証の効力

　自治体が同性パートナーシップ制度を導入する場合，現段階では契約モデルとすることが無理のない手法と考えられる。しかし，本来この制度が人権の問題であることを考えれば，当事者，行政，専門家が連携して効力・効用を拡大する努力は重要である。

(1)　法的効果

　渋谷区や世田谷の制度について，しばしば，「法的効力はない」という言い方がされるが，正しくは，法律上の結婚と同等の効力がないということであって，「法的効力がない」と言い切ってしまうことは不正確である。

　すなわち，世田谷区であれば，当事者は「互いをその人生のパートナーとすることを宣誓し，署名」するし，渋谷区の場合は，任意後見契約公正証書や共同生活に関する公正証書を作成する。したがって，両者の間には間違いなく約束が存在し，約束に反すれば慰謝料請求権が生じうる。単なる同居や一時的な恋人関係と比べて，不当な関係解消（破棄）として慰謝料請求の対象となる範囲は広くなるものと思われる。

　のみならず，例えば夫婦で財産分与請求権が認められるのは，2人が共同生活の中で築いた財産は，お互いに協力し合い支え合うという関係があったればこそ形成が可能だったのであり，預貯金であれ不動産であれ，形の上での名義はどうあれ，少なくとも2人の間では，実質的に共有として扱うのが実体にあっているし公平だからである。

　裁判所は，この点で，婚姻届が出されているかどうかで区別するのは不合理だとして，内縁（事実婚）にも準用するが，同じことは，カップルが同性同士であったとしても当てはまるはずである。まして，渋谷区であれ世田谷区であれ，証明書等を取得するためには，カップルの双方が平日の日中に公証役場や区役所に出頭し，世田谷区であれば「互いをその人生のパートナーとすることを宣誓し，署名」（要綱3条）し，渋谷区の場合は，任意後見契

221

第2章　自治体における同性パートナーシップ制度の導入

約公正証書や共同生活に関する公正証書を作成する。共同生活の公正証書には，「お互いが愛情と信頼に基づく真摯な関係にあり，同居・協力・扶助の義務を負うことをうたう」（規則4条・6条）ことになっている。ここまでのことをして証明書等の発行を受けたカップルを，男女の内縁と差別する理由はないはずである。

　このように男女の内縁に認められる法的効果を同性カップルにも拡大する問題は，今後の課題であるが，少なくとも論理的には十分可能性があり，自治体の発行する証明書等は，今後，同性カップルが新たな権利を獲得してゆく道具として大きな可能性を秘めている。

⑵　病院での看護や同意など

　自治体のパートナーシップ制度で大いに効果が期待されているのは，パートナーが病気やケガで入院した時，証明書の果たす役割である。

　法律上の夫婦であれば，入通院するパートナーに付き添って看病することは夫婦としての当然の権利であり義務でもあろう。また，患者が自ら意思を表示できない場合，病状や治療方針の説明を受け，意見を言うのも配偶者を始め家族であるし，手術の際には同意書・承諾書へのサインを求められる。しかし，同性カップルの場合は，事故の現場や病院で，とっさのことで関係を言い出せないまま引き離されてしまったり，関係を説明しても理解してもらえない，法律上の親族によって排除されてしまうということが多い[23]。

　自分で意思表示ができない患者について近親者が代わって説明を受けたり治療に同意を与えたりするのは，近親者であれば，患者本人の意思をもっともよく代弁できるであろうこと（自己決定）と，もっともよく患者本人の利益を考えて行動できるはずだ（最善の利益），という点に根拠があると言われる[24]。

　とすれば，パートナーシップ証明書等を取得しているカップルの場合には，

---

23) 同性婚人権救済弁護団編『同性婚 だれもが自由に結婚する権利』107頁以下（明石書店，2016）

24) 永水裕子「治療方針の決定と家族」年報医事法学26号（日本評論社，2011）

222

そのパートナーが適任であることは疑いなく，仮に法律上の近親者がいて意見が食い違う場合でも，パートナーの意見を優先すべきはずである[25]。

　パートナーシップ証明書や宣誓受領証は，パートナーがこのような役割を果たす法律上の根拠を与え，医療機関側も簡便に，また安心して家族として扱うことができるという意味がある。渋谷区の条例は，「区内の公共団体等の事業所及び事務所は，業務遂行に当たっては，区が行うパートナーシップ証明を十分に尊重し，公平かつ適切な対応をしなければならない」とあり（条例11条2項），区内の医療機関も対象である。渋谷区と世田谷区は，積極的に区の医師会や区内医療機関に対し，証明書や宣誓受領書の趣旨を説明し医療現場で尊重されるよう要請を行っており，医療の場でも，同性パートナーを家族として扱う運用が広がり定着してゆくことと思われる。

(3) 保険，商品やサービス

　渋谷区と世田谷区の制度のスタートと前後して，いくつかの生命保険会社が，従来の運用を改め，同性パートナーでも生命保険の受取人となれるようにすることを発表した。

　もともと，同性パートナーが生命保険の受取人となることには法律上の制限があったわけではなく，「保険金殺人」等に悪用されることを嫌った保険会社の多くが，内規によって，受取人の範囲を親族に限定していた。従前も，一部の保険で同性カップルも受取人にできる運用がされており，当事者にしてみると，パートナーとの関係を説明せねばならない煩わしさがあった。法律家としては，遺言で受取人の指定（変更）することをアドバイスすることが多かったのである。最近では，損害保険でも「配偶者」に同性カップルを含める扱いが発表された。その結果，自動車保険で運転者を限定する際「配偶

25）渋谷区の制度の実施に備えて日本公証人連合会が作成した「パートナーシップ合意契約公正証書」のひな型でも，当事者が希望すれば，「入院時の付き添い，面会謝絶時の面会，手術同意書への署名等を含む通常親族に与えられる権利の行使につき，本人の最近親の親族に優先する権利を付与する」という条項を加えることができることになっている（本書第2章第3末尾の記載例【第5条】）。

223

者」と同様に扱うことができたり，割引等級を引き継ぐ相手になれたり，自転車保険等，個人賠償責任保険で一方が契約すれば同性パートナーが他人に損害を与えた場合も補償されることになる。

企業が提供する商品やサービスについて，証明書等を尊重して同性カップルが利用しやすくなることは，それ自体当事者の利益であるが，これがきっかけとなって，従前の扱いが見直され，自治体の証明書がなくても同様のサービスを受けられるようになることが期待される。また，社会の人々に対し，身近でわかりやすい形で，同性カップルの存在や自分たちと変わりのない存在であることへの理解を促す意味がある。

(4) その他

さらに，今後は，遺族年金受給権等の社会保障制度上の権利，犯罪被害給付制度における遺族給付金を受ける権利，弁護人選任権等の刑事手続上の権利，刑事施設での面会等で配偶者と同等の権利を行使できることや，DV防止法第4章の保護命令制度による保護[26]等についても，同性カップルへ適用されるようになることが期待される。

3 『家族として扱われる』意味

結婚には，法的・経済的な利益の要石となるという意味とともに，パートナー相互のきずなを強めて人間関係を安定させ，情緒的満足をもたらす役割や，社会に2人の関係を公示して社会から認知・承認されるという役割がある。「心理的・社会的利益」と呼ばれる機能である[27]。

このように，お互いが「家族」になること，周囲や社会から「家族」として扱われることの意味は，法的・経済的メリットと同様に当事者にとって大

---

26) 2014年1月3日発効の第三次改正により，法律上の夫婦や事実上婚姻関係とも言えない同棲しているカップルでも保護命令の利用が可能になったが，同性カップルへの適用に消極的な見解を示す論文がある（福島政幸・森鍵一「東京地裁及び大阪地裁における平成25年DV防止法に基づく保護命令手続の運用」判タ1395号5頁（2014））。

27) 上野雅和『新版注釈民法（21）』179頁（有斐閣，1989）

第5　同性パートナーシップ制度の今後の課題

きな意味を持っている。現在各地の自治体で広がりつつあるパートナーシップ制度は，自分たちの関係を社会的に家族として認めて欲しいという素朴な気持ちにこたえる意味を持つ。

　2015年，渋谷区や世田谷区が同性パートナーシップ証明書等を発行することが発表されると，当事者も含め社会で大きな反響を呼んだ事実が，婚姻の心理的・社会的役割の大きさと，自治体の証明書が果たしうる役割を示している。

4 同性パートナーシップをどう広げるか

1　当事者の中で

　同性パートナーシップ制度を利用することは，当事者にとっては，守秘義務を負う公証人や自治体担当者に対するものであれ，一種のカミングアウトを伴う行為である。社会の偏見や差別的な雰囲気の中で生活する当事者にとっては，やはりハードルの高い行為であることに変わりがない。また，そもそも，自分以外の者と関係を持とう，一時的な関係を越えて共同生活をしてゆこうと考えること自体も，拒絶的な社会の雰囲気の中で生きる当事者にとっては簡単でないことも少なくないものと思われる。

　したがって，同性パートナーシップ制度の利用者が順調に増えてゆく道筋は，当事者が日々直面する様々な困難に役立つ，現実的なサポートや情報提供が極めて重要な意味を持つし，当該自治体だけでなく差別禁止の法制度や同性婚の法制化など国レベルでの法制度の整備，企業の取組など，日本社会全体の変化に大きくかかっている。各自治体が，肌理の細かい相談活動や居場所提供の活動に地道に取り組むとともに，国や近隣自治体へ積極的に働きかけて連携し，情報発信をすることがきわめて重要である。

　あらためて渋谷区条例を見れば，同条例は専らパートナーシップ証明を定めたものではない。条例前文は，渋谷区は「人権尊重のまちとして発展してゆく」「男女の別を超えて多様な個人を尊重しあう社会の実現を図（る）」と書いてあり，本文では，区の責務として，男女の人権，性的少数者の人権の

225

尊重される社会を推進すること，そのために，以下のことがらを具体的に行うとある。

① 性的少数者に対する社会的な偏見及び差別をなくし，性的少数者が，個人として尊重されること。

② 性的少数者が，社会的偏見及び差別意識にとらわれることなく，その個性と能力を十分に発揮し，自らの意思と責任により多様な生き方を選択できること。

③ 学校教育，生涯学習その他の教育の場において，性的少数者に対する理解を深め，当事者に対する具体的な対応を行うなどの取組がされること。

④ 国際社会及び国内における性的少数者に対する理解を深めるための取組を積極的に理解し，推進すること。

事業者については，このような区の施策に協力するということだけではなく，「採用，待遇，昇進，賃金等における就業条件の整備において」「条例の趣旨を遵守」すること，「男女の別による，又は性的少数者であることをによる一切の差別を行ってはならない」と規定している。ここで「事業者」とは，区内で事業活動を行う法人その他の団体または個人を指す。

渋谷区では，パートナーシップ制度の実施後，渋谷区男女平等・多様性社会推進会議での議論を経て，第四次の「男女平等・多様性社会推進行動計画」を策定し，上記各項目について行動計画の中に具体化して施策を進めようとしている。また，現在国会で審議されている立法が，理解増進と差別禁止を車の両輪として位置づけるものとなるかどうかも大きな意味を持っている。

2　全国の自治体へ

前述の通り，自治体が同性パートナーシップ制度を行うことは，当該自治体で生活する当事者へのサポートになるだけでなく，私たちの社会に性的指向や性自認による差別が存在する現実や，それを解消してゆかねばならないというメッセージを発信するという大きな意味を持っている。同性パート

ナーシップ制度が着実に全国の自治体に広がっていくことが期待されるが，これに関連して，渋谷区のような条例による手法と世田谷区や他の自治体のような要綱による手法の比較が問題となる。

　要綱は議会の議決を経ずとも首長が制定することができるので，同性パートナーシップ制度が当事者の人権侵害状況に深く関わる制度であることを考えると，議会の勢力分野等を勘案し現実の政治過程の中で首長が要綱によってまず制度をスタートさせることは十分合理性がある。

　他方，渋谷区の場合，条例という方法をとったため，条例案策定の段階でも，区議会保守派の理解を得るためにハードルが高くなりすぎたきらいがある。しかし逆に，推進会議がただし書を使って例外を広く認めることを決断できた決め手の1つは，3月の区議会の条例審議の段階でハードルの高さを問題にする質疑があり，その際に区長が「ただし書を使ってハードルを下げる」と答弁していたことであった。また，区議会で自民党は最後まで条例に賛成しなかったが，条例審議と並行して区議会内に超党派の勉強会が作られ，条例の成立後も継続し，その取組が，2016年2月に区議会に女性当事者団体LOUDの大江千束さんを招いてヒアリングを実施することにつながっている。このように，議会の同意というハードルがあるがゆえにコンセンサス形成の努力がなされるのであり，その努力は将来に向けた財産にもなる。

　今後制度の導入を検討する自治体においては，このようなダイナミズムを踏まえた選択がなされることを期待したい。

5 そして同性婚へ

　同性パートナーシップ制度は，前述の通り，当事者にとって，また日本の社会全体にとって大きな意味を持っているが，法律上の婚姻と比べれば，極めて限られた効力であり，効果が及ぶのも原則として当該自治体の住民や事業体である。同性パートナーシップ制度の出発点は，すべての人は個人として尊重され，幸福追求の権利を有すると定める憲法第13条である。

　そして，人の人生には，その人が一個の独立した人格としてその人らしい

生を生きるうえで特別な重要性を持つことがらがあり，本当に個人が尊重されると言えるためには，この「人格的自律に関わる事項」を自ら自由に決定できなくてはならない。そこで，憲法は，そのような事項を決定する自由の重要性に鑑み，これを他の自由一般とは区別して基本的人権として保障していると解される（自己決定権）。

そして，婚姻は，家族形成の契機として重要な位置を占め人の人生で特別に重要な意味を持っている。したがって，「婚姻するかどうか，誰と婚姻するかの自由」（婚姻の自由）も，自己決定権の一内容として憲法が保障する基本的人権である[28]。

最高裁は，2015年12月16日の夫婦別姓訴訟判決において，憲法第24条第1項について「これは，婚姻をするかどうか，いつ誰と婚姻をするかについては，当事者間の自由かつ平等な意思決定に委ねられるべきであるという趣旨を明らかにしたもの」と判示し，婚姻が人の人生において重要な意味を有し，その自由の重要性に言及した。判決はそれが憲法上の権利であるか否かには述べないが，「婚姻をするかどうか，いつ誰と婚姻をするか」[29]が人の人生において決定的な意味を持つことに鑑みれば，憲法上の権利と考えるべきは当然である。

このように，婚姻の自由は，人が人であるがゆえに，また，人が人であるために認められる基本的人権であり，本人の性的指向や性自認を理由に否定されるいわれはなく，同性を相手とする場合にも認められるべきものなのである[30]。

今後私たちが，様々な問題について，たまたまパートナーが同性であると

---

28) 芦部信喜『憲法学Ⅱ人権総論』392頁（有斐閣，1994），高橋和之『立憲主義と日本国憲法（第3版）』145頁（有斐閣，2013）ほか

29) 米国における同性婚を求める州レベルの一連の訴訟で初めて同性婚を憲法上の権利と認めてその拒絶を州憲法違反としたマサチューセッツ州最高裁Goodridge事件判決も，"the decision whether and whom to marry is among life's momentous acts of self-definition" という同様の言い回しを用いていることが注目される。

30) 鈴木朋絵・森あい「『同性』カップルの日本での婚姻について」自由と正義67巻11号29頁（2016）

いう理由だけで男女の場合と差別される合理的理由が存在しないことを明らかにして，同性パートナーシップ制度を拡大してゆくとすれば，それはそのまま，同性間の婚姻を認めない合理的理由がないことを論証することと大きく重なっている。また，それは，婚姻以外の様々な社会的差別について，性的指向や性自認を理由に差別することに合理的理由などないことを示すことに役立つ。

　今後，ライフステージに応じて様々な困難に直面した当事者の方々が，積極的に声をあげてゆくことはとても大きな意味を持っている。そうすれば，この日本でも，異性カップルであれ，同性カップルであれ，2人の実情に応じて，婚姻でも，パートナーシップ制度でも選択できて利用でき，さらに，カップルであってもカップルでなくても，人それぞれの生き方が尊重される社会は決して遠いことではない。

第 **3** 章

同性パートナーシップ
制度運用の実際

第3章　同性パートナーシップ制度運用の実際

第 1

渋谷区の制度施行と運用の現状

篠原　保男

1 はじめに

　渋谷区では，2015年4月1日より，「渋谷区男女平等及び多様性を尊重する社会を推進する条例」（以下，条例という）が施行された。その前文では，「性別，人種，年齢や障害の有無などにより差別されることなく，人が人として尊重され，誰もが自分の能力を活かしていきいきと生きることができる差別のない社会の実現」を図ることを掲げ，また，「性的少数者[1]の人権の尊重」を基本理念の一つとして定める。これに基づき，同性のパートナーシップ関係に対して証明を行うことを定め，2015年11月5日より，「パートナーシップ証明書」の交付を開始した。そこで，本稿では，主にパートナーシップ証明の制度施行に至るまでの経緯と運用の現状について記載する。

2 条例の制定

1　条例の理念

　条例では，基本理念として，「男女の人権の尊重」（条例3条）及び「性的少数者の人権の尊重」（条例4条）を定める。本区では，これまで男女共同参画を推進する上で根拠となる条例を制定していなかったことに加えて，男女に関わる問題では今なお性別による固定的な役割分担意識等が存在することや，性的少数者に対する理解が足りないことなどの課題が残されているこ

1）条例では，「性的少数者」を，「同性愛者，両性愛者及び無性愛者である者並びに性同一性障害を含め性別違和がある者」（条例2条7号）と定める。

とから，性別に加えて，性的指向及び性自認といった性に起因する課題に共通性を見出し，一つの条例としたものである。

条例第4条では，性的少数者に対する社会的な偏見及び差別をなくし，性的少数者が個人として尊重され，社会的偏見や差別意識にとらわれることなく，その個性と能力を十分に発揮し，自らの意思と責任により多様な生き方を選択できること等が，実現，維持されるよう，性的少数者の人権を尊重する社会を推進することを定める。パートナーシップ証明は，この理念に基づき，性的少数者が抱える様々な社会的困難の解消を目指すための取組の一つとして実施するものである。

2　パートナーシップ証明
(1)　パートナーシップ証明とは

条例では，「パートナーシップ」を「男女の婚姻関係と異ならない程度の実質を備える戸籍上の性別が同一である二者間の社会生活関係」と定義し（条例2条8号），区長は，公序良俗[2]に反しない限りにおいて，パートナーシップに関する証明（以下，パートナーシップ証明という）をすることができる（条例10条1項）と定める。

条例制定過程における当事者からのヒアリングでは，これまで性的少数者の問題は，特定個人の問題として教育，職場，あるいは家庭内で取り扱われており，特に性的マイノリティとされる子ども達は，周囲の人々や友人に理解を得られず，未来の展望も描けず，自殺，自殺未遂，不登校に至る事例もあること，また，成人後も，入院時の付添い等の医療現場や，同性パートナーとの賃貸住宅の入居の場面等，社会生活上，様々な困難があることなどの意見があった。こうした現状を把握するなかで，教育現場や当事者が抱える悩みや不安を受け止めるための対応についての必要性はもとより，同性パートナーと生活していく上で直面する困難への対応も必要であることが必然的に検討の俎上に上がった。

2）奴隷契約，酌婦契約に相当するものを想定している。

第3章　同性パートナーシップ制度運用の実際

(2)　任意後見契約及び合意契約

　条例では，証明に当たっては，原則として，①当事者双方が，相互に相手方当事者を任意後見受任者の一人とする任意後見契約に係る公正証書を作成し，かつ，登記を行っていること，②共同生活を営むに当たり，当事者間において，区規則で定める事項についての合意契約が公正証書により交わされていることを確認する（条例10条2項1号・2号）。

　任意後見契約は，自己の事理弁識能力が衰える将来に備えて，事前に信頼できる相手を任意後見人に指定しておき，事理弁識能力が不十分となった際に，相手方に自己の生活，療養看護及び財産管理をしてもらうものであり，これと共同生活において取決めをした合意契約と合わせて，いわゆる「病めるときも健やかなるときも」二者間の関係が真摯な愛情と信頼関係にあることを要件とした。異性間の婚姻は，婚姻意思に基づく届出により法定の効果が与えられるが，パートナーシップ証明は，法的制度としての保障がない同性間が財産法律関係に関する契約関係にあることを前提として，「男女の婚姻関係と異ならない程度の実質を備える」関係にあることを確認するという考え方である。

　なお，任意後見契約及び合意契約いずれも，公正証書により締結することを要件とする。任意後見契約は，公正証書によって締結されるが（任意後見契約に関する法律3条（以下，任意後見法という）），合意契約についても，公証人の関与により，本人の意思による適法かつ有効な契約が締結されることを制度的に担保するとともに，公正証書が公文書として有する証明力に基づく信用力によって，二者間の関係を確認しようとするものである。

(3)　信頼性の確保

　こうした手続を求めていることの理由の一つに，パートナーシップ証明そのものの信頼性を高めるということが挙げられる。条例では，区民及び事業者は，その社会活動の中で，パートナーシップ証明を最大限配慮しなければならない（条例11条1項）とし，さらに，区内の公共的団体等の事業所及び事務所は，業務の遂行に当たっては，パートナーシップ証明を十分に尊重し，

234

第1　渋谷区の制度施行と運用の現状

公平かつ適切な対応をしなければならない（条例11条2項）と規定する。当事者が抱える社会的困難を解消していくためには，事業者も含めた地域社会全体がこれを尊重する必要があり，尊重するうえでは，パートナーシップ証明制度自体が社会的に信頼されたものである必要がある。言い換えれば，異性間の婚姻と異なり，同性間については制度としての保障がないため，パートナーシップ制度の信頼性を確保することにより，事業者等がパートナーシップ証明を尊重し，適切な対応が図られることを期待し，これにより，当事者の社会的困難を解消していこうとするものである。

　また，パートナーシップ証明は行政証明であることから，証明の対象とされる内容を一定の事実に照らしたうえで，公に証明する必要があり，確実性が要求されることは言うまでもない。証明は，行政庁の公証行為であり，処分であることから，交付された証明書には強い信ぴょう性が含まれ，また証拠力が付与されている。したがって，証明の根拠となるものが不安なものであっては，信用するに足りず，証明をすることはできない。こうした点からも，原則として二種類の公正証書による確認を要件としている。

③　規則の概要

1　規則の検討

　条例では，「区規則で定める事項」についての合意契約が公正証書により交わされていること（条例10条2項2号）とし，さらに，「パートナーシップ証明の申請手続その他必要な事項は区規則で定める[3]」（条例10条3項）とする。区規則制定に当たっては，制度のあり方について，条例に基づく区長の附属機関「渋谷区男女平等・多様性社会推進会議」で審議され，報告書が取りまとめられた。この報告書の趣旨に沿って，「渋谷区男女平等及び多様性を尊重する社会を推進する条例施行規則」（以下，規則という）を制定した。

3）条例附則では，「第10条及び第11条の規定は，この条例の公布の日から起算して1年を超えない範囲内において区規則で定める日から施行する。」と定める。

235

第3章　同性パートナーシップ制度運用の実際

2　規則の概要
(1)　規則制定に当たっての基本的な考え方

　パートナーシップ制度は，諸外国の事例をみても，社会保険給付等の効果を付与する反面，要件が厳格となる「婚姻モデル」と，当事者双方の自主的な契約を基本として，直接的な法的効果が限定される「契約モデル」に大別される。本区のパートナーシップ証明は，婚姻とは異なる制度であり，財政上・税制上の特別の措置も発生せずに，当事者双方の契約を基本としていることから「契約モデル」を採用している。契約モデルでは，当事者双方の真摯な契約に負うものであり，新たな効果の付与が限定的であることから，交付要件等についても合理的範囲内のものとした。

(2)　パートナーシップ証明を受けることができる者

　規則では，両当事者が，①渋谷区内に居住し，かつ，住民登録があること，②20歳以上であること，③配偶者がいないこと及び相手方当事者以外の者とのパートナーシップがないこと，④近親者でないこと，を満たしている者としている（規則3条）。②は，単独で有効な法律行為をなしうる行為能力のある者とし，③は，婚姻とは異なる制度とはいえ，両当事者が真摯な関係であるうえで，モノガミー（一夫一婦）の原則の維持を本質的要請としている。④は，社会倫理的考慮から婚姻制度と同様の取扱いを基本としているが，民法により婚姻を禁止されている近親者間のうち，養子と養親との間では，養親子関係が終了していれば，証明の対象としている。これは，婚姻はできないためにそれまで養親子関係にあった同性カップルを念頭に置いたものである。

(3)　合意契約に係る公正証書に明記すべき事項

　規則では，合意契約公正証書に明記すべき事項として，①両当事者が愛情と信頼に基づく真摯な関係であること（規則4条1号），②両当事者が同居し，共同生活において互いに責任を持って協力し，及びその共同生活に必要な費用を分担する義務を負うこと（規則4条2号）と定める。婚姻の一般的効果

には，貞操義務，同居協力扶助義務（民法752条），生活費用の分担（民法760条），日常家事債務についての連帯責任（民法761条）等があるが，パートナーシップ証明の効果は，婚姻と同等ではなく限定的であることを踏まえ，合意事項の範囲についても基本的事項（同居協力扶助義務に準じた内容）に限定する。なお，これ以外に当事者間で必要な事項がある場合には，当事者が合意契約のなかに自由に明記することができる。

(4) パートナーシップ証明を行う場合の確認の特例

ア 条例第10条第2項ただし書の趣旨

パートナーシップ証明の確認に当たっては，任意後見契約及び合意契約公正証書の双方による確認を原則としているが，条例では，「ただし，区長が特に理由があると認めるときは，この限りでない。」（条例10条2項ただし書）と定める。これは，二種類の公正証書が用意できない場合，例えば，若いパートナーなど任意後見契約の締結が困難な場合も考えられることから，これに代わるもので柔軟に対応できるよう定めたものである。この立法趣旨を踏まえて，公正証書の作成が困難又は合理性を欠く場合を考慮し，両当事者が「真摯な関係」であることを任意後見契約公正証書に代えて確認できる場合には，合意契約公正証書のみによりパートナーシップ証明を行うこととしている。

なお，公正証書は公証役場において作成されるが，この作成には，公証役場での手数料等[4]が発生する。「ただし書」の取扱いの検討に当たっては，当事者の費用負担も併せて考慮した。

イ 条例第10条第2項ただし書の具体的取扱い

「区長が特に理由があると認めるとき」とは，①相手方当事者以外の者を任意後見受任者とする任意後見契約を締結（任意後見法2条3号）し，又は

4）任意後見契約公正証書は，一般的に2万円から2万5千円程度（証書枚数10枚程度）となり，当事者双方を任後見受任者とする契約を必要とするため，その倍の経費が発生する。一方，合意契約公正証書では，1万数千円（明記する合意事項に伴う証書枚数によって異なる。）となる。

第3章　同性パートナーシップ制度運用の実際

締結しようとしており，かつ，相手方当事者がこれに合意しているとき，②
性同一性障害者の性別の取扱いの特例に関する法律第3条に規定する性別の
取扱いの変更の審判を受ける前の性同一性障害者で，性別の取扱いの変更の
審判を受けた後，婚姻することを当事者間で合意しているとき，③生活又は
財産の形成過程であり，任意後見受任者に委託する事務の代理権の範囲を特
定することが困難であるときのいずれかに該当するとき（規則5条1項）で
ある。①は，任意後見契約に係る財産管理等について，当事者以外に他に適
任者（親族，弁護士，司法書士等）がいるにもかかわらず，当事者間で，また
新たに任意後見契約を求めることは合理性を欠くものとし，②は，性同一性
障害者が性別の取扱いの変更の審判を受けた後に婚姻することを合意してい
るような場合には，あらためて任意後見契約を締結させて両者の関係の真摯
性を確認する必要性はなく，③は，これから生活基盤や財産を形成する過程
にある場合，当事者間が真摯な関係であっても，将来の生活設計が明確に
なっているとは言えない段階で任意後見契約を締結させることは，困難かつ
必ずしも実益があるものとは考えられないとの考え方による。

　①から③に該当する場合には，「特例」により，合意契約公正証書のみに
よってパートナーシップ証明を行うものとしている。ただし，この場合に
あっても，条例に定める任意後見契約作成の趣旨が，両当事者の関係の真実
性を確認しようとするものであり，また，任意後見契約は要式行為であるこ
とから，その趣旨等を踏まえ，規則で要件を設けている。その要件とは，前
記①から③のいずれかの事由と併せて，④当事者の一方の身体能力又は判断
能力が低下したときは，相手方当事者は，当該人の生活，療養看護及び財産
の管理に関する事務を可能な限り援助し，当該人の意思を尊重し，かつ，そ
の心身の状態及び生活の状況に配慮すること（規則5条2項1号），⑤当事者
間で必要が生じたときは，速やかに任意後見契約に係る公正証書を作成する
こと（規則5条2項2号）を，合意契約公正証書に明記することである。

　つまり，「特例」（①～③）に該当する場合には，合意契約公正証書に，任
意後見制度の趣旨となる④と，さらに⑤を明記することで，任意後見契約の
作成を求めている条例の趣旨を担保しつつ，合意契約公正証書のみによって，

238

第1 渋谷区の制度施行と運用の現状

パートナーシップ証明を行うものである。また，これにより，公正証書作成に要する経費も，合意契約公正証書の作成費用のみとなる。

(5) パートナーシップ証明の申請等

申請に当たっては，両当事者が双方同時に来庁して申請を行う（規則6条，申請書については【資料10】参照）。申請者双方の戸籍謄本又は戸籍全部事項証明書及び原則二種類の公正証書を提出し，確認された上で証明書が交付される（規則7条，証明書については【資料11】参照）。一方，パートナーシップが解消された場合には，当事者の一方又は双方が解消届を提出し，証明書を返還する（規則10条3項・4項）。行政証明は，申請時点における一定の事実を証明するものだが，パートナーシップが解消されているにもかかわらず，当事者が証明書を持ち続けることは，制度の信頼性確保の観点や管理上も望ましい状態とは言い難い。また，解消に当たっては，両当事者の合意や解消理由を求めることなく，一方的な解消を認めている。これは，パートナーシップ証明が当事者双方の契約に負うものであり，新たな効果の付与が限定的（契約モデル）であることに考慮したこと，また，両当事者の合意による解消とした場合には，関係が終了していても解消手続がなされずに，パートナーとしての実態の伴わない証明が蓄積されていくことが懸念されるためである。なお，一方のみの届出の場合には，相手方に解消届を提出した旨を自ら通知することを求めている。

また，対象者の要件を満たさなくなった場合，すなわち，当事者の一方又は双方が渋谷区から転出したときや，死亡したときは，返還届を提出し，証明書を返還することとしている（規則10条2項4項）。

(6) パートナーシップ証明の取消し等

諸外国での事例を踏まえ，本区のパートナーシップ証明についても，制度の濫用等に対するリスク管理の観点から，「申請者が虚偽その他の不正な方法により証明書の交付を受けたことが判明したとき，又は交付を受けた証明書を不正に使用したことが判明したときは，当該証明を取り消す」（規則9

239

第3章　同性パートナーシップ制度運用の実際

【資料10：渋谷区パートナーシップ証明書交付申請書】

別記第1号様式（第6条関係）（表）

渋谷区パートナーシップ証明書交付申請書

申請日　　　　年　　　　月　　　　日

渋谷区長　　　殿

　渋谷区パートナーシップ証明書の交付を受けたいので、渋谷区男女平等及び多様性を尊重する社会を推進する条例施行規則第6条の規定により、関係書類を添えて下記のとおり申請します。なお、申請に当たり裏面の事項を確認しました。

申　請　者	当事者	当事者
氏　　名 （自署）	フリガナ＿＿＿＿＿＿＿＿＿＿＿	フリガナ＿＿＿＿＿＿＿＿＿＿＿
生年月日	年　　　月　　　日生	年　　　月　　　日生
住　　所		
電話番号	（　　　　）	（　　　　）

事務処理欄

添付書類	□戸籍謄本又は戸籍全部事項証明書	□戸籍謄本又は戸籍全部事項証明書
	□任意後見契約公正証書（条例第10条第2項第1号該当） （証書番号　　年　第　　　号） 原本還付を　□希望する。	□任意後見契約公正証書（条例第10条第2項第1号該当） （証書番号　　年　第　　　号） 原本還付を　□希望する。
	□合意契約公正証書（条例第10条第2項第2号該当） （証書番号　　　年　第　　　号） 原本還付を　□希望する。	
	□合意契約公正証書（条例施行規則第5条該当）※該当の場合、任意後見契約公正証書は不要 （証書番号　　　年　第　　　号） 原本還付を　□希望する。	
	□その他（　　　　　　　　　）	□その他（　　　　　　　　　）
本人確認 書　　類	免許証・パスポート・住民基本台帳カード その他（　　　　　　　　　）	免許証・パスポート・住民基本台帳カード その他（　　　　　　　　　）

証明番号	第　　　　号

第1 渋谷区の制度施行と運用の現状

別記第1号様式（第6条関係）（裏）

～証明書の交付を受けようとする方へ

下記の事項をご留意の上、渋谷区パートナーシップ証明書交付申請書を提出してください。

＜証明書の交付申請に当たっての留意事項＞

1　証明書の交付を受けたときは、渋谷区男女平等及び多様性を尊重する社会を推進する条例の趣旨に従い当該証明書を使用してください。

2　虚偽その他の不正な方法により証明書の交付を受けたことが判明したとき、又は交付を受けた証明書を不正に使用したことが判明したときは、区長は、当該証明を取り消します。

3　渋谷区から転出したときは、渋谷区パートナーシップ証明書返還届を提出してください。ただし、当事者の一方が、転勤又は親族の疾病その他のやむを得ない事情により、一時的に渋谷区から他区市町村へ住所を異動する場合を除きます。

4　パートナーシップが解消された場合には、渋谷区パートナーシップ解消届を提出してください。いずれか一方のみの届出の場合は、相手に解消届を提出した旨を自ら通知してください。

5　上記3又は4の届出をしたときは、速やかに証明書を区長に返還してください。

第3章　同性パートナーシップ制度運用の実際

【資料11：渋谷区パートナーシップ証明書】

別記第2号様式（第7条関係）（表）

第　　　　号

渋谷区パートナーシップ証明書

（氏名）＿＿＿＿＿＿＿＿＿　　（氏名）＿＿＿＿＿＿＿＿＿

年　　月　　日　生　　　　　年　　月　　日　生

　　上記両名は、渋谷区男女平等及び多様性を尊重する社会を
推進する条例第10条第1項の規定により、パートナーシッ
プの関係であることを証明します。

　　　　年　　　月　　　日

　　　渋谷区長　　　　　　　　　　印

242

第1 渋谷区の制度施行と運用の現状

別記第2号様式（第7条関係）（裏）

1 証明書の交付を受けた方へ

(1) 証明書は、渋谷区男女平等及び多様性を尊重する社会を推進する条例（以下「条例」といいます。）の趣旨に従い使用してください。

(2) 虚偽その他の不正な方法により証明書の交付を受けたことが判明したとき、又は交付を受けた証明書を不正に使用したことが判明したときは、区長は、当該証明を取り消します。

(3) 渋谷区から転出したときは、渋谷区パートナーシップ証明書返還届を提出してください。ただし、当事者の一方が、転勤又は親族の疾病その他のやむを得ない事情により、一時的に渋谷区から他区市町村へ住所を異動する場合を除きます。

(4) パートナーシップが解消された場合には、渋谷区パートナーシップ解消届を提出してください。いずれか一方のみの届出の場合は、相手に解消届を提出した旨を自ら通知してください。

(5) 上記(3)又は(4)の届出をしたときは、速やかに証明書を区長に返還してください。

2 区民及び事業者の皆様へ

渋谷区では、性的少数者に対する社会的な偏見及び差別をなくし、個人として尊重されるなどの、性的少数者の人権を尊重する社会を推進しており、この理念に基づきパートナーシップ証明を行っています。

皆様の社会活動の中で、渋谷区が行うパートナーシップ証明を最大限配慮いただくとともに、区内の公共的団体等の事業所及び事務所は、業務の遂行に当たっては、渋谷区が行うパートナーシップ証明を十分に尊重し、公平かつ適切な対応をしていただくようお願いします。

(1) 渋谷区のパートナーシップ証明

パートナーシップ証明とは、条例において、男女の婚姻関係と異ならない程度の実質を備える戸籍上の性別が同一である二者間の社会生活関係を「パートナーシップ」と定義し、区長が必要な要件を満たしていることを確認して証明するものです。

(2) パートナーシップ証明における確認事項等

パートナーシップ証明は、渋谷区に居住している20歳以上で、かつ、配偶者がいない及び相手方当事者以外の者とのパートナーシップがない者並びに両当事者が近親者でない者に対して、次の公正証書が存在していることを確認し、証明するものです（※特例により②のみの場合もあります）。

① 当事者双方が、相互に相手方当事者を任意後見受任者の一人とする任意後見契約に係る公正証書を作成し、かつ、登記を行っていること（条例第10条第2項第1号該当）。

② 共同生活を営むに当たり、当事者間において、次の事項についての合意契約が公正証書により交わされていること（条例第10条第2項第2号及び渋谷区男女平等及び多様性を尊重する社会を推進する条例施行規則（以下「規則」といいます。）第4条該当）。

・両当事者が愛情と信頼に基づく真摯な関係であること。

・両当事者が同居し、共同生活において互いに責任を持って協力し、及びその共同生活に必要な費用を分担する義務を負うこと。

※なお、特例適用の場合は以下の事項についても明記されていること（規則第5条該当）。

・当事者の一方の身体能力又は判断能力が低下したときは、相手方当事者は、当該人の生活、療養看護及び財産の管理に関する事務を可能な限り援助し、当該人の意思を尊重し、かつ、その心身の状態及び生活の状況を配慮すること。

・当事者間で必要が生じたときは、速やかに任意後見契約に係る公正証書を作成すること。

第3章　同性パートナーシップ制度運用の実際

条1項）ものとし，証明を取り消された者は，直ちに当該証明書を区長に返還しなければならない（規則9条2項）としている。

4　制度開始に当たって，その他の検討

　合意契約に係る公正証書作成の文例は，全国の公証人会及び公証人をもって組織された団体である「日本公証人連合会」において作成され，申請希望者への情報提供と併せて，全国の各公証役場にも周知されている。公正証書作成に当たっては，規則に定める事項やその他双方の合意事項について，当事者間で十分に協議される必要があるが，その内容を文例として示すことで，公正証書作成に係る当事者の負担を軽減することを目的とする。また，同性間での契約事項を定めた公正証書作成が，公証役場においても一般的なものとなっていないことから，当事者が支障なく作成できるよう，公証役場内での手続の統一化を図る狙いもある。

5　パートナーシップ証明の開始とこれから

　パートナーシップ証明は，2015年11月から証明書の交付を開始し，これまで15組に証明書を交付した（2016年9月末現在）。本区のこうした動きに関連して，企業等においても，生命保険，携帯電話その他サービスでの取扱いや，社員の福利厚生や社内行動指針等の見直しなど，様々な動きが広がっている。
　本区では，とりわけパートナーシップ証明が注目されているが，重要なことは，企業も含めたマジョリティとされる人々の「意識の変化」が進むことである。多くの人々が「多様な性」を理解・共感し，「普通」のこととして，社会の「空気」が変わっていくことが何よりも重要だと考える。本区の取組は，同性婚やパートナーシップ制度の法制化を視野に入れたものではない。しかしながら，一方で，セクシュアル・マイノリティに対する差別や社会的偏見があり，現実に直面している困難があるならば，これを解消していくのが基礎的自治体としての役目である。こうした取組は，人権尊重の観点から

も，都市の活力を高めていくという観点からも重要である。

　差別や偏見がなく特定の生き方に拘束されないマイノリティに生きやすい社会は，マジョリティにとっても生きやすい社会につながる。本区のパートナーシップ証明がきっかけとなり，多くの人々の「意識の変化」がスピードを上げて実現し，真に「多様性に寛容な社会」となることを切に願う。

第3章　同性パートナーシップ制度運用の実際

第2

世田谷区の制度施行と運用の現状

若林　一夫

1 要綱制定の考え方

　世田谷区は，区の基本構想において，「個人を尊重し，人と人とのつながりを大切にする」を九つのビジョンの冒頭に位置づけるととともに，基本計画においても，「基本的人権が侵されることなく，一人ひとりが自分らしく生き；すべての人が尊重される社会の実現に向け，多様性を認め合うとともに，人権課題への理解を深め，あらゆる人権侵害の根絶に向けた人権意識の啓発・理解促進が必要である」と明記している。また，世田谷区男女共同参画プラン調整計画においては，性的マイノリティへの理解促進を施策の一つとして位置づけ，職員の研修をはじめ，区民への啓発活動に取り組んでいる。

　2014年10月に実施した「男女共同参画に関する区民意識・実態調査」において，性的マイノリティという言葉の認知度や性的マイノリティへの人権施策等の必要性について聞いたところ，「性的マイノリティという言葉を知っている，性的マイノリティへの人権施策等が必要だと思う」がいずれも7割を超える結果となった。

　性的マイノリティの人権課題の中でも同性間のパートナーシップに関しては，基本的に国の対応が必要であるが，国の動向や法的な措置を待たずに，世田谷区として実施できることは何かという視点で検討を進めてきた。当事者である区民が求める「地域社会の一員として存在を認めてほしい」ということへの対応として，区が同性カップルの気持ちを受け止めるため，同性カップルである区民がその自由な意思によるパートナーシップの宣誓を区長に対して行い，区はその宣誓書を受領するとともに，宣誓書受領証を発行す

246

ることを柱とする,「世田谷区パートナーシップの宣誓の取扱いに関する要綱」（以下，要綱という）に基づく取組を実施するものである。

2 制度の内容と運用

それでは,区長に対してパートナーシップの宣誓を行いたいという意思のある同性カップルである区民は,どのような手続を経て宣誓を行うのか,以下要綱に沿って説明する。

1 同性カップル,パートナーシップ宣誓の定義

まず,本要綱における「同性カップル」とは,互いをその人生のパートナーとして,生活を共にしているか,又は共にすることを約束した同性の二人をいう（要綱2条1項）。「パートナーシップ宣誓」とは,同性カップルであることを区長に対して宣誓することと定義している（要綱2条2項）。

2 パートナーシップ宣誓の要件

また,パートナーシップ宣誓をすることができる人の要件を次のように定めている。双方が20歳以上であることと,双方が区内に住所を有するか,または一方が区内に住所を有し,かつ,他の一方が区内への転入を予定していること,すなわち双方が20歳以上で,区民か一方が区民で他の一方が区民になる予定である場合を対象として想定し,要件として定めている（要綱3条1項）。

3 パートナーシップ宣誓の申込み

パートナーシップ宣誓を希望する同性カップルには,まず担当課（人権・男女共同参画担当課）に電話又はファクシミリで連絡をしていただいている。その際,次のように説明した上で,申込みを受け付ける。まず,世田谷区のパートナーシップ宣誓の取組の概要として,同性カップルである区民がその自由な意思によるパートナーシップの宣誓を区長に対して行い,同性カップ

247

第3章　同性パートナーシップ制度運用の実際

ルの気持ちを区が受け止める（宣誓書受領証を交付する）制度であることを説明する。次に，宣誓をすることができる人の要件は何か，宣誓の際の確認事項はどんなことか，区が宣誓書を受領するにあたり実施する本人確認に必要な挙証資料についての説明を行うとともに，本制度には法的な効力はないことも併せて説明している。

4　パートナーシップ宣誓の具体的な方法

　パートナーシップの宣誓は，パートナーシップの宣誓をしようとする要件を満たした同性カップルが区職員の面前において，住所，氏名及び日付を自ら記入した「パートナーシップ宣誓書」（要綱様式1，【資料12】参照）を，当該区職員に提出することにより行うものである。ただし，同性カップルの一方又は双方が宣誓書に自ら記入できない場合は，当該同性カップルの双方の立会いのもとで，他の者が代わりに記入することができることとしている（要綱3条3項）。なお，宣誓は当該同性カップルのプライバシーに配慮し，基本的に閉庁日に非公開の場所で行っているが，同性カップルによっては開庁日での宣誓を希望する場合もあるので，プライバシー等に配慮しつつ，柔軟に対応している。また，一日あたりの受理件数には限りがあるため，申込み時に宣誓日時の予約をしてもらっている。

5　パートナーシップの宣誓にあたっての確認書の記入

　パートナーシップの宣誓にあたり，職員は当該同性カップルが要綱第2条の定義に該当しているかの確認をはじめ，年齢，住所，受領の各要件を満たしているかの確認をするため，宣誓前に「世田谷区パートナーシップの宣誓の取扱いに関する事務処理要領」（以下，要領という。【資料13】参照）で定める「パートナーシップの宣誓にあたっての確認書」（要領様式1，【資料14】参照）を記入してもらい，申込み時に説明した内容を，改めて同性カップルと区職員が確認している。

248

第2 世田谷区の制度施行と運用の現状

【資料12：パートナーシップ宣誓書〔要綱様式1（第3条関係）〕】

パートナーシップ宣誓書

　私たち　　　　　と　　　　　は、「世田谷区パートナーシ
ップの宣誓の取扱いに関する要綱」に基づき、互いをその人生
のパートナーとすることを宣誓し、署名いたします。

　　　　　　年　　月　　日

　　　　　　　　　(住所)
　　　　　　　　　(氏名)

　　　　　　　　　(住所)
　　　　　　　　　(氏名)

収受印

249

第3章　同性パートナーシップ制度運用の実際

【資料13：世田谷区パートナーシップの宣誓の取扱いに関する事務処理要領】

世田谷区パートナーシップの宣誓の取扱いに関する事務処理要領

この要領は，世田谷区パートナーシップの宣誓の取扱いに関する要綱（平成27年9月25日27世人男女第184号。以下「要綱」という。）に基づくパートナーシップの宣誓の取扱いに関する事務処理について，必要な事項を定めるものとする。

要綱第3条第1項関係

1　パートナーシップ宣誓書（以下「宣誓書」という。）を受領する職員（以下「職員」という。）は，パートナーシップの宣誓をしようとする同性カップル（以下「宣誓人」という。）に対し，宣誓書を提出する日時をあらかじめ連絡するよう周知するものとする。

2　職員は，パートナーシップの宣誓にあたり，その要件を確認するために，宣誓人にパートナーシップの宣誓にあたっての確認書（様式1）を記入させるものとする。

3　職員は，宣誓書を受領するにあたり，運転免許証，パスポート，住基カード，在留カード，健康保険証，マイナンバーカード（個人番号カード），その他公的機関からの郵便物等（以下「公的機関発行証明書等」という。）により宣誓人双方の本人確認を行うとともに，要綱第3条第1項第1号及び第2号の要件を満たすことについて確認を行なうものとする。

4　職員は，宣誓書を受領するにあたり，次の事項を確認するものとする。

①　当該宣誓書に宣誓人双方の住所が記載されていること。

②　当該宣誓書に記載されている住所が，前項に規定する公的機関発行証明書等に記載されている住所と一致していること。

③　宣誓人の一方が区内への転入を予定している者であるときは，当該宣誓書に現住所及び転入後の住所が記載されていること。

要綱第3条第2項関係

職員は，宣誓書を受領する場所及び時刻を宣誓人に対して事前に指定するものとする。

要綱第3条第3項関係

職員は，宣誓人双方の同意を得て宣誓書を代書することができるものとする。

要綱第3条第4項関係

「同性カップルの共にする生活が公序良俗に反すると認めるとき」とは，次のいずれかとする。ただし，区長が特に認める場合はこの限りではない。

なお，宣誓人が宣誓後にそのいずれかに該当することが明らかになった場合は，職員は，宣誓人にパートナーシップ宣誓書廃棄申出書（様式2）の提出を求めるものとする。

①　宣誓人の一方が，既に他の人と世田谷区パートナーシップの宣誓をしており，宣誓書の廃棄を申し出ていない場合

②　宣誓人の一方が，他の人と法律上の婚姻関係にある場合

③　宣誓人同士が親子又は兄弟姉妹の関係にある場合

要綱第6条関係

1　パートナーシップの宣誓をした同性カップルの双方が宣誓書の廃棄を希望するときは，当該同性カップルにパートナーシップ宣誓書廃棄申出書（様式2）の提出を求めるものとする。

2　パートナーシップの宣誓をした同性カップルのいずれかの住所，氏名に変更があり，当該同性カップルがそのことを区に申し出ることを希望する場合は，職員は当該同性カップルにパートナーシップ宣誓書記載事項変更申出書（様式3）の提出を求めるものとする。

3　パートナーシップの宣誓をした同性カップルのうちいずれかが死亡し，宣誓人の一方がそのことを区に申し出ることを希望する場合は，職員は当該同性カップルにパートナーシップ宣誓書廃棄申出書（様式2）の提出を求めるものとする。

4　パートナーシップの宣誓をした同性カップルのいずれか若しくは双方が区外に転出し，当該同性カップルがそのことを区に申し出ることを希望する場合は，職員は当該同性カップルにパートナーシップ宣誓書廃棄申出書（様式2）の提出を求めるものとする。

附則

この要領は，平成27年11月1日から施行する。
附則（平成28年4月1日28世人男女第24号）
この要領は，平成28年4月1日から施行する。

250

第2　世田谷区の制度施行と運用の現状

【資料14：パートナーシップの宣誓にあたっての確認書〔要領様式1（要領「要綱第3条第1項関係」第2項)〕】

パートナーシップの宣誓にあたっての確認書

世田谷区長あて

　私たちは、「世田谷区パートナーシップの宣誓の取扱いに関する要綱」に基づく「パートナーシップの宣誓」（以下「宣誓」という）に先立ち、以下の内容を確認したうえで、宣誓を行います。

平成　　年　　月　　日

住所 ＿＿＿＿＿＿＿＿＿＿＿＿＿　氏名（署名）＿＿＿＿＿＿＿＿＿＿

住所 ＿＿＿＿＿＿＿＿＿＿＿＿＿　氏名（署名）＿＿＿＿＿＿＿＿＿＿

確認事項		回答欄 （該当するものに□に「レ」をつけて下さい。）	
要綱第2条	〔同性カップルの要件〕 宣誓人双方が、互いをその人生のパートナーとして、生活を共にしている、又は共にすることを約した性を同じくする2人の者であること。	□宣誓予定者は左記に該当します。	□宣誓予定者は左記に該当しません。
要綱第3条第1項第1号	〔年齢要件〕 宣誓人双方が宣誓当日において、満年齢20歳以上であること。	□宣誓予定者は左記に該当します。	□宣誓予定者は左記に該当しません。
要綱第3条第1項第2号	〔住所要件〕 宣誓人双方が区内に住所を有すること、又は一方が区内に住所を有し、かつ、他の一方が区内への転入を予定していること。	□宣誓予定者は左記に該当します。 なお、転入予定の住所は宣誓書に記載するとおりです。	□宣誓予定者は左記に該当しません。
要綱第3条第4項	〔受領要件〕 パートナーシップの宣誓をしようとする同性カップルの共にする生活が公序良俗に反するものでないこと。 （次の①②③のいずれにも該当しないこと。ただし、区長が特に認める場合はこの限りではない。） ①宣誓人の一方が、既に他の人と世田谷区パートナーシップの宣誓をしており、宣誓書の廃棄を申し出ていない場合 ②宣誓人の一方が、他の人と法律上の婚姻関係にある場合 ③宣誓人同士が親子又は兄弟姉妹の関係にある場合	□宣誓予定者は左記①②③のいずれにも該当しません。 □宣誓後に左記に該当することが確認された場合は、宣誓書の写し、宣誓書受領証を区に返還することに同意します。	□宣誓予定者は左記①②③のいずれかに該当します。
要綱第5条	〔宣誓書の保管、廃棄〕 宣誓書の保管期間は10年であること。ただし、宣誓をした同性カップルの双方が当該宣誓書の廃棄を希望するときは、双方が揃って区にその旨を伝えることにより、区は当該宣誓書を保管期間満了前に廃棄できること。	□宣誓予定者は左記の内容について同意したうえで、宣誓を行います。	□宣誓予定者は左記の内容に同意しないため、宣誓は行いません。

251

第3章　同性パートナーシップ制度運用の実際

6　本人確認時の挙証資料

　職員は宣誓書の受領にあたり，運転免許証，パスポート，住基カード，在留カード，健康保険証，マイナンバーカード（個人番号カード）などとともに，補足的にその他の公的機関からの郵便物等により，宣誓人双方の住所，氏名，性別などの本人確認を行っている。

7　宣誓書の受領の要件

　当該同性カップルの共にする生活が公序良俗に反すると認めるときは，宣誓書の受領は行わない（要綱3条4項）。ここでいう公序良俗に反するとは，次のような場合をいう。宣誓人の一方が既に他の人と世田谷区パートナーシップの宣誓をしており，宣誓書の廃棄を申し出ていない場合や宣誓人の一方が他の人と法律上の婚姻関係にある場合，また宣誓人同士が親子又は兄弟姉妹の関係にある場合である。ただし，区長が特に認める場合はこの限りではない。

8　パートナーシップ宣誓書受領証の交付

　次に，当該同性カップルが宣誓を行い，区が宣誓書を受領した後の流れについて説明する。区は受領した宣誓書に収受印を押し，当該宣誓書の写しを改ざん防止用紙により作成し，当該同性カップルに交付する。その際，宣誓書の写しには，当該宣誓書に関する「パートナーシップ宣誓書受領証」（要綱様式2，後掲【資料15】参照）を添付する（要綱4条）。

9　パートナーシップ宣誓書の写し等の再交付

　宣誓書の写しや宣誓書受領証の再交付を希望する場合は，当該同性カップルが区長に対して，「パートナーシップ宣誓書の写し等再交付申請書（要綱様式3，後掲【資料16】参照）を提出することにより，再交付を行う（要綱5条）。

10　パートナーシップ宣誓書の保存期間

　宣誓書は10年間保存するものとする。ただし，パートナーシップの宣誓を

252

した同性カップルの双方が，当該宣誓書の廃棄を希望するときは，「パートナーシップ宣誓書廃棄申出書」（要領様式２，後掲【資料17】参照）の提出があった場合には保存期間内であっても廃棄を行うこととする（要綱６条）。

11　パートナーシップ宣誓書の廃棄

　次の場合は，同性カップルに対して，「パートナーシップ宣誓書廃棄申出書」（要領様式２）の提出を求めるものとする。パートナーシップ宣誓をした同性カップルの双方が，宣誓書の廃棄を希望する場合，又はパートナーシップ宣誓をした同性カップルのうちいずれかが死亡し，宣誓人の一方がそのことを区に申し出ることを希望する場合，またパートナーシップ宣誓をした同性カップルのいずれか若しくは双方が区外に転出し，当該同性カップルがそのことを区に申し出ることを希望する場合に「パートナーシップ宣誓書廃棄申出書」の提出を求める。

③　本制度の今後の展望

　世田谷区パートナーシップの宣誓の取組を始めて10か月余りが経過した。2016年９月１日現在33組の同性カップルが，世田谷区にパートナーシップの宣誓を行っている。パートナーシップ宣誓をした同性カップルからは，「宣誓を機に長年カミングアウトできなかった親や兄弟に話すことができた」，また，「パートナーが病気になったときに実際には医師に見せることはなかったが，宣誓書の写しや同受領証があるだけで心強かった」，さらには，「宣誓書の写しや同受領証を健康保険証のような携帯しやすいサイズでも作ってほしい」など，様々な意見や要望をいただいている。

　今後，同性カップルのパートナーシップ宣誓に対するニーズの変化をしっかりと汲み取るとともに，国や他の自治体の動向を注視していくことが重要だ。社会状況の変化に対応し，当事者をはじめ，広く意見をいただくとともに，パートナーシップ宣誓制度の信頼性を十分に担保しながら，制度運営を進めていかなければならないと考えている。

253

第3章　同性パートナーシップ制度運用の実際

【資料15：パートナーシップ宣誓書受領証〔要綱様式2（第4条関係）〕】

　　　　　　　　　　様、　　　　　　　様

　　　　　パートナーシップ宣誓書受領証

　ここにおふたりが、「世田谷区パートナーシップの宣誓の取扱いに関する要綱」に基づき、「パートナーシップの宣誓」をされたことを証します。
　これからの人生をお互いに支えあい歩まれる、お二人のご多幸を願います。

　区は、世田谷区基本構想で、個人の尊厳を尊重し、多様性を認め合い、自分らしく暮らせる地域社会を築くことをめざしています。
　また、世田谷区基本計画では、人権の尊重として、性的マイノリティなどを理由に差別されることのないよう、人権意識の啓発や理解の促進をうたっています。

　今後とも、おふたりが世田谷区でいきいきと活躍されることを期待いたします。

　　　　　年　　　月　　　日

　　　　　　世田谷区長　保坂　展人　（　署　名　）

第2　世田谷区の制度施行と運用の現状

【資料16：パートナーシップ宣誓書の写し等の再交付申請書〔要綱様式3（第5条
　　　　関係）〕】

　　　　　　　　パートナーシップ宣誓書の写し等の再交付申出書

　　私たち　　　　　　　と　　　　　　　は、「世田谷区パートナーシ
ップの宣誓の取扱いに関する要綱」に基づき行った宣誓書類に
ついて、再交付を希望します。

＜再交付希望書類＞

　・宣誓書の写し

　・宣誓書の受領書

　　　　　　　　　　年　　　月　　　日

　　　　　　　　　　　　　　(住所)
　　　　　　　　　　　　　　(氏名)

　　　　　　　　　　　　　　(住所)
　　　　　　　　　　　　　　(氏名)

255

第3章　同性パートナーシップ制度運用の実際

【資料17：パートナーシップ宣誓書廃棄申出書〔要領様式２（要領「要綱第６条関
　　　　 係」第１項)〕】

パートナーシップ宣誓書廃棄申出書

　私たち_____と_____は、
「世田谷区パートナーシップの宣誓の取扱いに関する要綱」に
基づき行った宣誓書について、廃棄を希望します。

　　　　　　　　　　　年　　　月　　　日

　　　　　　　　（住所）_____

　　　　　　　　（氏名）_____

　　　　　　　　（住所）_____

　　　　　　　　（氏名）_____

256

第**4**章

政治家・当事者の
声と期待

第4章　政治家・当事者の声と期待

第1

渋谷区パートナーシップ制度導入に関して

長谷部　健

① 当事者との出会い

　最初LGBTの方たちを認識，意識し出したのは20歳ぐらいのときだった。初めてアメリカに旅行に行ったとき，4人のゲイの人に声をかけられたり，市街地では男性同士が手をつないで信号を渡るのを目にしたりした。このとき，正直なところ強い衝撃を受け，東京と全く違うことにすごくインパクトを受けて帰ってきた。

　しかし，そのような経験をして帰国すると，よく見渡せば自分の行っていた美容室にも当事者の方がいたし，社会人になって広告会社にいたときは，周りにカミングアウトした同僚がいたり，いわゆる「ニューハーフのお店」に連れて行ってもらったりもした。20代当時，性的指向は違うけど，非常にクリエイティビティが高くて面白い人たちが多いという認識だった。日本の社会にも当事者の方たちが普通にいるんだという当たり前のことがだんだんと理解できるようになってきていたが，さらにそれを強く感じたのが30過ぎである。グリーンバードというごみ拾いのNPOを始めていくなか，歌舞伎町でごみ拾いをしたいとやって来た，杉山文野との出会いが大きく転機になった。元女性というトランスジェンダーの当事者に会うのは，このときが初めてだった。彼から今までの悩みや思春期の話を聞いたことで，バックグラウンドがよくわかり，どれほど悩んでいるのかを感じた。そのときに彼か

258

第1　渋谷区パートナーシップ制度導入に関して

らLGBTは5％ぐらいいると聞いて[1]，最初はその数字を信じられなかった。しかし，考えてみると自分がこれまで会ってきたのはほとんどが元男性で，カミングアウトしている人たちであって，それは氷山の一角に過ぎないのである。つまり，彼らの裏にこれまで出会ってきた以外の元男性で今も言えないでいる人や，もっと見えにくい元女性の人を考えていくと，5％も普通にいることを体感した。

②　パートナーシップ証明書の提案

　文野の話を聞いて，かわいそうという正直な気持ちと同時に感じた，社会の理不尽さのようなもやもや感，これを解いていくことこそが政治の仕事だと思って議員として活動していた。これを地方議員として，地方政治のレイヤーでできることがあるのではと少し考えるようになったときに，ふと思ったのが婚姻届だった。自分が出してみたら結婚した実感がすごくわいて，責任みたいなものを少し感じたのを思い出し，たった1枚の紙切れかもしれないが，行政がパートナーだというふうに認めた証明が出せないかと思った。例えば渋谷区の住宅や病院に，強制はできないが行政からお願いをすることはできるはずで，罰則規定は持たずに，法的拘束力もないかもしれないがパートナーとして認める公的な証明書みたいなものであればどうもできそうだというところにたどり着いた。そこでパートナーシップ証明書というものをどういうふうにしていけばいいかを企画し，議会でどういうふうに提案していくかを考えていった。その過程で，文野を含め当事者の人たちともっと知り合うことになって相談していくと，弁護士の人や公的機関で自分の性的指向を隠しながら働いている人とも会うことがあり，様々なアドバイスをもらいながら条例の素案のようなものを作ったのである。

1）LGBT総合研究所による，全国の20～59歳の個人100,000名（有効回答者数89,366名）を対象に実施したLGBT意識調査によると，セクシャルマイノリティに該当する人は約8.0％（そのうち，LGBTに該当する人は約5.9％）となっている（http://www.hakuhodo.co.jp/archives/newsrelease/27983（2016/06/01））。

259

また，この問題に関して，これまで当事者が人権の問題として取り上げることはあったが，日本では人権の観点だけでは弱いと思っていた。そこで，この渋谷が国際都市として発展していくために，という観点から考えたのである。実際，経済の活況は東京ではなく，シンガポールや上海等，アジアの他の都市に移っていっているが，文化や情報の発信力という点では東京は負けていない。この長所を今後も伸ばしていくためにも，一番に東京を引っ張っていく都市として，この問題について渋谷が先頭を切って考えていこうという提案をしたのが2012年6月の議会であった。今までの人権というよりは，街づくりと未来に向けての国際都市の在り方として，オリンピックやパラリンピック，世界や国連の動きからも，渋谷が考えるべき当然の課題であったのだ。そして何よりも，実際に自分も当事者に会ってから，時間をかけて理解して慣れていった課題であり，足りていないのは慣れることだという話をして，それに対して反論もなく前向きに検討するという形で引き取っていただいた。

その後は，岡田マリ議員の人権寄りの議会質問から，検討会を立ち上げるということになり，その検討会では，これまでそういう人たちはいない，目に見えていなかったからいないと思っていた人たちが，当事者と会って，知って，慣れたことによって，新しく証明書を発行しようという答申にまで持っていくことができたと思っている。

3 条例で進めた理由

議会にかけなければいけないと思ったのは，どれだけ結婚相当に近づけられるかと思ったのと，この問題が法律や条例を作っただけで解決する課題ではなく，世の中の空気を作っていかなければいけない話だと強く思っていたからである。これが普通の景色になるためには民間の協力が必要不可欠で，むしろ世論，民間が反応してほしいという思いがあった。そこで，民間の人たちが公的なものだと思ってそれを担保に自分たちで活用できるものにするには，公正証書や任意後見制度，議会で議決を得た条例でなければ，景色と

なっていかないのではという懸念があった。きちんと担保するものが必要という，民間のことを思うと，議会を経て議論することを必要だと考えた。

4 制度の始まりと今後の課題

　今回の渋谷区の取組の一番大きな成果は，こういった方向について，公的な機関，行政が一歩踏み出したことである。条例の素案ができれば，それについて議論する機会が生まれ，議会で話し合う雰囲気を作れたことの意義は大きい。これによって全てが解決したわけではないが，2014年と2016年でこの問題についての世の中の認知度は全く違う。そういった意味でインパクトを与えられたというのは大きい。今回の第1ウェーブをまずはきっかけとして，早くそれよりも大きい第2ウェーブ，第3ウェーブというのを次々にみんなで起こしていかなければいけない。

　また，渋谷区でできる範囲としては今の形で成立したが，今後もこの条例そのものの検討を続けていく必要がある。例えば，今の渋谷の場合，発行に対してお金が非常にかかり，合意契約と任意後見契約の両方の公正証書を取る人は，だいたい5〜6万円ほどかかることになる。これまで実際に申請してきた15組中，2種類を揃えた事例は7組，例外型が8組で，例外型のほうが多い（2016年9月末現在）。これを見ると，毎月1組以上が申請しており，当事者にとってパートナーシップ証明書が，お金を払ってでも必要なものであることが十分に伝わってくる。そこで，条例のマイナーチェンジとして，金額の補助ができないかを考えている。本来，申請を出すということはカミングアウトに等しいため，かなりハードルは高いことである。そのため，実際には申請をできずに生活している人はまだまだいるのだ。このことをあらためて実感しながら，少しでも申請をしやすくなるように，制度が成立したから終わりではなく，マイナーチェンジしていく必要は大いにあると考えている。

　そしてこの制度に限らず，多様性社会の実現のために一番大切なことは，マジョリティの意識の変革である。これはマイノリティの問題ではない。当

第4章　政治家・当事者の声と期待

事者は何も悪くないし，LGBTだからといって犯罪を起こしているわけでは決してない。ただそれに対して知識や経験がないというだけで，彼らを差別しているマジョリティのほうが問題なのである。したがって，カミングアウトをしやすい環境の整備と，それを促進するマジョリティの空気作りの両方が必要である。この街の情報発信力を活かし，景色として浸透していくように施策を突き進め，応援していきたい。これにはもちろん，区としても，当事者からの相談の窓口や学校現場の人権教育の充実を図る等，区役所から変わっていかなければならないと考えている。この渋谷区にある制度を渋谷区で充実させ，渋谷区で景色を作っていくことが重要であり，これに賛同してくれる自治体が増えて第2ウェーブができるのではないか。

　そこで，自治体の最初の一歩としてまずは，当事者から話を聞くことから始めてみるとよいだろう。当事者は1種類ではなく，レズビアンもいればゲイもいれば，バイセクシャルもいれば，トランスジェンダーもいる。そういう人たちがいるということをリアルに感じることで，見えない，知らないと思っていたそれまでの見方がきっと変わってくるだろう。

　そして，今はこの問題について，自民党を含めて国会議員の間でも話し合う空気が出ている。これによって第3ウェーブが来るのか，未来についてはそういうことを期待したいと思う。

※本稿は長谷部健渋谷区長の取材をもとに作成したものである。

第2 「同性パートナーシップ宣誓書」の取組にあたって

第2

「同性パートナーシップ宣誓書」の取組にあたって

保坂　展人

　2015年3月5日，私は性的マイノリティの当事者の方17名と区役所の会議室で対面した。皆，世田谷区民であり，「住民票」と「納税証明書」を掲げて見せてくれた。その場で，日常の社会生活を送っていくうえで当事者以外が想像できない制約があるという切実な思いをお聞きした。例えば，住まいの賃貸借契約を結ぶ際に，断られたり，嫌がられたりすること，またパートナーが緊急入院した時に病院で面会できなかった等の体験である。そのうえで，「自分たちの存在や，自分たちの気持ちを，どのような形でもよいので，区や区長が受け止めてもらうことはできないか」との要望書を受け取った。

1 多様性の尊重

　区のスタンスを整理すると，2013年秋に策定した「世田谷区基本構想」の冒頭に，「個人の尊厳を尊重し，年齢，性別，国籍，障害の有無などにかかわらず，多様性を認め合い自分らしく暮らせる地域社会を築いていきます」と記している。また，基本構想を受けた「世田谷区基本計画」（2014年～2023年）では，「多様性の尊重」の項目に「女性や子ども，高齢者，障害者，外国人，性的マイノリティ等を理由に差別されることなく，多様性を認め合い，人権の理解を深めるため，人権意識の啓発や理解の促進をします」と明記している。

　具体的な取組としては，性的マイノリティであるがゆえに悩んでいる人た

第4章　政治家・当事者の声と期待

ちの相談窓口や，セクシュアル・マイノリティ理解講座，職員研修を実施してきた。さらに，2012年からは5年続けて，区内で開催される「LGBT成人式」[1]を後援し，私は区長として教育長と共に毎年参加してきた。こうした経緯からも，当事者たちの要望は，区として具体的に実現したいところであった。

　そこで，担当所管を交えて検討した結果，区長の裁量の範囲内で実現可能なことから取りかかろうということになり，2015年11月より「パートナーシップ宣誓書受領証」の交付の取組を開始することとした。これは，区内に住み，20歳以上などの条件を満たしている同性カップルを「パートナー」として認めるものである。同性カップルは「パートナーシップ宣誓書」を提出し，区から確かに受け取ったと証明する「受領証」を発行することになっている。法的な拘束力はないが，同性カップルとして区が認めることで「存在を認めてほしい」という気持ちを受け止めていくという仕組みである。

２　受領証発行は，「はじめの小さな一歩」

　この「受領証」発行の初日である11月5日に，私から5組の同性カップルの方に直接「同性パートナーシップ宣誓書受領証」をお渡しした。そして，多数のマスコミが取材する中で私は，次のようなコメントをした。

　「今日，差し上げたのは1枚の紙です。そこには，皆さんの「宣誓書」を受け取ったという事実と共に，お幸せにという言葉が添えられています。とてもシンプルな1枚で，法的拘束力はありません。

　同性パートナーシップを法的に認めるには，当然ながら法改正や国の制度改正が伴います。けれども，世界中を見渡しても，いきなり国レベルの法改

1）NPO法人ReBitが主催する成人式型のイベント。2011年度より，東京都世田谷区をはじめ全国各地で実施。団体は「ありのままの自分」を誇り，自分のしたい姿で祝福されることで，「成りたい人になる（＝成人）」ための一歩を踏み出して欲しいとの想いから企画している。これまでにLGBT当事者やその友人家族など，1歳〜80代まで幅広い層が参加している。

264

正は行われていません。自治体がまず改革に乗り出し，その輪が広がって，やがて国の法改正や制度改正につながっています。（中略）

　今日は「はじめの小さな一歩」です。ただし，その波紋はきっと全国の市町村に広がり，やがては国の法改正の議論につながっていくものと信じます。2020年に東京オリンピック・パラリンピックを迎える日本が，世界に対して多様性を承認する社会に移行していることを示すのには絶好のタイミングです。」

　同じ日に，渋谷区も条例を制定し，証明書の発行する制度をスタートさせた。渋谷区と同じ方法を取らなかったのは，条例を策定するためには審議会での議論などが必要になり，1，2年の期間を要することが一般的であるのに対し，要綱であれば，早期に制度を作り上げることができるからだ。結果的に渋谷区と同時に，世田谷区も制度をスタートできたことにより，単独の自治体で取り組むよりも一層波及効果があったと思われる。

　また，「要綱では実効性に不安はないか」というご意見もいただいた。確かに，世田谷区の場合は，渋谷区の条例のように事業者に対する罰則規定は設けていない。そこで，不動産，医療機関などの業界団体や，家族割などを持つ携帯電話各社を訪問し，制度の趣旨をよく説明し，サービス提供における理解や配慮をお願いした。多くの企業・団体が理解を示してくれた。その後，ある不動産会社の社長は「区長から制度の説明を受けた翌日にたまたま同性のカップルが来店し，部屋を紹介できたよ」と教えてくれた。その方々は宣誓は提出していないようであったが，区が取り組むことにより，当事者たちも行動しやすくなったようだ。

３　今後に向けて

　世田谷区では，条例によらない，「要綱」の形で，なるべく時間をかけずに取り組むことを第一段階と考えた。しかし，この仕組みで，全ての課題が解決するわけではない。第二段階として，既に始まっている「（仮称）世田谷区第二次男女共同参画プラン検討委員会」に，LGBT当事者にも入っても

第4章　政治家・当事者の声と期待

らい，区として取り組むべき課題や仕組みを検討いただきご提案いただく予
定だ。
　最後に，自治体が当事者の気持ちを受け止めるとしても，LGBTの課題は，
本来は法制度に深く関わる問題であり，国政上の課題である。自治体の取組
が広がることを期待しつつ，国会での超党派議員連盟の動きにも注目し，情
報交換をしたいと思っている。

第3 性の多様性を認めて，自分らしく生きられる社会づくりをめざした宝塚市の政策

中川　智子

2014年12月にIOCは，臨時総会で『性的指向によって差別されない』ことを決議し，五輪憲章を改正した。2016年の夏，リオデジャネイロでオリンピック，パラリンピックが開催され，多くの性的マイノリティの方が出場した，との報道があった。

現在，世界各国で性的マイノリティに関する法整備を主とした取組が進められている。我が国でも民間企業の調査結果によると，7.6％あるいは8.0％の割合で性的マイノリティの方々が存在するとされ，本市内にも生きづらい状況にある方々が相当いると直感的にそう思った。そこで，国がなかなか動かないなら，自治体から，様々な人々が自分らしく生きていくことができる社会づくりに向け，検討すべきであると考えた。

1 LGBTの課題に取り組む

本市においては，これまで人権や男女共同参画の分野別計画において，性的マイノリティに対する差別や偏見をなくしていくための啓発等を，取り組むべき施策として位置づけており，さらに取組をパッケージとして進め，先行する大阪市淀川区，東京都渋谷区，世田谷区等に続いて，全国展開につなげることが大切であると考えた。現在，三重県伊賀市，沖縄県那覇市も同性パートナーシップの要綱を発表しており，国内に波紋が広がりつつある。

また，2012年8月の自殺総合対策大綱においては，性的マイノリティも自

殺の要因の一つとして言及している。そして，2015年4月に文部科学省から発出された「性同一性障害に係る児童生徒に対するきめ細かな対応の実施等について」[1] においても，"悩みや不安を受け止める必要性は，性的マイノリティとされる児童生徒全般に共通する"ということが明らかにされた。

　このような中，性の多様性を理解し，誰もが「ありのままで」，「安心して自分らしく」過ごせる，そんな，誰もが生きやすい社会をめざして，取組を進めることとし，まずは，市役所内の関係課職員による「性的マイノリティ支援方策検討部会」を設置した。以前講演いただいた上川あや世田谷区議のお話や，同部会が講師として当事者や研究者をお招きした講演で当事者が抱えておられる悩みや課題をお聴きして，行政としても支援する必要があることを認識し，同部会での検討や庁内での意見交換を経て，2015年11月に性的マイノリティ支援の方向性や具体的な方策を「ありのままに自分らしく生きられるまち宝塚（性的マイノリティに寄り添うまちづくりの取組）」（以下，方針という）を取りまとめた。

2 『ありのままに自分らしく生きられるまち宝塚』

　方針に基づいて，教育・保育現場において，教職員・保育士など，子どもにかかわる職員を対象に啓発を進め，相談のしやすい環境を整えることが重要であると判断し，全教職員を対象とした研修会や，初任者への研修等を行い，保育・教育関係者向けのリーフレットを作成して配布する。そのリーフレットやDVD等を活用し，各学校・幼稚園・保育所での研修等に取り組み，全教職員がしっかり理解を共有するようにする。

　また，各校園所等施設内にポスターの掲示やレインボーシール等の活用，子ども向けの相談窓口案内カードの作成と児童・生徒への配布，合わせて，性的マイノリティに関する絵本などの図書を，図書室や保健室へ配架し，理解の促進に努める。

---

1) 2016年4月には「性同一性障害や性的指向・性自認に係る，児童生徒に対するきめ細かな対応等の実施について（教職員向け）」が発出された。

第3 性の多様性を認めて，自分らしく生きられる社会づくりをめざした宝塚市の政策

さらに，全職員が2016年度からの2年間で，性的マイノリティに関する研修を受講するか講演会に参加することとし，啓発を兼ねた職員意識調査を実施し，啓発リーフレット等を作成する。

一方，市全体に啓発を進めることにより，ハラスメントの防止等につなげる。例えば，市民向け講演会を実施するほか，グループ学習などに出前講座を実施するなど，きめ細かく取り組んでいる。2016年6月から，週1回で誰でも相談できる電話相談を実施したり，2016年7月号の「広報たからづか」では性的マイノリティの特集を組み，市民全体に市の取組を発信した。ほかにも，本市独自のレインボーシールを作成し，職員，市民にも支援の輪を広げるよう努め，今後は市内の公共施設のトイレの表示の改善を進める。

また，同性パートナーシップを尊重する仕組みづくりとして，同性パートナーの尊重を目的とした要綱を制定した。これは，同性カップルの市民が，その自由な意思によるパートナーシップの宣誓を市長に対して行い，宣誓に対する受領証を交付することで，性的マイノリティの方々への支援を意思表示をしたいと考える。2016年度，同様のパートナーシップ制度は4月に三重県伊賀市，7月に沖縄県那覇市においても制定されており，今後，全国的な展開を期待している。

3 今後の展開

市民一人ひとりの人権が大切にされ，性の多様性を理解し，誰もが「ありのままで」，「安心して自分らしく」過ごせる，そんな社会をめざして，これまで述べた様々な取組について，当事者や有識者の方々のご意見をお聴きするとともに，市議会とも議論を深めながら進めていきたい。

本市を含む地方自治体における地道な取組が大きな流れとなり，国における性的マイノリティの人権を守るための法律の整備が，近い将来実現することを期待してやまない。

269

第4章　政治家・当事者の声と期待

第4

パートナーシップ証明書を取得して

渋谷区在住・女性カップル

1 本人達について

　私たちは，交際8年（2016年9月末現在）の当事者40歳女性，43歳女性の
カップルである。今回，渋谷区でパートナーシップ制度が始まったことによ
り，私たちはパートナーシップ証明書を取得した。以下，私たちの生いたち
を簡単に紹介する。

　小さいころは男の子になりたく，今でいう性同一性障害だった。田舎で
育った私には周囲にロールモデルもなく，未来も描けず，誰にも言えず，思
春期以降は本当に悩んだ。生きる希望を持てず自殺を考え，自分に自信が持
てず，心から楽しいと思うことは皆無だった。

　中・高・大学と同性パートナーがいたが，友達としてしか親にも紹介でき
ず，結婚するような年齢になるころには，親戚や周囲からの結婚の話題にも
困り，女性として生きるしかないとあきらめ一度は男性と結婚した。

　その数年後，現在のパートナーと出会い，"このまま本当の自分を隠して
生きていく"ことにえも言われぬさみしさのようなものを感じ，当時の家を
出て現在のパートナーの家に移り，その後離婚した。　　　　　　（40歳女性）

　あまり男性好きでもなく一生独身かな，などと思いつつも婚活などもしな
がら一般的なOL生活をしていた30代後半，現パートナーと出会い，自分自
身に抱いていた謎が解けたような感覚だった。すんなりと「恋人・人生の
パートナー」がどういうものなのかを理解し，受け入れることができた。こ
の喜ばしい出来事を境に，人生で初めて「マイノリティ当事者」という立場
になった。LGBTという言葉もそれまで知らなかった。　　　　　（43歳女性）

2 同性カップルとして直面した困難, 証明書を取得した理由

片方が急病で，救急車で運ばれるということがあった。「泊まりに来ていた友達が救急車で運ばれた」ともう片方は職場に説明し，半休をとり救急車に同乗したが，病院では「友達はこちらでお待ち下さい」と外で待たされ，病人1人で全て対応した。将来，どちらかが重病にかかった時でもこうなるのかと，孤独と不安を感じた。

また，賃貸物件を探す際も，同じ物件を希望する新婚夫婦等と競合すると必ず負ける・保証人もそれぞれに必要となるなど苦労した。そのような不便さを解消することも理由の1つで，物件購入した際にも「共同名義でローンが組めない」「控除が受けられない」等の不公平，「ご近所へ関係性を説明できない（あるいはなにかしら説明する必要がある）」などの不自由さがある。

男女の夫婦と同じような同一世帯レベルの経済的共同生活をしていても，別々に納税し，お互いの財産への権利・責任もない。

パートナーシップ証明書を取得しようと決めた理由は，こういった自分たち自身の不便さの解消への第一歩というのはもちろんだが，制度を利用する人の数が増え，社会的認知が高まり，社会全体のセクシャル・マイノリティの存在への理解度があがってほしいからである。

また，そのような制度やロールモデルがあることで，思春期の子どもが悩まずに成長し，若い世代の人が自分の将来に希望を持てるようになるのでは，と考えている。

実際当事者として，もし子どものころから社会認知があり，将来の生きる道が見えていれば30年間毎日，これほど悩むことはなかっただろうと感じている。

そのような思いを抱きながら，実際の証明書の取得に関しては「認められるのが嬉しい！」というような感傷的な思いはなく，当事者としてやるべき社会参加のような感覚で進めていた。しかしそれを受領する際，渋谷区の担当者に「このたびはおめでとうございます」と言われたときには少し感動の

第4章　政治家・当事者の声と期待

ようなものを覚えた。男女の婚姻ならば挨拶のように当たり前に，色々な人から言われるであろう言葉を私たちが言われる機会はほとんど無い。「物理的な不便や困難」と感じていること以外にも無自覚に諦めていることもあるのだろうと気づいた。

3　今後の同性婚制度などへの期待

日本でもこの4年ほどで大きく社会認知が進んだのではないか。

パートナーシップ証明書の実際的な効力はまだ薄いかもしれない。しかし，「渋谷区のパートナーシップ証明書を取得しています」という一言で，実際の生活の場面で，格段に説明しやすくなったし，社会的な信用度も少し上がったように感じている。

渋谷区や世田谷区のような取組をする自治体が全国に広がり，近い将来，米国等の「同性婚制度」やフランス等の「結婚と同等の権利があるパートナーシップ制度」等，国家レベルでの社会制度の整備がなされることを期待している。

それによって平等な，税制などの法的サービスを受けられるようになり，社会認知度がさらに向上することで社会での立場を築きやすくなり，「一国民」としての人生を生き生きと全うできる人が増えるだろうと思う。

第5　世田谷発　同性パートナーがよりよく暮らせる未来へ

第5

世田谷発　同性パートナーが
よりよく暮らせる未来へ

鳩貝　啓美

　2015年11月5日，世田谷区の同性パートナーシップに関わる制度のスタートを，共に歩んできた当事者区民と共に祝った。パートナーであることを宣誓し受領証を受け取るお揃いのスーツを着た2人，自分らしさが輝く笑顔のカップル，感動から号泣する人。彼・彼女たちの姿には，ここに至る年月が凝縮していた。

　私は世田谷区で，レズビアンなどセクシュアルマイノリティ女性をサポートするNPO，レインボーコミュニティcoLLaboを仲間と運営している。上川区議の呼びかけで，私は今こそ動くべき時だと思い，区内にあるセクシュアルマイノリティのNPOとして，姿を現せない多くの当事者を代弁すべく，勉強会（世田谷区ドメスティック・パートナーシップ・レジストリー）に参加した。その会では当事者区民と思いを重ね，情報と知識を得て，不安と闘いながらも声をあげる意識を高めた。

1 当事者が声をあげるまで

　行動を起こした当事者は，特別な人たちではない。それまでは，同じ区に居住していることも知らず，違和感，窮屈さ，不安を抱きながら暮らしてきた。だが今回，お互いが感じ，経験してきたことを語り合い，声を届け社会を変えてきた先行者である上川区議の励ましに力を得て，可能性という希望の種を手にした。

273

第4章　政治家・当事者の声と期待

　同性パートナーと生きる当事者は，自分のセクシュアリティが大多数とは
異なることに気づいてから，多かれ少なかれ社会の偏見を自ら取り込み否定
的に捉えやすい。そしてセクシュアリティが明らかになったときの差別を恐
れ，目立たないようにする方を選びやすいと思う。プライバシーの開示に伴
う影響を恐れる気持ちは，行政に声を届けるといった行動とは対極だ。しか
し，2つの思いが当事者区民の背中を押した，と私は思う。1つは，同性
パートナーと暮らす生活での困難や不安が現実にあり，それが自分たちだけ
ではなく，同性パートナーと暮らす人々共通の課題だという問題意識だ。そ
して，2つ目に，今なおセクシュアリティへの偏見から悩み，苦しむ渦中に
いる子どもや若者に，自分たちの行動とその結果が希望を与えられたら，と
いう願いだ。

2 同性パートナーとの生活・人生の困難とは

　区長へ届けた要望書には，同性パートナーとの生活での不便，生きづらさ
が綴られた。20年以上共に暮らすカップルでさえ，同性同士だと色眼鏡で足
元を見られる。例えば，生活の根幹である住まいを探す場面，病院での生命
を左右する場面で，同性パートナーの存在は無視され続ける。異性カップル
と同様にお互いを信頼し支え合っていても，家族として認められないことで，
どれほどの苦労と不便があるか想像できるだろうか。

　私たちNPO（coLLabo）では，相談やピアサポートなどの当事者支援で，
レズビアンなどの女性たちがいかに困難を感じているかを聴いてきた。それ
は，社会の一部だけではなく，家庭，学校，地域，職場でも生じている。し
かし，セクシュアリティを開示できず，嘘をつき誤魔化すよう強いられてい
るため，それまでは社会に知られることが少なかった。とりわけ，同性との
パートナーシップでは生き辛さが顕在化しやすい。異性カップルと同様の
サービス（公的，民間どちらも）が受けられず，あらゆる世の中の保障は婚
姻を前提としており，同性パートナー同士は除外されている。これらを語っ
た無名の何百人の声をもとに，私たちも要望書を書いた。

274

第5 世田谷発 同性パートナーがよりよく暮らせる未来へ

3 制度による変化

　私たちの要望が区長をはじめ職員に受け止められ，世田谷区の制度は始まった。SNSでは「区の制度に法的拘束力はない」といったコメントも散見された。同性婚やドメスティック・パートナーシップ制度のようなものは，国の法律レベルの話かもしれないが，私は世田谷区での制度の始まりに確かな意味を3つ実感している。

　それは，①区民当事者が「不利益を被っている」と地方自治体へ言える一例になれたこと，②地方自治体が同性パートナーの存在を認めた，すなわち同性同士のカップルが社会にいる前提の姿勢を示したこと，③企業などの鋭敏な層がすぐさま反応を始めたことだ。不動産や保険の会社が，同性カップルへのサービス開発を始め，一般市民も当事者の存在を知り，多様性を考えるきっかけとなった。確かな一歩が始まったのだと感じている。

4 始まりの次，今後の展望

　同性愛者や同性パートナーと暮らす人たちの存在は，この制度によって直接・間接的に認知された。かつて私たちは，偏見の目を避けひっそりと懸命に暮らし，ただ住民税を納め，住む町の仕組みを維持する最低限の義務を果たすだけだったかもしれない。しかし，これからは企業がセクシュアルマイノリティの労働力に注視するのと同様に，地域に受け入れられた同性カップルは，コミュニティとつながって暮らし，活性化に貢献できるに違いない。そして，そこで育つ同性愛者やセクシュアルマイノリティの子ども，若者へも希望の芽が渡され，健康に成長できる環境となる。

　そうした未来を願いながら，今は制度を利用する当事者が増え，同性パートナーシップ宣誓の受領証をもってサービスや支援を受けられる機会を広げていきたい。発した声を届け続け，行政とも対話を続けていこうと思っている。

　当事者の声がまだか細いため，無関心や戸惑う自治体もあるだろう。しか

275

第4章　政治家・当事者の声と期待

し，同性パートナーと人生を歩む人は，どの地域にもいる。全国各地の自治
体で，声をあげる当事者と，彼，彼女たちに耳を傾ける賢明な地方自治体職
員や首長が増えていくことを心より願い，私たちは世田谷で頑張っていこう
と思う。

総　括

　本書の序章「総論」の「LGBTの法的保護とパートナーシップ制度」では，LGBTの概念や実態について触れ，憲法第24条との関連で，日本において同性婚が法的に許されるか，アメリカ合衆国でのドメスティック・パートナーシップ制度の生成と展開状況，自治体から始まった取組の特色と多様性，この制度が同性婚の容認につながったことなどを明らかにした。また，性同一性障害の人々が具体的に直面している様々な問題やLGBTと子どもたちの問題，特に，小さいころから不安や緊張を強いられている実情について取り上げられている。さらに，本章では，最後に，最近の渋谷区や世田谷区などの身近な基礎自治体や民間企業の中でのセクシュアル・マイノリティへの積極的な取組等も紹介されている。

　第1章の「諸外国のパートナーシップ制度」では，まず，ドイツ・オーストリアのパートナーシップ制度が取り上げられた。ドイツは，2001年に生活パートナーシップ法を制定し，現在では，改正を経て，親子関係を除き，法律上の夫婦とほぼ同様の権利義務を有するまでになっている。ドイツでは，社会民主党や同盟90/緑の党の連立政権が誕生して，生活パートナーシップ制度の導入の議論が連邦議会で始まったが，1999年にハンブルク市で同性パートナーシップの宣誓・登録制度が開始された。オーストリアでも，2010年に同性カップルに対する登録パートナーシップ法が施行され，養子縁組や生殖補助医療の利用による親子関係についても認められつつある。一方で，ドイツでもオーストリアでも，いまだ同性婚は認められていない。

　フランスとベルギーは，同性カップルだけでなく，男女のカップルに対しても利用できるパートナーシップ制度を置くところに特色がある。ベルギーも，2000年から共同生活をするカップルに対して，最小限の財産的保護を目的とする法定同居制度が導入された。しかし，立法当初は，子どもを産んだり育てたりすること，相続権などが認められないなど法的地位の差異が大きかった。フランスで1999年に導入されたPACS法も，民事連帯契約として，相互扶助，居住保護，社会保険などで夫婦と同じように扱われるが，他方，

相続，遺族年金受給権，共同養子縁組などは依然認められない。しかし同性婚については，ベルギーは2003年，フランスは2013年に認められた。

イギリス（イングランド及びウェールズ）では，2004年に，同性カップルに夫婦と同様の権利を与えるためのパートナーシップ登録制度，シビル・パートナーシップ法が制定された。当初，イギリスでも，シビル・パートナーシップ制度は，宗教婚を認めず，生殖補助医療の利用による親子関係や企業年金受給権を認めないなど，婚姻との厳格な差別化が図られていたが，判例や立法により，徐々に婚姻との差異が解消されつつあった。イギリスでは，2004年のシビル・パートナーシップ法，2010年平等法，2013年には同性婚法へと，同性愛行為の非犯罪化，婚姻に類似する地位の保障，婚姻への拡大という着実な展開を見せたことが特徴的である。

オランダでは，1998年に登録パートナーシップ制度が成立したが，同性・異性間でのパートナーシップを認めており，1992年までに41の市町村が登録パートナーシップ制度をもっていたという。その後，2001年に同性婚が公認されることになるが，家族の多様化が進む中で，登録パートナーシップ制度が異性間の関係に対し婚姻以外の選択肢を提供する意義を有し，同性間・異性間の平等化を推進するという意味でも，大きな影響を与えたことが紹介されている。キリスト教的な保守主義も強いオランダで，同性婚が認められた背景には，保守派の後退とジェンダー・フリー・ムーブメント，具体的な保護の必要性の表面化，大衆・政界に訴える強力なチャンネルの獲得があったという。

ニュージーランドでも，同性愛行為は犯罪とされていたのが，1986年から非犯罪化が実現した。1990年権利章典法，1993年人権法で，性や性的指向での差別禁止を定め，2004年シビル・ユニオン法で，同性カップルに婚姻の代替手段としての公的登録と当事者の関係の公認をすることになった。このように，同性愛行為の非犯罪化，差別の禁止，夫婦としての法的権利の一部付与や婚姻と類似の法的地位としてのシビル・ユニオン法から，2013年婚姻（婚姻の定義）修正法により，ニュージーランドは，オセアニア初，世界15番目の同性婚を認める国となった。同性婚の公認により，同性間のシビル・ユ

ニオンの締結件数が激減し，異性間のカップルが増加しているという。

アメリカ合衆国は，50以上の法域があって，連邦と州の二元的な法体系になっている。アメリカでも，1960年代後半からのゲイ解放運動，1970年代の同性愛者の婚姻許可状発給申立ての訴訟や1980年代からのドメスティック・パートナーシップ制度の導入，1990年代の婚姻保護法（DOMA）の成立，2000年のバーモント州でのシビル・ユニオン法の成立や2004年のマサチューセッツ州での同性婚の公認など，全州的に同性婚が認められるまでには40数年の歳月と法廷闘争，政治過程へのロビー活動等硬軟織り交ぜたセクシュアル・マイノリティの差別撤廃と社会的受容に向けた粘り強い道のりがあった。契約，事実婚，ドメスティック・パートナーシップ，シビル・ユニオン，同性婚という流れは，人種差別，女性差別，性的指向による差別撤廃とダイバーシティー，平等と寛容さを大切にする社会の実現と照応している。

本章の最後では，国際人権法との関係で，同性婚が取り上げられている。1990年以降，2011年の国連人権理事会決議を１つの到達点として，国際人権法の課題として「性的指向・性的自認（SOGI）」の人権が加わることになった。これを後押ししたのが，2006年に採択されたジョグジャカルタ原則であり，国連の公式文書でないにもかかわらず，国連人権施策で活用されているという。また，ヨーロッパ人権裁判所でのシャルク・コップ事件において，同性同士の関係性も，異性のそれと同じく，「家族」に該当するものであり，同様の保護が与えられるべきとの理解を示したことにも触れている。そして，2015年７月に，ヨーロッパ人権裁判所は，オリアリ事件において，同性カップルに，シビル・ユニオンや登録パートナーシップなど法的保護を与えることは，ヨーロッパ人権条約８条の家族生活の尊重の原則から当然に導き出される国家の義務であると判断した。

第２章では，「自治体における同性パートナーシップ制度」に関連して，まず，（仮称）渋谷区多様性社会推進条例制定検討会での主要な論点が取り上げられている。2012年６月の長谷部区議（当時）の質問から始まって，2014年７月に，当時の桑原区長が（仮称）渋谷区多様性社会推進条例制定検討会を設置した。検討会では，条文の全文，骨子などについて，幅広い視点

総　括

から各委員が案を出しながら，区職員担当者が条文化したものを協議してゆき，最終的な条例案を区長や区議会に報告するという形が採られた。検討会においては，LGBTに対する委員の共通認識の醸成，パートナーシップ条例の提案の経験のある区議，LGBT当事者を参考人としてのヒヤリング，男女平等・多様性というキーワードを確認しながら，パートナーシップ証明書の発行の要件等について議論し，2015年1月に取りまとめ，区長に報告した。

次いで，渋谷区男女平等・多様性社会推進会議での議論につき，特に2015年3月末の条例成立から，11月の制度の実施までの間の状況について触れられている。ここでは，同性パートナーの証明書の発行の最大のハードルである「共同生活合意契約公正証書」「任意後見契約公正証書」が確実な関係性の証明手段として採用されたという。婚姻モデルと契約モデルの対比で，渋谷区の条例がパートナーの証明をするのはあくまでも関係性の合意という事実に過ぎず，与えられる法的効果との関係でも，「任意後見契約公正証書」は不要ではないかという有力な意見があったことが紹介されている。また，当事者アンケートの結果でも，費用や手間暇からも，条件が厳しすぎるとか，利用しづらいとの声が多数あった。証明書発行要件の当事者の年齢・住所，近親者の扱い，関係終了後の扱いなどの検討結果についても丁寧に触れている。

パートナーシップの公正証書については，パートナーシップ契約公正証書とパートナーシップ宣言公正証書の2種類があり，公正証書の意義，手続と費用などの簡潔な説明がなされている。渋谷区では，条例で，原則的には，任意後見契約公正証書の作成も求めている。しかし，条例第10条第2項ただし書の適用により，若いパートナー関係の人たちには，任意後見での代理権の範囲を特定することが困難な事情があるとして，不要とする扱いが可能とされている。また，パートナーシップ合意契約書の内容に関しても記載例が示されるなど，わかり易い解説が施されている。

世田谷区における同性パートナーシップの取組についてでは，制度施行前の世田谷区における性的マイノリティに対する取組状況として，行政書式から不必要な性別欄を削除したり，性的マイノリティへの支援を進めていく基

総括

盤を求めて，2007年の「世田谷区男女共同参画プラン」があげられた。特に上川区議の求めに応じて「性的少数者への理解促進」が施策として明記されたことは大きかった。また，性的少数者に対する相談窓口の明記，区職員を対象とする研修会なども実施され，一般区民に向けた啓発講座なども開催された。世田谷区では，2013年には区の最上位計画の中に「性的マイノリティ」が位置づけられ，学校や教職員についての対応力強化や実態把握も進められた。2014年8月の区長や生活文化部長らへのプレゼン，2015年1月の世田谷区ドメスティック・パートナーシップ・レジストリーの始まり，勉強会の開催を経て，3月には当事者から要望書が提出された。渋谷区の同性パートナーの証明書発行の条例制定の動きに呼応した世田谷区の迅速な対応と区長の前向きな発言などにより，一気に同性パートナーの証明書の制度化への検討に入った。2015年4月の庁内検討プロジェクトチームの発足，条例か，要綱か，宣誓書の写しと受領証の交付という世田谷方式に至る経緯，今後の課題等が詳しく解説されている。

同性パートナーシップ制度の今後の課題では，日本でのまだまだ根強い誤解と偏見，LGBTを無視した法律と社会制度，同性カップルの被る法的不利益，人権の問題について触れ，自治体の発行する証明書や宣誓受領証の同性カップルの権利拡大の可能性，病院での看護や医療同意，生命保険の受取人や商品・サービス等で，家族として扱われることの意義についても検討されている。そして，同性だけでなく，異性カップルに対しても，婚姻に代わる選択肢として使える可能性についても言及する。同性パートナーシップ制度が同性婚や自由な生き方を尊重する社会につながると期待する。

第3章では，「同性パートナーシップ制度運用の実際」と題して，まず，渋谷区と世田谷区の制度施行と運用の現状について，区の制度担当者による解説が行われている。渋谷区では，男女平等・多様性社会推進条例という形式で，多様性や性的少数者の人権の尊重と差別の禁止が謳われており，同性のパートナーシップの証明書を区が発行することが定められた。証明書の発行要件として，任意後見契約公正証書と合意契約公正証書の2種類が求められたのは，婚姻と同様の実質を備え，信頼性の確保のためとされる。また，

281

総　括

当事者の年齢を20歳とし，渋谷区への居住，非婚要件，近親婚要件（ただし養子縁組が解消されている後は禁止されない）も課せられ，真摯で責任あるパートナーシップの合意をしていることが求められている。さらには，パートナーシップ証明の申請，解消の場合の取扱い，不正な目的での交付等での取消・返還，具体的書式等についても詳しく取り上げられていて，わかり易い。

これに対して，世田谷区は，多様性や性的マイノリティの人権尊重の基本理念は同じくしつつも，条例によらずに，区長の決裁で可能な「世田谷区パートナーシップの宣誓の取扱いに関する要綱」で成立させるという簡便な方式である。あくまでも区長に対する宣誓に過ぎず，区長が同性パートナーの気持ちを受け止め，宣誓書の写しに受領印を押して交付する制度である。法的権利義務や拘束力が生ずるものでなく，区は10年間宣誓書を保存するものとしている。宣誓にあたっての確認書，本人確認資料，受領要件，廃棄や再交付，今後の課題についても，具体的な書式を示しながら丁寧な解説が施されていた。

第4章の「政治家・当事者の声と期待」では，渋谷区の長谷部区長により，当事者との出会いがきっかけで，LGBTの人たちの悩みや実情に触れたこと，婚姻届から同性パートナーの証明書の条例の素案を作り，オリンピック・パラリンピック等を開催する国際都市としての渋谷のあり方を考えながら，他の区議と検討会を立ち上げたこと，今回は第1ウェーブにすぎず，第2ウェーブ，第3ウェーブにつながることを期待したいと締めくくっている。

次いで，保坂世田谷区長も，同性パートナーシップ宣誓書の取組について振り返る。世田谷区では，基本構想や基本計画で，多様性の尊重や性的マイノリティへの理解促進を明記しており，2015年11月よりパートナーシップ宣誓書受領証の取組を開始し，受領証を区長が交付したが，この日，保坂区長は，今日の「はじめの小さな一歩」が，やがて「国の法改正や制度改正」につながってくるものと信じているとコメントした。要綱による受領証の交付が第一段階とすると，第二段階として，男女共同参画プラン検討委員会にLGBTの当事者に入ってもらい区としての取組や課題を検討してもらい，国

政上の取組にもつながることを期待して結んでいる。

　また，宝塚市の中川市長も，2015年11月に，「ありのままに自分らしく生きられるまち宝塚」という性的マイノリティ支援の方向性や具体的施策を取りまとめた。宝塚市でも，この基本方針に基づいて，教育・保育現場での全教職員を対象にした研修会や初任者研修等を行ったり，子ども向けの相談窓口の案内カード，児童・生徒への配布，性的マイノリティに関する絵本などの図書の図書室・保健室への配架，市職員の講演会への参加，啓発リーフレットの作成，市民向け講演会，電話相談，世田谷方式でのパートナーシップの宣誓の受領証の交付の要綱の制定など，積極的な取組を展開していた。

　渋谷区や世田谷区などの当事者の声として，なかなか差別を恐れ，目立たないようにする方を選びがちで，行政に声を届け出るという気になれないことが多く，家庭，学校，地域，職場など，様々なサービスや支援の対象からLGBTの人たちが排除され，否定的になりがちであることが語られている。そして，支援者の人たちの励ましに背中を押されて，ようやく無名の声なき声で要望書を提出して，渋谷や世田谷では，同性パートナーシップの証明書，宣誓書の受領証など日本での第一歩につながった。自治体に当事者が訴え，自治体がLGBTの人々の存在を認知し，企業や地域社会も鋭敏な反応をし始めたことで，自治体から企業・国へという大きな流れに期待が寄せられている。

　ところで，セクシュアル・マイノリティの人々は，かなり小さなころから，周りの理解が得られず，自分自身に違和感を感じたり，不安や緊張に苛まれたり，自己肯定感がもてずに苦しむことが少なくない。大人になってからも，家族・友人・知人，学校，地域，職場などで強い差別・偏見・無理解などに晒され続け，まともな人間として見られず，その存在すら否定され続けているという厳しい社会的現実と山のような困難を抱えて生きている。本書は，このようなLGBTの皆さんが直面している現実への共通認識から出発して，諸外国の同性パートナーシップの取組や経験，渋谷区や世田谷区での同性パートナーシップ証明制度の生まれた経緯，主要な論点，制度運用の工夫と実際，自治体の首長・政治家のリーダーシップ，当事者の声や自治体への働

総　　括

きかけなどを丁寧に拾い集め，いかに現実の困難や課題・反対等を克服しながら，セクシュアル・マイノリティの権利保障や法的地位の獲得の歩みが始まったのか，明日からでも制度導入を検討したいという自治体関係者のみならず，広くLGBTの問題に関心をもっておられる皆さんにとっても，必読の書となるように，執筆者を選び，内容等についても推敲を重ね，平易かつ中身の充実したものに仕上げられたのではないかと自負している。LGBTの人たちは，長い間，その存在を否定され，無視され，差別され，重大な不利益を受けてきた。自治体による同性パートナーシップ制度の導入とその広がりという小さな取組が，差別の禁止や権利拡大，社会的受容，人権尊重という世界的な流れに連なってくればよい。今回の取組は，決して，私たちが目指すべきゴールではない。むしろ，多様性と寛容さ，自由と平等が実現し，1人1人の個性が輝き，自分らしい生き方が許される社会の実現のための新たな，確実な第一歩と言えるであろう。

　2016年11月吉日

棚村　政行

中川　重徳

同性パートナーシップ制度
世界の動向・日本の自治体における導入の実際と展望

定価：本体2,750円（税別）

平成28年12月5日　初版発行

編著者　棚　村　政　行
　　　　中　川　重　徳

発行者　尾　中　哲　夫

発行所　日本加除出版株式会社

本　　社　郵便番号 171-8516
　　　　　東京都豊島区南長崎 3 丁目16番 6 号
　　　　　TEL　(03)3953 - 5757 (代表)
　　　　　　　　(03)3952 - 5759 (編集)
　　　　　FAX　(03)3953 - 5772
　　　　　URL　http://www.kajo.co.jp/

営 業 部　郵便番号 171-8516
　　　　　東京都豊島区南長崎 3 丁目16番 6 号
　　　　　TEL　(03)3953 - 5642
　　　　　FAX　(03)3953 - 2061

組版・印刷・製本　㈱倉田印刷

落丁本・乱丁本は本社でお取替えいたします。
Ⓒ M. Tanamura, S. Nakagawa 2016
Printed in Japan
ISBN978-4-8178-4359-3 C2032 ¥2750E

JCOPY　〈出版者著作権管理機構　委託出版物〉
　　本書を無断で複写複製（電子化を含む）することは，著作権法上の例外を除
　き，禁じられています。複写される場合は，そのつど事前に出版者著作権管理
　機構（JCOPY）の許諾を得てください。
　　また本書を代行業者等の第三者に依頼してスキャンやデジタル化することは，
　たとえ個人や家庭内での利用であっても一切認められておりません。

　〈JCOPY〉　HP：http://www.jcopy.or.jp/, e-mail：info@jcopy.or.jp
　　　　　　　電話：03-3513-6969, FAX：03-3513-6979